Hermann Meynert

Franz I. Kaiser von Österreich und sein Zeitalter

Ein Charakterbild aus der Gegenwart

EHV
HISTORY

Hermann Meynert

Franz I. Kaiser von Österreich und sein Zeitalter

Ein Charakterbild aus der Gegenwart

ISBN/EAN: 9783955643805

Auflage: 1

Erscheinungsjahr: 2013

Erscheinungsort: Bremen, Deutschland

EHV
HISTORY

Franz I.

Kaiser von Oesterreich,

und

sein Zeitalter.

Ein

Charakterbild aus der Gegenwart.

Von

Hermann Meynert.

Mit dem Portrait des Kaisers nach P. Krafft, in Stahl gestochen von
C. Mayer.

FRANZ I. KAISER VON OESTREICH.

Vorwort.

Man darf gegenwärtige Arbeit durchaus nur als einen Versuch betrachten, welchem wenig mehr nachzurühmen ist, als daß er mit Liebe und Ueberzeugung von mir unternommen wurde. Obgleich ein mehrmaliger Aufenthalt in Oesterreich mir manchen, nicht unwichtigen Beitrag gewährte und ich auch sonst mehrfacher schätzbarer Mittheilung mich zu erfreuen hatte, so stand ich doch, da die Ausarbeitung im Auslande geschah, vielen Quellen noch immer zu fern, als daß nicht Manches hätte unausreichend bleiben müssen. Wenigstens glaube·ich, bei allem Mangel in der Form, im Ganzen doch das vaterländische Colorit für die Darstellung gefunden zu haben. Wiederholte

Reisen in Oesterreich, dem ich durch theure Fa=
milienverbindungen näher trat, aufmerksame und
ruhige Beobachtung seiner eigenthümlichen Ver=
hältnisse, seiner Gegensätze zu dem übrigen Deutsch=
land, welches letztere immer nur die Kluft, nicht
aber die selbstständige Natur Oesterreichs zu be=
urtheilen geneigt ist, und die aus diesen Beob=
achtungen mir hervorgehende Ueberzeugung von
dem außerordentlich zweckentsprechenden, ja unum=
gänglich so nothwendigen Staatsbau Oesterreichs,
so wie von der, in dem zarten und unabweichen=
den Einverständniß mit diesen Bedingungen sich
kundgebenden Güte und Weisheit des Herrschers,
veranlaßten die gegenwärtige Schilderung. Ich
betrachte sie nicht als abgeschlossen, sondern be=
halte es einer späteren Gelegenheit vor, die vor=
handenen Quellen noch tiefer zu erschöpfen und
dann vielleicht Etwas zu liefern, das mehr An=
sprüche auf innere Gesammtheit hat.

Allen Freunden, die mir durch gütigen Rath
bereitwillig an die Hand gingen, sage ich hier=
mit meinen wärmsten Dank; besonders gilt dies

Herrn Adolph Bäuerle in Wien, der nicht nur durch besondere Mittheilungen, sondern auch durch sein jüngst erschienenes, mit außerordentlichem Fleiße zusammengestelltes Werk: „Was verdankt Oesterreich der beglückenden Regierung Sr. Majestät Kaiser Franz des Ersten?", welches seinen zahlreichen patriotischen Verdiensten ein neues anreiht, mir förderlich und belehrend wurde.

Die letztvergangene Zeit und die nächste Zukunft werden vielleicht der Aufnahme dieses Buches zweckmäßig vorarbeiten. So manche politische Träume sind durch den unermeßlichen Abstand der Resultate von den früheren Erwartungen, abgekühlt worden, und ich selbst bin in der letzten Zeit in vielfacher Hinsicht auf andere Ansichten gekommen, besonders je näher mir der lückenhafte Erfolg gesucht=neuer und gleichsam chemisch erkünstelter Staatsformen liegt.

Dem österreichischen Volke, in dessen einfach=tiefes Gemüth ich schon früher aufmerksame Blicke warf und, Einer der Ersten, es gegen Deutsch=

lands Vorurtheile zu rechtfertige.t suchte, widme
ich sonach das von mir entworfene Charakterbild
seines Kaisers, das freilich in dem Herzen dieses
Volkes unendlich wahrer lebt und wirkt, als in
meiner mangelhaften Schilderung.

Dresden, im Mai 1834.

Der Verfasser.

Erste Abtheilung.

Uebersichtliche Darstellung des Zeitalters
Franz I.

Einleitung.

Das kummerschwere Haupt Josephs II.*) hatte sich
(20. Februar 1790) zur Ruhe gelegt. Sein ganzes Leben, einst von goldenen Hoffnungen und kühnen Entwürfen getragen, hatte sich in eine schmerzliche Ironie
aufgelöst und seine schönsten Ideale waren von der un-
erprießlichen Wirklichkeit zu Zerrbildern herabgehöhnt
worden.

Freilich durfte Joseph, wegen des großen Schiffbruchs
seines Wirkens, nicht sowohl besondere äußere Ursachen,
als vielmehr sich selbst, oder besser den unlenkbaren
Lauf der Dinge anklagen, gegen den er — statt sich von
ihm Bahn brechen zu lassen und im weisen Einverständnisse mit ihm zu wirken — in feindseligem Verhältnisse
aufzutreten vorzog und so gleichsam, ohne für sich selbst
erst einen festen Standpunkt gewonnen zu haben, die
Hebel des Archimedes ansetzte, um den naturgemäßen
Gang der Dinge aus seinen Fugen zu rücken. Dadurch

---

*) Vgl. Pezzl: Charakteristik Josephs II.

1*

ward Josephs Thätigkeit, welche ungeduldig Alles zu beflügeln strebte, aus einer fördernden eine hemmende; sie hatte ihr Ziel schneller überflogen als erreicht und beinahe jede seiner Reformen trug die Bedingung der Reaction in sich.

Wunderbar vereinigte Joseph in sich alle Elemente seiner Zeit, so daß man ihn ihren Repräsentanten nennen könnte. Aller Zündstoff, alle die gährenden Kräfte seiner verhängnißschweren Zeit regten sich auch in seinem Busen, und bei seiner wahrhaft titanischen Geisteskraft, welche sich überall, nur nicht in ihren Gränzen erkannte, war es seine Bestimmung, eher vernichten, als erschaffen zu lernen. Er war geeignet, den jähen Riß einer Zeit, nicht aber ihren allmähligen Uebergang zu bewirken. So schied er, ein unmuthiger Gott, aus einer Welt, die er mit gewaltigen Liebesarmen an sich pressen wollte, und die sich ächzend gegen seine Umarmung sträubte. Er wollte die Welt beglücken, aber er war despotisch in seiner Freigebigkeit, und da die Menschheit mißtrauisch ihm zu folgen zögerte, vermaß er sich, ein ungeduldiger junger Zeus, sie mit Donner und Blitz dem Glücke zuzujagen, welchem sie nicht geschwind genug entgegen gehen wollte.

Seine Schöpfung stürzte mit ihm zusammen, und wir dürfen sie nicht beklagen, da sie schöner in ihren Trümmern ist, als sie in ihrem Bestande war.

Und dennoch sind diese Trümmer heilig! Das Andenken ihres Gründers — der mit einem Herzen voll undenklicher Liebe, mit einer Seele voll Hoheit und übermenschlicher Stärke, ungeliebt, unbegriffen aus einer Welt ging, welcher er sich zum Opfer gebracht hatte — spricht, wie ein riesenhafter Ruinengeist, in erhabener Schwermuth aus ihnen hervor. Wie eine große, abgerissene

Idee der Menschheit, steht Josephs Bild, in unbefriedig=
ter heiliger Sehnsucht, vor uns, und die Trauerweiden
der Weltgeschichte scheinen seine Urne zu umrauschen!

Unter den schwierigsten Umständen bestieg Josephs
Bruder, Leopold II. den Thron. Er trat mitten in die
äußerste Gährung aller Verhältnisse. Josephs übereilte
Neuerungen, die theils an der natürlichen Möglichkeit
scheiterten, theils aber — und dies wohl noch mehr —
mit vorgefundenen Gewohnheiten und Vorurtheilen den
Kampf bestehen mußten, hatten in den Gemüthern seiner
Völker Unzufriedenheit und Widerstreben erregt. Leopold,
gleich bei seiner Thronbesteigung von äußern Gefahren
bedroht, sollte zugleich diese Aufregungen wieder begütigen;
er sollte kämpfen und versöhnen zu gleicher Zeit. Nur
ein ruhiger und tiefblickender Sinn, wie er, vermochte in
so schwierigen, zum Theil widersprechenden Aufgaben die
richtige Mitte zu treffen und Nachgiebigkeit mit Würde,
Milde mit Ernst und Festigkeit zu vermählen. Mit Be=
sonnenheit und richtigem Takte lenkte er wieder mehr und
mehr dem Ziele zu, welches Josephs ungeduldiger Feuer=
geist zu rasch umstogen hatte. Zweckmäßig rief er ver=
jährte Ansprüche, die Joseph zu kühn umgeworfen hatte,
zu einer gemäßigten Anwendung zurück, fesselte dadurch
die Herzen seiner Völker wieder an den alten Fürsten=
thron, dem sie sich bereits, wenn auch mit schmerzlichem
Zögern, zu entfremden begonnen hatten, und stellte, ohne
sich dabei im Entferntesten den Anschein des Fürchtenden
zu geben, allmälig die durch Josephs Kühnheit gestör=
ten friedlichen Verhältnisse nach außen wieder her. Auf
solche Weise verwandelte er nicht nur die feindselige
Stimmung Preußens in eine neutrale, sondern schloß
auch mit der Pforte (4. August 1791) Frieden.

Er hatte um so mehr innere Ruhe und äußeren Frie=

den herzustellen gewünscht, da der Zustand Frankreichs bereits mit Grund die besorgten Blicke des gesammten Europa auf sich zog. Der dort lang aufgehäufte Zünd= stoff war endlich zur furchtbaren, ungeheuern Flamme ausgebrochen, und da dieselbe sich nicht auf Frankreich allein beschränken mochte, sondern ungeduldig sich auch andern Ländern mitzutheilen strebte, so drohte sie alle ge= sellschaftliche und herkömmliche Staatsverhältnisse Deutsch= lands und Europas zu zersprengen und einen Zustand völliger Gesetzlosigkeit herbeizuführen, wie ihn selbst ein zügelloser Freiheitstrieb fürchten mußte. Die französischen Ausgewanderten, denen sich besonders in späterer Zeit die eigentlichen Männer von Werth und Gehalt zugesell= ten, entwarfen den deutschen Höfen ein grelles, wenig= stens im Anfange wohl übertriebenes Bild von dem in= nern Zustande Frankreichs, das der Wahrheit immer nä= her kam, je länger der Zustand währte und endlich den= selben kaum noch erreichte. Der unglückliche Ludwig XVI. — ein Gemüth, aus Liebe, Schüchternheit und Güte zu= sammengesetzt, wie geschaffen zu einem politischen Opfer= lamme, das mit seinem schuldlosen Blute den von langen historischen Verbrechen befleckten Bourbonenstamm rein zu waschen bestimmt war — erregte die Theilnahme aller Staaten in hohem Grade. Man wollte auch gern hel= fen, aber theils waren viele der äußeren Staaten eben damals nicht in einer Verfassung, welche ihnen einen Krieg räthlich machte, theils mußte man auch fürchten, durch jeden Angriff auf das französische Reich unwill= kührlich die Person des Königs, statt sie dadurch zu schützen, mit zu zermalmen. Diese letztere gerechte Be= denklichkeit hielt auch Leopold II., dessen Mitgefühl Lud= wigs XVI. Zustand vielleicht am lebhaftesten erweckte, von schnellen und entscheidenden Maaßregeln ab. Preu=

ßen — das damals ohnedieß schwerlich von einem so
eifrigen Willen, zu helfen, beseelt war, wie Oesterreich —
fand in dem Zögern des letztern einen guten Anlaß, sich
ebenfalls thätiger Schritte zu enthalten. Das deutsche
Reich folgte diesem Systeme; Spanien ward durch innere
Schwäche von jeder Einmischung abgehalten, und so hatte
endlich jeder Staat seine natürlichen oder gesuchten Ursa=
chen, nicht den ersten Ausschlag zu geben. Selbst in
Rußland, wie ernsthaft man auch dort gleich anfangs für
die Sache des französischen Hofes sprach und Miene zu
thätigem Einschreiten machte, blieb man bei Worten
stehen. Nur der feurige Gustav III., König von Schwe=
den, der freilich selbst auf zu unterminirtem Grunde stand,
als daß von ihm eine wirksame Hülfe für den unglück=
lichen Ludwig zu erwarten gewesen wäre, war entschlos=
sen, sich an keine Rücksichten zu binden. Mit ungedul=
digem Eifer suchte seine Beredsamkeit Bundesgenossen zu
einem Zuge nach Paris anzuwerben, um dem unwürdig
behandelten Könige Hülfe, den Frevlern Strafe zu brin=
gen. Doch war Ankarströms mörderische Pistole dem
Herzen Gustavs III. bereits zu nahe gerückt, als daß
seine Entwürfe auch nur halb zur Blüthe gekommen wä=
ren. England, mit seiner üblichen mercantilischen Po=
litik, legte sich in den Hintergrund, weil es hoffte, daß
seine alte Nebenbuhlerin, Frankreich, in dem revolutio=
nären Gewirre sich selbst Kraft und Leben absaugen werde.
Holland und Portugal wünschten, als Englands Alliirte,
nichts Besseres zu thun, als demselben nachzuahmen.

Frankreich, welches in allen Staaten, die ihm zu
dem tollen Guillotinenreigen nicht offen die Hand bo=
ten, seine Feinde erkannte, predigte, um den Gegner
gleichsam erst in seinem Innern zu vergiften, ehe es sich
auf äußeren Kampf mit ihm einlasse, allenthalben Auf=

ruhr und Meuterei gegen die Souverainität. Trotz dem
aber war es, in sich selbst, zu sehr in Meinungen gespal-
ten, als daß seinen Herausforderungen schnell die That
gefolgt wäre. Die französische Revolution ballte anfangs
nur, wie ein übermüthiger Knabe, die Hand gegen jeden
Vorübergehenden. Die Jacobiner dürsteten nach Krieg;
dieser blos zähnefletschende Haß war ihnen zuwider, sie
verlangten ein tollkühnes Abbrechen aller Rücksichten.
Frankreich, dem man in seinem demokratischen Zustande
den Eintritt in den europäischen Staatenbund nie freiwillig zugestehen würde, sollte, nach ihrer Meinung, sich
denselben erkämpfen. Sie wußten, daß mit einem Kriege
nach außen, auch die letzten Bänder gesellschaftlicher Or-
ganisationen zerreißen würden, und so war ihnen, um
dieses ersehnte Ziel zu erreichen, der Krieg, als das
schnellste und sicherste Mittel, auch das willkommenste.
Dagegen scheueten die Cordeliers den Krieg, weil sie voraus zu sehen glaubten, daß dadurch die Kraft der Nation, welche zur Zeit noch durch die innere Revolution in zu
lebhaften Anspruch genommen werde, sich für untergeord-
nete Zwecke zersplittern möge. Auch fürchteten sie, daß
bei einem äußeren Kriege Lafayette, den man als einen
bedingten Royalisten kannte, an die Spitze der Armee
treten und seine Macht dann anwenden werde, um Ludwig XVI. in seine Rechte wieder einzusetzen. In jeder
andern Miliz, außer den Nationalgarden, vermeinten sie
den Sturz der Freiheit zu erblicken. Eine fürchterliche
Freiheit, wo kein Kopf, auch der harmloseste nicht, fest
stand! Die französische Nation fing an, sich selbst vogel-
frei zu erklären, und sie war Geächteter und Verfolger
in einer Person.

Das gegenseitige feindselige Anstarren Frankreichs und
Deutschlands, dort vom Hohne, hier vom Entsetzen und

Abscheu bezeichnet, sollte in lebendigere Bewegungen über=
gehen, als Ludwig XVI. nach der verunglückten Flucht
(20.—21. Juni), als ein Gefangener nach Paris zurück=
geschleppt wurde. Von Padua aus erließ Leopold sein
Umlaufschreiben, welches alle Mächte aufforderte, die
Sache des gefangenen Königs wie ihre eigene zu be=
trachten, jede fernere Verletzung seiner Würde oder Frei=
heit, als eine, ihnen Allen geltende Beleidigung, zu be=
strafen, auch nur die im Zustande vollkommener Freiheit
getroffenen Verfügungen des Königs anzuerkennen und
dem Geiste des Aufruhrs, der von Frankreich aus sich
allenthalben hin zu verbreiten und alle bestehende Satzun=
gen anzutasten drohe, mit ernsthaften Maßregeln begegnen
zu wollen. Das Ziel, welches diese Aufforderung andeu=
tete, ward noch fester gestellt durch die Zusammenkunft,
welche (27. August) auf dem Lustschlosse Pillnitz bei
Dresden zwischen dem Kaiser Leopold und dem Erzher=
zog Franz, mit dem Könige und Kronprinzen von Preu=
ßen und dem Kurfürsten Friedrich August von Sachsen
statt fand. Die beiden Herrscher von Oesterreich und
Preußen erklärten die dermalige Lage des Königs von
Frankreich für einen Gegenstand, der für alle Souverains
von höchstem, gemeinschaftlichem Interesse sey. Sie hoff=
ten, daß die übrigen Mächte, von ähnlicher Ueberzeugung
geleitet, sich mit ihnen zu Anwendung der wirksamsten
Mittel verbinden würden, um den König von Frankreich
in den Stand zu setzen, in der vollkommensten Freiheit
den Grund zu einer solchen moralischen Regierungsform
zu legen, welche sowohl den Rechten des Souverains, als
dem Wohl der französischen Nation angemessen wäre.
Mit gemeinschaftlicher Macht wollten sie auf Erreichung
dieses vorgesetzten gemeinsamen Zweckes hinwirken.

Nachdem Ludwig XVI. die ihm aufgedrungene Con=

stitution, welche die letzten Reste des königlichen Ansehens und Einflusses zertrümmerte, beschworen, war Leopold, obschon er den Zwang des Königs in dieser Handlung erkannte und in seiner Note an die Europäischen Höfe seine Besorgnisse über Ludwigs Lage aussprach, doch noch immer geneigt, jeden Schein einer Möglichkeit des Frie= dens mit Hoffnung zu erfassen. Er ließ, der erste unter den europäischen Souverains, in seinen Häfen die von der Nationalversammlung eingeführte dreifarbige Fahne respectiren, ließ die Werbungen und Bewaffnungen der französischen Ausgewanderten in den Niederlanden und im Breisgau einstellen, zog sich von den exaltirten Be= freiungsentwürfen Gustavs III. mit besonnener Würde zurück und dem Umlaufschreiben von Padua wurde die mildernde Erläuterung gegeben: daß der König von Frank= reich nunmehr für frei angesehen werden könne, man demnach seine Genehmigung der Constitution als gültig ansehen müsse und den Sieg der gemäßigten Partei, wie die Wiederherstellung der Ruhe und Ordnung in Frank= reich, als eine Folge jener bewirkenen Großmuth des Kö= nigs, verhoffen wolle. Weil jedoch diese Hoffnungen unerfüllt bleiben und nun Gewaltschritte gegen den König unternommen werden könnten, sey der Fortbestand des Bundes der europäischen Mächte noch nöthig zu Aufrecht= haltung der Rechte des Königs und der Monarchie.

Die Jacobiner, gewohnt, in jeder entschiedenen Sprache eine Kriegserklärung zu erblicken, suchen, da ihr Verlan= gen nach einem offensiven Kriege bei den Cordeliers zu vielen Widerspruch findet, durch Trotz, Uebermuth und Empfindlichkeit, eine Kriegserklärung von außen zu er= halten. Oesterreich wird um eine katechorische Erklärung seiner Gesinnungen gefragt, ihr Ausbleiben will Frank= reich als eine Kriegserklärung betrachten. Diese Erklä=

rung gibt (18. Februar 1792) Fürst Kaunitz dem franzößischen Gesandten zu Wien in einer Note, welche auf ernste Weise daran erinnerte, wie der Kaiser nicht durch Worte, sondern durch Thaten jeder Möglichkeit, den Frieden zu erhalten, nachgekommen sey, und wie der gestiftete Bund nur die ungerecht Angegriffenen habe beschützen sollen, damit die leichtsinnigen Urheber jener Verwirrungen und Feindseligkeiten dem Könige und der Nation verantwortlich würden. Der Kaiser setze den Ausfällen der Bosheit und Ränkesucht, die sich zu einem Staat im Staate aufwerfe, nur die Sprache der Wahrheit entgegen, und hoffe durch freimüthige Aufdeckung dieser Verirrungen sich die französische Nation zu Danke verpflichtet zu haben, da sie selbst zum Opfer derselben auserkoren sey.

Die ersten Wahrheiten, welche diese Note für die Jacobiner enthielt, versetzte diese und den unter ihren unbedingten Einflüssen stehenden Convent in heftigen Grimm und ihre Machinationen wußten die allgemeine Stimmung für den Krieg zu vermehren. Der Bruch mit Oesterreich ward gewaltsam beschleunigt.

Leopold hatte, mit Rücksicht auf seine Würde und seine Stellung, einen Krieg mit Frankreich zu vermeiden gestrebt, und nur, als Oberhaupt des deutschen Reichs, sich erklärt: daß man sich bei der Entschädigung, welche Frankreich den im Elsaß und Lothringen lädirten deutschen Fürsten angeboten, nicht beruhigen könne. Er hatte sich sehr nachdrücklich gegen die Bewaffnung der Ausgewanderten auf deutschem Grund und Boden erklärt. Erst Frankreichs äußerster Ungestüm und sein unverstecktes Gelüsten nach Krieg, bewogen ihn, eine ernstere vertheidigende Stellung anzunehmen. Zu dem Ende schlossen Oesterreich und Preußen ein Bündniß, nach welchem sie,

im Falle eines Friedensbruches, mit ihrer Macht gemeinschaftlich auf den Kampfplatz treten wollten.

Eben als sich, von Frankreichs Tollkühnheit herauf-
beschworen, ein neuer Schauplatz ungeheurer Begebenheiten eröffnete, starb plötzlich Leopold (1. März 1792)
an einer, anfangs für unbedeutend gehaltenen Entzündungskrankheit. Der Sohn des Friedens, der, während einer so
kurzen Regierung Oesterreich von einem Abgrunde unab-
sehbarer Kämpfe kräftig hinweggerissen und es in seine
völlige frühere Kraft und Sicherheit zurückversetzt hatte,
sollte nicht den wildesten Ausbruch jener Stürme erleben,
welche zu beschwören ein Hauptziel seines würdevollen
Lebens gewesen war.

Die tollen Jacobiner äußerten eine unmäßige Freude
bei der Nachricht von Leopolds Tode, dessen besonnene
Kraft sie wahrscheinlich nicht ganz unter ihrem Werthe
angeschlagen hatten. Doch schon siebenzehn Tage nach
dem Tode des Monarchen erklärte Kaunitz im Namen
des neuen Herrschers, daß durch die Thronveränderung
die Gesinnungen des Wiener Hofes sich nicht verändert
hätten. Durch den gewaltsamen Tod Gustavs III. von
Schweden, welcher, kaum drei Wochen nach Leopolds
Hintritt, auf einem Maskenball meuchlings erschossen
wurde, gewann die Sache der Verbündeten vielleicht
mehr, als sie verlor. Er würde ihr unwillkührlich einen
romantischen Charakter aufgedrungen haben; jetzt gestaltete sie sich einfacher, aber ernster.

Am 20. April ward, auf Betrieb des Convents, die
Kriegserklärung gegen Oesterreich decretirt und von Lud-
wig XVI. — welche Wahl blieb dem unglücklichen, von
Jacobinern umlagerten Monarchen? — sanctionirt.

Der Ausschlag zu der ungeheuren Zukunft war mit
spielendem französischen Leichtsinne gegeben, das furcht-

bare Geſchoß gleichſam von einer Kinderhand losgedrückt
worden. Welchen übergewaltigen Scenenwechſel rief die=
ſer Schritt hervor, wie ſo gar nichts waren die Motive,
die dieſen Kampf muthwillig entzündeten, und welche
Rieſenkräfte ſollte er in ſeinem Fortgange entwickeln!

Erſter Abſchnitt.
Allgemeinere Charakterſkizze des Kaiſers Franz.

Der treffende Ausſpruch des Franzoſen Dupaty: Leo=
pold II. habe ſeine Kinder zuerſt zu Menſchen, dann
erſt zu Prinzen gebildet, ſollte durch Franz I. als
welthiſtoriſche Wahrheit gerechtfertigt werden.

Wirklich haben in Franz I. Menſch und Fürſt einan=
der auf das Engſte in ſich aufgenommen, als wären ſie
überhaupt nicht von einander zu trennen, und während
ſie in ſo vielen andern Geſtalten ſich nie recht vereinigen
können, bilden ſie in ihm ein wahres ſchönes Ganze.
Die gemüthreichſte Herablaſſung und Leutſeligkeit —
keinesweges die Wirkung äußerlicher Effectmacherei —
gehen bei ihm mit der abgeſchloſſenen Würde des Mo=
narchen Hand in Hand. Darum iſt er ſo ganz ein
Monarch für das öſterreichiſche Volk, deſſen Verſtand einen
Herrſcher und deſſen Herz einen Vater begehrt *). Die

---

*) Vielleicht gehört hieher die Bemerkung, welche der Verfaſ=
ſer in einer andern Schrift aufſtellte: „Franz I. iſt aus dem in=
nerſten Herzen Oeſterreichs heraus geboren, und ſein Blut iſt wieder
in die Adern dieſer ſeiner Mutter zurückgegangen; Er iſt der voll=
kommene Spiegel ſeines Volkes, ſeines Landes, und Volk und Land
tragen wiederum unverkennbar Seine Züge an der Stirn. Man
weiß ſelbſt nicht, welches das Original, und welches das Gemälde?
Die Begriffe Franz und Oeſterreich ſcheinen unzertrennbar; Oeſter=
reich ſelbſt iſt der rieſige Doppelgänger eines Franz, und Franz iſt

österreichische Gemüthswelt liegt, verschmolzen mit monar=
chischem Ernste, in ihm ausgeprägt; seinem Volke will
er nur Vater, seinen Ländern will er ein Herrscher seyn.
Selbst der demokratischste Kopf muß gestehen, daß in dem
Bilde eines Kaisers Franz unendlich mehr Würde, aber
auch mehr Liebe liegt, als in der moralischen Halbgestalt
eines Bürgerkönigs, der nur jedem Einzelnen begrüßend
seinen Finger hinstreckt, während Franz gleichsam sein
ganzes Volk an der Hand hält. Sehr treffend ward an
einem andern Orte bemerkt: Franz stehe recht eigentlich
in der Mitte seiner Völker.

Eine gemüthreiche Heiterkeit, welche gleichsam unbe=
wußt manchen treffenden Witz zum harmlosen Scherze mil=
dert, ist ein Grundzug im Charakter des Kaisers und
zeugt wiederum für seine innige Verwandtschaft mit Volk
und Land. Oesterreich ist voll von Anekdoten, die der
gemüthliche Witz des Kaisers ins Leben rief und in deren
heiterer Form sich meist ein schlagendes Urtheil, ein tiefer,
erfassender Sinn bergen, dem sich jedoch immer eine au=
ßerordentliche Milde der Empfindung wie des Ausdrucks
beigesellt. Der darin sich offenbarende Geist würde an
einen Friedrich II. erinnern, wenn nicht alle, dem Letzte=
ren anklebenden Härten darin vermißt würden.

Sein neuerlichster Aufenthalt in Prag im Jahr 1833
brachte wiederum ähnliche, zum Theil wahrhaft rührende
Züge mit sich. Eines Tages erschien vor dem Kaiser,
der gewohntermaßen auch in Prag seine Audienzstunden
für Jedermann ertheilte, eine arme, alte Frau. Auf des

---

das verkörperte Oesterreich. — Nirgend sind Herrscher und Nation
mit so unantastbaren Fäden verknüpft, nirgend so in ihrem tief=
innersten Leben und Wesen mit einander verwachsen, nirgend so
eines Blutes theilhaftig, noch die gegenseitige Wahlverwandtschaft
so bis in die kleinsten Züge übertragend, als in Oesterreich.“ —

Kaisers Befragen ergab sich, daß sie ihren Lebensunter-
halt durch ihren Leierkasten erwarb, der eben jetzt durch
einen unglücklichen Zufall schadhaft geworden war. Die
Frau klagte, daß sie nicht im Stande, die Kosten der
Reparatur, welche fünf Gulden betrügen, zu erschwingen
und daß ihr dadurch die Gelegenheit benommen sey, das
Nothdürftige zu verdienen. Der Kaiser händigte ihr zehn
Gulden ein und dankend wollte sich die Frau entfernen;
doch in der Thüre kehrte sie, das Geld betrachtend, wieder um, indem sie nur fünf Gulden für die Reparatur
brauche und daher die Hälfte zurückgeben könne. „Behalte nur immer auch die andere Hälfte" — sagte der
Kaiser lächelnd — denn sieh, Dein Leierkasten könnte ja
wieder einmal Schaden nehmen, und ich möchte dann
vielleicht nicht so schnell wieder zur Hand seyn können,
um dir die Reparatur zu zahlen."

Auch ein alter ausgedienter Soldat erschien in Prag
vor seinem Kaiser. Er hatte nichts weiter vorzubringen,
als daß die ihm gewordene Pension von täglich 4 Kreu-
zern ihn nur unmittelbar vor dem Hunger schützen könne
und er sich wenigstens einmal einen guten Tag zu machen wünsche. Der Kaiser griff in die Tasche und reichte
ihm einen Zwanzigkreuzer hin, mit welchem der alte
Soldat — freilich ein wenig überrascht, aber doch nicht
unzufrieden — sich entfernte. In der Thüre aber rief
ihn der Kaiser zurück und fragte ihn: ob er daran genug
habe? Der Alte meinte, daß ein armer Kerl, wie er,
sich gern mit Allem begnüge. „Ich wollte aber damit
sagen" — setzte der Kaiser hinzu — „daß du fortan
täglich einen Zwanzigkreuzer haben sollst." — Das Ent-
zücken des alten Soldaten kann sich wohl Jeder denken.

Als der Kaiser im Jahre 1815 zum ersten Male
Tyrol besuchte, griff seine heitere Leutseligkeit auf das

Innigste mit der treuherzigen Biederkeit der dortigen Ein=
wohner zusammen. In Innsbruck hatte er am Tage nach
seiner Ankunft vom Morgen bis zur Nachtzeit Allen, die
sich ihm nahten, Audienz gegeben, und, erschöpft vom
vielen Sprechen, zog er sich Nachts um 10 Uhr aus
dem Audienzzimmer in die innern Gemächer zurück, um
das Nachtmahl einzunehmen. Aber selbst hier sollte ihm
noch nicht Ruhe werden, denn man meldete ihm, daß
noch drei Bauern im Vorsaale säßen und vorgelassen zu
werden bäten. Ohne seine Erschöpfung zu berücksichtigen,
stand der Kaiser auf, und mit der Bemerkung: „Ja,
wenn die draußen sitzen, so muß ich wohl auf stehn,"
ging er und gab den Bauern Gehör.

Bei einer steilen Bergpartie, welche der Kaiser in
Tyrol unternahm, wollte ihm einer aus seinem Gefolge
hilfreiche Hand leisten. Der Kaiser aber sah sich nach
seinen Tyrolern um und sagte: „Ich verlasse mich auf
Euch. Ihr habt mich nie sitzen lassen!" Ein greiser
Tyroler drängte sich mit derbem Eifer an den Kaiser,
welcher ihn fragte: was er denn wolle? — „Di anschaun,
lieba Koase!" erwiderte der Alte. „Nun, so schaue
mich an!" sagte der Kaiser und ließ dem Tyroler Zeit,
sich ihn anzusehen. — Auch äußerte er, von der Liebe
der Tyroler tief ergriffen: „Es ist gut, daß ich früher
nie in Tyrol war. Hätte ich gewußt, wie man mich
hier liebt, so würde ich den Verlust dieses Landes noch
weniger haben verschmerzen können."

Wie treffend der Kaiser die Aeußerungen ächter Liebe
und Bewunderung von leerer Schmeichelei zu unterschei=
den weiß und wie abgesagt er der letzteren ist, hat er
vielfach gezeigt. Jedes unmotivirte Lob berührt unan=
genehm sein richtiges Gefühl und er verschmäht es in
Worten, wie in der Schrift. Einst legte ein besonders

geübter Calligraph dem Kaiser einen, aus lauter winzi=
gen Schriftzügen außerordentlich kunſtreich gebildeten
Doppeladler vor; jede einzelne Feder in den Schwingen
des Vogels enthielt eine Sentenz, natürlich ſo fein ge=
ſchrieben, daß man ſie mit bloßen Augen gar nicht leſen
konnte. Dem Kaiser gefiel das kleine Kunſtwerk und er
wünſchte endlich auch den Inhalt der in den Federn des Adlers
verſteckten Sprüche zu erfahren. Dieſe enthielten lauter
Complimente, deren Zweck es war, die ausgezeichneten
Regententugenden des Kaisers zu preiſen. Dieſer ward
ernſter, er mochte in dieſen Sentenzen nicht die warme
Begeiſterung der Liebe, ſondern den hohlen Schall der
Schmeichelei erkennen. Ungeduldig unterbrach er den
Calligraphen im Vorleſen und reichte ihm ein Geſchenk,
mit den Worten: „Nehmen Sie; Sie ſind ein tüchti=
ger Künſtler. Wären Sie kein Schmeichler, ſo würde ich
Sie weit beſſer belohnt haben.“
Seinem umfaſſenden Wiſſen iſt nichts mehr zuwider,
als Oberflächlichkeit, zumal wenn ſie mit Anſprüchen ver=
bunden iſt; und ſeinem durchdringenden Blicke, den eine
große Zeit prüfte und lange Erfahrungen ſchärften, wird
wohl nie ein ſolcher Mangel entgehen. Es iſt der Punct,
der den milden Fürſten ſogar zur Strenge bringen kann.
Ein junger Mann aus guter Familie und von vortheil=
haftem Aeußern, ſtellte ſich ihm eines Tages vor und
eröffnete ihm ſein Anliegen, nämlich, daß er ſich ſchon
ſeit längerer Zeit zu einer diplomatiſchen Laufbahn vor=
bereitet habe, daher die meiſten todten und lebenden Spra=
chen ſpreche und verſtehe und ſich überhaupt mit den nö=
thigen Kenntniſſen zu dem erwählten Berufe ausgeſtattet
glaube, daß ihn aber Parteilichkeit und perſönlicher Haß
ſeiner Vorgeſetzten bisher immer unterdrückt und auch für
die Folge beinahe jede Ausſicht verſperrt hätten.

2

Der Kaiser redete sofort den Bittsteller zuerst in lateinischer, hierauf in italienischer und zuletzt in französischer Sprache an, aber der junge ausgebildete Diplomatiker wußte mit keinem Worte darauf zu erwidern.

„Es ist möglich,“ — sagte der Kaiser nach ziemlich langem Warten mit gütigem Tone — „daß Sie in diesem Augenblicke nicht die nöthige Fassung besitzen. Sammeln Sie sich und tragen Sie mir dann Ihre Bitte in einer der Sprachen vor, in welchen ich eben mit Ihnen redete.“

Darauf wendete sich der Kaiser zu anderen Bittstellern und nach einer geraumen Weile trat er wieder zu dem Diplomatiker, welcher jedoch durch sein noch immer fortgesetztes Schweigen nicht mehr seine Blödigkeit, sondern seine Unwissenheit bekundete.

Streng blickte der Kaiser den Ignoranten an. „Sie haben nicht nur geprahlt, sondern auch verläumdet“ — sagte er mit strafendem Tone. — „Gehen Sie und meiden Sie hinfort mein Angesicht!“

Aber eingeborener, als Strenge, ist seinem Herzen die schonende Milde gegen das Unglück, selbst wenn es ein verschuldetes war. Er ließ sich im August 1812 das Correctionshaus zu Linz zeigen. Unter den in einem besondern Gemache aufbewahrten abgelegten Kleidungen der Sträflinge, fiel ihm ein weiblicher Anzug auf, dessen Stoff und Zuschnitt auf einen mehr als gewöhnlichen Stand der Inhaberin schließen ließ. Verwundert hierüber verlangte er diese Person zu sehen, aber vor dem Gemache der weiblichen Sträflinge angelangt, unter denen auch jene Person sich befand, hielt er plötzlich inne, indem er äußerte: „Nein, ich will sie mir lieber nicht zeigen lassen; sie könnte es bemerken und müßte sich kränken!“ — Schwerlich dürfte die Geschichte einen ähnlichen, so wahrhaft menschlich schönen Zug eines Herrschers auf-

zuweisen haben, eine Rücksicht, die sich selbst auf den
Verbrecher lenkt und es verschmäht, dem einmal Bestraf=
ten aufs neue in seinem Gefühle wehe zu thun.

Während seines Sommeraufenthaltes in Baden be=
gegnete er eines Tages einem Leichenzuge. Der Todte,
den sie da zur Ruhe trugen, war so arm, aber auch so ein=
sam und verlassen gewesen, daß auch nicht ein einziger
Mensch, nicht ein liebendes Wesen dem ärmlichen Sarge
folgte. Dieses trostlere Bild menschlicher Verlassenheit
ergriff den Kaiser tief. „War der Mann, den sie da
begraben, so arm und aufgegeben, daß auch nicht eine
Seele ihn zur Gruft begleiten mag," — sagte er — „so
wollen wir den Armen hinbegleiten." Und ohne Weiteres
ging er hinter dem Sarge her; seine Begleiter folgten
seinem Beispiele, und da der Kaiser es nicht verschmähte,
so schlossen sich alle Vorübergehende dem Zuge an. Der
letzte Tag des verblichenen Armen ward für ihn zum
Triumphzuge. Sein langes düsteres Leben wäre gewiß
im voraus versöhnt und gelichtet gewesen, hätte er ge=
wußt, daß ihm ein solches Leichenbegängniß werden sollte.
Und am Grabe angekommen, entblößte der kaiserliche Herr
das ehrwürdige Haupt und betete für die Ruhe des —
Bettlers. Fürwahr, ein menschlich=großer Moment, äch=
ter, als mancher aus der alten Heldenzeit, mit welchem
die Weltgeschichte seit Jahrhunderten her, gleichsam aus
Angewohnheit, zu prunken pflegt!

Wir begnügten uns, hier einige Züge abgesondert
hinzustellen, weil diese ihn mehr als Menschen bezeichnen,
als daß sie mit seinem Regentenleben gerade in äußerem
Zusammenhange ständen. Noch manche ähnliche sind
dem weiteren Verlaufe unserer Darstellung aufgehoben,
obschon ein Charakterbild sich besser aus der Gesammtheit
seines Wirkens, als aus einzelnen Zügen hervorhebt.

Die neuern erschütternden Scenen in Frankreich waren nicht geeignet, ihn für den jähen Geist der Neuerungen zu stimmen, welche, vom Westen aus, alle gesellschaftlichen Bande zu zerreißen, alle durch langbewährten Segen und ehrwürdiges Herkommen lieb und heilig gewordenen Formen zu zertrümmern drohten. Das Andenken des edlen Josephs II., seines Oheims und Erziehers, hatte sich mit schmerzlicher Liebe in sein Inneres geprägt. Er hatte tief in das Herz dieses großen unglücklichen Fürsten geschaut, hatte alle Liebe und alle Trauer in diesem großen Herzen entdeckt und verstanden, und konnte dasselbe am besten mit der Wirklichkeit abmessen. Josephs Unglück ward für Franz zum Lehrer; Jener hatte geglaubt, ihn handeln zu lehren, aber unbewußt hatte er mehr gethan, er hatte ihn gelehrt: vermeiden. Äußerst wahr sprach sich eine ältere, zweckmäßige Schrift*) über dieses Verhältniß zwischen Joseph II. und Franz I. in den Worten aus: „Nichts wirkt auf wohlgeartete Gemüther tiefer, als der Schmerz über die Irrthümer und Fehler geliebter Angehörigen. Die Liebe erklärt den Mißgriff, und da der Fehlende nicht verdammt werden kann, so wird der Fehler selbst um so sicherer und gründlicher vermieden." — Franz I. begriff sowohl aus dem Wirken Josephs, als auch, in anderer Hinsicht, aus den ungeregelten, Kraftvergeudenden Anstrengungen der Gegenwart, daß es fruchtlos und den natürlichen Gesetzen des Weltlaufes entgegen sey, eine neue Ordnung der Dinge aus dem Boden zu stampfen. Es war ihm klar, daß nur in allmähliger, naturgemäßer Entwickelung, nicht aber in unberechneten und nur erschöpfenden Anläufen, die Zeit ihrer Reife

*) Zeitgenossen. Band I.

entgegengehe. Er sah die Menschheit nur mit blutigen Zerrbildern der Freiheit spielen und wie sie sich selbst in wilden Träumen damit peinigte, und mußte wohl davor zurückschaudern. Es wurde zum Ziele seines Lebens, diesen Dämon zu bekämpfen, der sich nicht nur Frankreich, sondern Europa zu seinem Opfer auserkoren hatte. Franz diente damit nicht sich, sondern der angetasteten heiligen Ordnung der Dinge; der große Weltschmerz, den nur geweihte Herzen kennen, erfaßte ihn am tiefsten; er bezeichnet ihn in allen Wendungen des Kampfes, den er darum bestand.

Nur Mißgunst oder Unverstand konnten den Vorwurf ersinnen, daß unter Franz die natürliche, freie Regsamkeit des menschlichen Geistes unbegünstigt, ja wohl gar verpönt geblieben sey. Der Zusammenfluß geistreicher und gefeierter Männer in seinem Reiche, die in den Zuckungen der Zeit ihre Stimme für Wahrheit und Recht kräftig geltend zu machen wußten, würde diese Beschwerde schon von selbst widerlegen. Nur den krankhaften Entartungen des Witzes, den frechen Spöttereien geborener Widerspenstigkeit oder den sinnverwirrenden Hirngespinnsten unreiser Vernünftelei, suchte das österreichische System zu begegnen. Mit welchem Erfolge — zeigt seine Geschichte, mit welchem Grunde — zeigt Deutschlands Jahr 1830, wo der Himmel der Freiheit mit Flugschriften und Pflastersteinen erobert werden sollte. Oesterreich war in seinem gesunden, kraftvollen Humor, schon der natürliche Feind jener moralischen und politischen Weltkrankheiten, und wogegen sich seine Natur so erfolgreich sträubte, das wollte die Regierung ihm auch nicht durch fremde Ansteckung gewaltsam einimpfen lassen. Ob aber, bei dieser Vorsicht, dem Oesterreicher Etwas entzogen wurde, was seinen Verstand wahrhaft ausbilden, seinen Sinn wahr-

haft veredeln konnte, wird Jeder an dem Grade der in-
tellectuellen und gesellschaftlichen Bildung, dessen sich Oesterreich beinahe in alle Volksklassen hinab erfreut, abnehmen
können. Daß man, abgesehen von schädlichen politischen
Einflüssen, in Oesterreich jene fieberhafte Ueberreizung der
Phantasie — welche unsere neuere Romantik erhob und
die Poesie stürzte — verschmäht und ihr theilweise ent-
gegengearbeitet, rechtfertigt sich nicht nur aus dem Zustande unserer Literatur, sondern auch aus der Geschichte
der Völker und der Menschheit. So lange die Cultur
und die Phantasie eines Volkes in ebenmäßigen, seinem
angeborenen Charakter entsprechenden Bahnen erhalten
wird, so lange steht auch seine moralische Kraft fest.
Sobald aber seine Cultur in geistige Schwelgerei, seine
Phantasie in Zügellosigkeit der Vorstellungen ausartet,
ist sein innerer Halt dahin und selbst die physische Gewalt
nimmt ab, sobald die geistigen Genüsse sich von der Natur entfernen. Diese Ansichten scheinen besonders die so
oft und so hart angetastete österreichische Censur zu leiten; und auch in diesem, wie in so vielen Puncten
stimmt das System dieses Landes mit dem Ausspruche
eines unserer größten und freisinnigsten Denker °) überein:
„Die Gesundheit und Dauer eines Volkes beruht nicht
auf dem Punct seiner höchsten Cultur, sondern auf einem weisen oder glücklichen Gleichgewicht seiner lebendig-
wirkenden Kräfte. Je tiefer bei diesem lebendigen Streben sein Schwerpunct liegt, desto fester und dauernder
ist er." — Nur durch das weise Festhalten dieses Gleichgewichtes, durch das freie, naturgemäße, aber besonnene
Entwickeln dieser Kräfte, verbunden mit einem Herrscher,

°) Herder: Ideen zur Geschichte der Philosophie der Menschheit. Br. 2.

der die Liebe und Bewunderung, mit einer Rechtspflege, welche die Achtung und das Vertrauen des Volkes gewinnen und erhalten mußte, konnte es gelingen, daß auch ein, nicht eben leicht zu befriedigender Beobachter *) doch in dem österreichischen Volke „Geschicklichkeit ohne Vermessenheit, Gehorsam ohne Zwingherrschaft, Ehrerbietung ohne Kriecherei, Lebensgenuß ohne Frevel, Kunstsinn ohne Verzärtelung, Weltton ohne Gottesvergessenheit" (Urtheilskraft ohne Vernünftelei, Phantasie ohne Ueberspannung — setzen wir hinzu) erblickte.

Nicht Effectmacherei hat um die Gestalt des Kaisers Franz jenen Nimbus gebildet, in welchem er vor seinem Volke steht. Einfache Würde, Vatersinn und Milde bezeichnen den Monarchen auch in seiner Gestalt und in seinem Antlitz, über welches sich eine geheime Wehmuth, das Erbe einer langen sturmvollen Zeit, mit der Heiligkeit des Schmerzes breitet.

Die strengste Ordnung in seiner Lebensweise und Mäßigkeit haben das eingebracht, was politische Stürme, Sorgen, Anstrengungen und Mühseligkeiten, gegen die Festigkeit seiner Natur unternahmen. Seine Gesundheit hat nur einzelne Unterbrechungen erlitten. Wer aber gewöhnt ist, die Liebe eines Volkes zu seinem Monarchen nur für künstliches Erzeugniß zu halten, der hätte Wien während des Zeitraumes sehen müssen, wo schwere Krankheit drohend auf dem Leben des Allgeliebten lag und die Hoffnung mehr und mehr entwich. Das lebenvolle, frohsinnige Wien glich in dieser Crisis einem Trauerhause; jedes noch so festbegründete innere Familienglück fürchtete in ihm das theuerste Glied zu verlieren, und

---

*) Schneller: Geschichte von Oesterreich und Steiermark. 4. Bd. Dresden, 1823.

selbst der Alleinstehende, der längst Verwaiste, hatte noch
einmal für das Leben eines Vaters zu zittern. In Kirchen und an öffentlichen Plätzen lag das Volk auf den
Knieen, um für die Rettung desjenigen zu beten, den
jeder zu seinem eignen Kreise gehörig glaubte. Und welcher Zauberschlag hatte dieses Volk der Trauer plötzlich
mit einem Wonnetaumel beseelt, als die Gefahr vorüber
und das Leben des Angebeteten gerettet war! Die Sprache
eines Volkes ist truglos und wahr, wie die eines Kindes,
seine Gefühle sind die unzuverfälschendsten, seine Liebe die
reinste und ächteste.

Die innige Verwandtschaft des Kaisers mit seinen
Völkern spricht sich auch in der genauen Kenntniß aus,
welche Ersterer von allen den umfassendsten, wie den bei-
läufigsten Verhältnissen seiner Staaten besitzt, und mit
Recht durfte daher an einem schon angeführten Orte
ebenfalls behauptet werden: „daß die geographische Lage
und Eintheilung seines weitumfassenden Reiches ihm so
gegenwärtig sey, wie die einzelnen Theile seiner Hofburg
in Wien." Seine Reisen durch alle Provinzen seines
Staatenbundes, und unausgesetzt fleißiger, sowohl theore-
tischer als practischer Umgang mit dessen Zustand und
Verfassung haben das vollendet, was seinem natürlich
hellen Blicke mit seltner Leichtigkeit und Sicherheit zu erfassen gelang. Hierbei leistet ihm sein wahrhaft bewun-
dernswürdiges Gedächtniß, das durchgängige Erbe der
hohen Habsburger, die vorzüglichsten Dienste. Nicht der
kleinste Umstand, nicht die flüchtigste Begegnung entgeht
der wunderbaren Erinnerungskraft des Kaisers, und sein
überfließend reiches Leben steht nicht nur mit seinen Haupt-
ergebnissen, nein, auch mit seinen leichtesten Berührungen
und Nebensprossen in seiner Erinnerung fest. Welch' ein
Resultat von Erfahrungen und practischen Anwendungen

muß einem solchen Gedächtnißschatze entkeimen! Diese Gedächtnißkraft lenkt sich nicht nur auf Begebenheiten und Vorfälle, sondern auch auf Personen und Physiognomieen, so daß jeder von all den Tausenden, die in Audienzen oder auf sonst eine Weise sich eines Zwiegesprächs mit ihrem Kaiser erfreuten, das wohlwollende Gefühl mit hinwegnehmen darf, daß er der Erinnerung des Monarchen nie ganz verloren gehen und derselbe, wo die Gelegenheit es gibt, sich auf ihn und die Hauptumstände der Verhandlungen besinnen, ja ihn wohl gar dem Ansehen nach wiedererkennen wird.

Des Kaisers Wissen ist tief und umfassend; seine Staatswissenschaft, Sprachenkunde, Kenntniß im Felde bürgerlicher Verrichtungen und Einsicht in Kunst und Gewerbfleiß hat er in den verschiedenartigsten Fällen auf die überzeugendste Weise dargethan. Zu seinen Lieblingsstudien, denen er sich in den wenigen Stunden der Ruhe gern hingibt, gehören Naturwissenschaft und practische Landwirthschaft. Bewandert in den alten Sprachen, sind ihm alle Sprachen seiner Monarchie gleich geläufig; er spricht und schreibt sie eben so fließend als correct. Doch zieht ihn die deutsche Sprache vor allen übrigen an; und obgleich völlig Meister ihres höhern Styles, spricht er sie doch vorzugsweise gern in dem gemüthlichen Dialecte seiner Hauptstadt und in dessen eigenthümlichem Idiome. Wie doppelt eindringlich er dadurch zu dem Herzen seines Volkes spricht, bedarf wohl nicht erst der Hindeutung.

Sein Häusliches und die gegenseitigen Verhältnisse der Seinigen unter einander geben ein schönes Bild fürstlichen Familienlebens. Unerschütterliche Liebe und wechselseitige Anhänglichkeit durchdringt alle Glieder desselben und Ihrer Aller Herzen begegnen sich in Tugend, Sit-

tenreinheit und Güte. Die Kaiserin hat sich dem allverehrten Kreise auf das Innigste verschmolzen, sie wirkt
völlig in derselben herablassenden Milde und volksthüm-
lichen Liebe, wie ihr erhabener Gemahl, und genießt neben
ihm die dankbare Zuneigung aller Unterthanen, die sie
als eine Mutter lieben. Frömmigkeit im höhern Sinne
leitete alle Handlungen des Kaisers, sie schlingt sich, als
Seele seines Wirkens, durch sein ganzes Leben, und seine
standhafte Ausdauer in den schwankenden Ereignissen
eines langen Weltkampfes zeugt allenthalben von einem
unwandelbaren Glauben an eine höhere Ordnung der
Dinge, welcher unendlich tiefer und fester steht, als tollkühner Muth und blindes Vertrauen zu einem treulosen
Soldatenglücke. Franz und sein Gegner Napoleon zeigen am treffendsten den Unterschied zwischen dem moralischen und dem nur fatalistischen Heldenglauben.
Ersterer beruht auf der Nothwendigkeit einer Weltordnung, einer unerschütterlichen historischen Recht=pflege,
letzterer auf dem eitlen Vertrauen zu individueller Ueberlegenheit oder zu einem trügerischen Gestirn. Den kühnen Corsen hob dieser sein Glaube, gleich der Schwinge
eines auf gewisse Zeit dienstbaren Dämonen, zu schwin-
delnder Höhe empor, um ihn später desto furchtbarer
fallen zu lassen. Dagegen ist Franz von seinem Glauben auf wechselnder, aber gewisser Bahn zum Siege geführt worden, und überraschend erreichte er endlich das
rastlos verfolgte Ziel, nachdem das mitkämpfende Europa
beinahe schon daran verzweifelt war. Nicht das zwei-
deutige Ziel eines Eroberungskampfes hatte ihn geleitet;
es galt, den Umsturz alles Bestehenden, die Auflösung
aller nationalen Bande, die politische Zernichtung ange-
stammter, theurer, menschlicher Gefühle zu verhüten.
Muth und getreues Ausharren halfen das Ziel erkäm-

pfen, das gute Recht des Kampfes heiligte den Sieg, Mäßigung und Treue verewigten seine Früchte.

Des Kaisers hohe Achtung für das Gesetz in den wichtigsten wie in den kleinsten Fällen, thut am besten dar, auf welchen Pfeilern die innere Macht der österreichischen Monarchie beruht. Sobald das neue Gesetz durch ihn ausgesprochen worden, ist demselben niemand mehr unterthan, als er selbst; Keinen bindet es mehr, als ihn. Um wie viel heiliger und bindender wird dasselbe für den Unterthan, wenn dessen Gründer sich selbst, so wenig auch nur die geringste Abweichung davon gestattet. Recht und Gesetzlichkeit bilden das Wesen seiner Regierung; auf ihnen ruht der colossale Bau des großen Staatenbundes, ohne politischer Mysterien zu bedürfen, die sich manche Köpfe durchaus in das Getriebe einer Staatsmaschine hineinträumen, weil sie — in einem bloßen Algebraglauben befangen, und nur immer zählend, nie beobachtend — auch nicht begreifen, wie Fürstenredlichkeit und Volkstreue bei weitem besser schützen, als Schanzen, Bajonette und Cabinetsintriguen. —

Die öffentlichen Audienzen, welche zweimal in der Woche gegeben werden, dienen dazu, das Band zwischen Herrscher und Volk noch dauernder zu befestigen. Durch sie gewinnt Jeder — ohne Unterschied des Standes — Gelegenheit, dem Kaiser persönlich seine Anliegen, Klagen und Wünsche vorzutragen, und eben durch diese stete Zugänglichkeit wird das theure Bild des Herrschers in jeden Kreis hinübergezogen. Sein lebhaftes Gedächtniß sichert dem Bittenden, wenn anders dessen Anliegen Anspruch auf Berücksichtigung hat, einen gewissen Erfolg. Nur dürfen die ihm vorgetragenen Bitten nie eine Abweichung vom Gesetze bedingen. Der milde Fürst wird in diesem Falle zwar seinen freundlichen Trost, in vorkommen-

den Fällen auch seine besondere Unterstützung nicht fehlen lassen, und jedenfalls nimmt der Bittsteller das er-
muthigende Bewußtseyn mit hinweg, daß sein Kaiser ihm
seine Theilnahme schenkt; allein der heiligen Unantastbar-
keit des Gesetzes unterordnet der Herrscher sich selbst und
jede Regung. Wie gern und häufig er aber, ohne Umgehung des Gesetzes, aus eignen Mitteln hilft, darüber
ist nur eine Stimme.

Der Kaiser liebt es, sich, wo es die Gelegenheit gibt,
unter seine Unterthanen zu mischen. Die Einfachheit,
womit er auftritt, hütet sich, durch seine Nähe die gesel-
lige Lust zu verscheuchen und zieht es vor, statt formeller
Rücksichten, die Zeichen biederer Unterthanenliebe hinzu-
nehmen, die sich ihm allenthalben in bescheidener Zwang-
losigkeit darbieten. Ueberall begegnet ihm diejenige Verehrung und liebende Scheu, welche, der durch Güte und
Edelsinn geschmückten Erdenhoheit gegenüber, sich nirgend
verläugnet. Dieses Gefühl der Verehrung stützt sich nicht
auf gewöhnliche Formen; es ist tief in der menschlichen
Natur begründet und kann nur der verwilderten abgehen.
Die zugleich ehrwürdige und wunderbar herzgewinnende
Erscheinung des Kaisers wirkt magisch auf Alles, was
seinem Kreise nahet; der ungeheuere, aus so verschieden-
artigen Theilen zusammengesetzte Staatenkörper ist von
diesem Einflusse durchdrungen und diese gemeinschaftliche
Regung gibt ihm die innere Uebereinstimmung und Verwandtschaft, so wie Gerechtigkeit und Treue des Regenten die äußeren Bindemittel sind, welche den großen Länderverband zusammenhalten.

Zweiter Abschnitt.

Von der Thronbesteigung Franz I.*) bis zum Frieden von Campo formio.

Das Auge schwindelt, wenn es in die ungeheure Per-spective zurückblickt, welche mit dem Regierungsantritte Franz I. (1. März 1792) sich auf dem Weltschauplatze eröffnete. Dem jungen Kaiser folgte ein froher Glaube seiner Völker auf den Thron, und es war seine theuerste Pflicht, das Band der Liebe und des Vertrauens zwischen Herrscher und Unterthanen, welches noch von den kühnen Gewaltschritten eines Joseph II. her an innerem Halte gelitten zu haben schien, wieder in seiner vollsten Stärke anzuknüpfen. Er selbst wollte im Vertrauen vorangehen, und eilte, einen Beweis davon zu geben, indem er schon am neunten Tage seiner Thronbesteigung **) (9. März) alle anonymen Denunciationen verbot, die bisher zu so vielen Nachtheilen und Mißbräuchen geführt hatten. Am 20. April hatte Frankreich den Krieg erklärt, den Oester-reich so sorgsam vermieden. Die Vorbereitungen zu dem

---

*) Er ward geboren am 12. Februar 1768 zu Florenz.

**) Als Wien am 25. April huldigte, bestand Franz darauf, daß das sonst übliche Brod- und Fleischauswerfen und Wein-rinnen unterlassen und das dadurch ersparte Geld den Armen zugetheilt ward. Eben so wurde, als Franz von den Krönungen zu Frankfurt und Prag nach Wien zurückkehrte, das sonst für Triumphpforten ausgegebene Geld, diesmal zu Erweiterung und Verschönerung des herrlichen Stephansplatzes verwendet. Ein we-nige Tage nach jenem Einzuge durch eine Rathsdeputation dem Kaiser überreichter Kupferstich, darstellend den neu hergestellten Platz, enthielt die Aufschrift: „Dem Andenken Franz's II. neuge-krönten römischen Kaisers, der durch Erweiterung und Verschöne-nerung dieses Platzes, die Zierde seiner Hauptstadt, die Bequem-lichkeit seiner Bürger, Ehrenbogen vorzog, gewidmet von den Bür-germeistern, Räthen und der Bürgerschaft gemeinen Stadt Wien, im Jahre 1792."

aufgedrungenen Kampfe machten Opfer nöthig, welche Franz seinen Unterthanen liebend ersparen, oder wenigstens aus allen Kräften mildern wollte. Er war entschlossen, den Krieg zum großen Theile aus seinem Privatvermögen zu führen und ohne Weiteres schritt er zu den bedeutendsten Opfern; selbst das große goldene Tafelservice sendete er in die Münze. Mit Begeisterung erfuhr das Volk die edle Handlungsweise des Herrschers; sie brachte eine Nacheiferung und, durch diese, Resultate hervor, die auf dem Wege erzwungener Steuerbeitreibung schwerlich stattgefunden hätten. Alle Stände, alle Zünfte der Stadt Wien wetteiferten, durch freiwillige Beiträge sich der schonenden Großmuth des Kaisers werth zu zeigen. Es waren die schönsten Beweise zarter landesväterlicher Sorgsamkeit und edlen Bürgerhochsinnes, welche hier mit einander um die Palme des Preises rangen, und Franz hatte durch diesen großmüthigen Schritt den ersten, jedem Wanken trotzenden Grund des schönen harmonischen Verhältnisses zwischen sich und seinen Völkern gelegt, welches alle rauhen Mißtöne der Zeit siegend überklang und ertragen half. Franz belohnte den Patriotismus der Bürger Wiens durch einen am 7. April 1793 dem bürgerlichen Officiercorps und allen Innungsvorstehern überreichten silbernen Becher *).

Mit ungeduldiger Eile, als gelte es einen Zug auf Abentheuer, beschleunigte Frankreich den Krieg. Der schlaue Dumouriez entwarf den Plan zur Eroberung Belgiens, Rochambeau erhielt die Ausführung übertra-

---

*) Der Becher zeigte, außer dem Bildnisse des Kaisers, die Inschrift: „Zum ewigen Andenken der besondern Liebe aller bürgerlichen Innungen, Meister und Gesellen in Wien für Ihn und ihr Vaterland und zum Beweise seiner Gegenliebe und Erkenntlichkeit, widmet Franz II. diesen Becher allen seinen lieben Bürgern. 1793.“

gen. Aber der Anfang verrieth nicht eben eine wirksame Begeisterung durch die neue Freiheit. Der von Rocham= beau abgesendete Vortrab der Armee fällt in die Nieder= lande ein, aber kaum bekommt er Oesterreicher zu Gesicht, als er ohne Weiteres umwendet und sich bis an die Thore der Festung Valenciennes verfolgen läßt. Noch übler ergeht es dem zweiten Theile der französischen Ar= mee; ohnweit Tournay, gegen welches er anrückt, wird er von Oesterreichern umringt und schwer geschlagen. Die Franzosen ziehen sich nach Lille zurück, und entledigen sich ihres Verdrusses durch ein morgenländisches Mittel, indem sie ihren Anführer Dillon und einen seiner Ad= jutanten ermorden. Mit Entsetzen und Schaam sieht Rochambeau, über welche Art von Truppen man ihn gesetzt hat, und gibt seine Stelle ab, in welche der Mar= schall Luckner, jedoch in einem untergeordneten Verhält= niß zu Lafayette, eintritt.

Lafayette, ohnedies schon empört durch die innern Gräuel, womit sich Frankreich täglich befleckt, beginnt durch die vorhergegangenen Vorfälle nunmehr auch an dem äußeren Erfolge der französischen Waffen zu ver= zweifeln. Daher bleibt er bei Givet auf halbem Wege stehen. Die Königsfeinde — denen er, schon durch sei= nen freimüthig ausgesprochenen Abscheu gegen die Ge= waltthaten der Jacobiner, verdächtig geworden ist und die ihn daher gleich anfangs mit Beobachtern umgeben haben — gerathen nunmehr gegen ihn in offnen Grimm, der nur seiner Gelegenheit wartet. Einstweilen müssen sie, da sie ihn durch die Armee gedeckt wissen, sich damit be= gnügen, ihn entweder für einen in Kriegsgeschäften Un= erfahrnen, oder für einen heimlichen Verräther zu er= klären.

Mittlerweile gewannen die Angriffe gegen Ludwig XVI.

an Wuth und Frechheit, wenn dies überhaupt noch möglich war; sie begannen sich mehr und mehr unmittelbar
gegen die Person des Königs zu richten. Der 20. Juni
erschöpfte alle Gräuel einer tollen, planlosen, sich selbst
nicht klar werdenden Pöbelwuth. Die Rasenden drangen
mit Aerten in die Gemächer des Königs; dieser gräßliche
Tag sollte alle scheusliche Fratzenbilder der göttlichen
Freiheit entfalten. Lafayette hatte bereits am 16. Junius
aus dem Lager bei Maubege ein Schreiben an den Convent erlassen, in welchem er seine und des Heeres Unzufriedenheit mit den neuesten Vorfällen ausdrückte. Als
ihm aber die Nachricht von den schmählichen Auftritten
des 20. Juni zukam, durchbrach sein empörtes Gefühl
alle Schranken der Vorsicht, ja selbst der militairischen
Pflicht. Er verläßt die Armee und eilt in Person vor
den Convent, um in seinem und seiner Krieger Namen
die Bestrafung der Verbrecher vom 20. Juni, und strenge
Maßregeln zu künftiger Aufrechthaltung der Ruhe und
der Gesetze zu fordern. Die Jacobiner zögerten nicht,
mit der längst vorbereiteten Anklage gegen ihn vorzutre-
ten. Zwar schützte ihn diesmal der Convent; aber Lafayette hatte vergebens gehofft, daß sein so oft in aufge-
regten Augenblicken über das Volk ausgeübter Zauber
demselben auch im Zustande der Raserei werde gebieten
können. Nicht ohne Beschämung konnte er — der in
den unzuverlässigen Strahlen der Volksgunst groß gewach-
sen war und sich ihrer vielleicht nicht immer ohne An-
flüge von Eitelkeit bedient hatte — die Bemerkung machen, daß diesmal seine Stimme in der Wüste verhallte.
Unmuthig geht er wieder zur Armee ab, von den Rache-
plänen der Königsfeinde verfolgt.

Der Krieg gegen die Niederlande, auf deren Insurrection
Frankreich, wie überhaupt in dem Kriege gegen Oesterreich,

rechnete, begann Mitte Juni einen neuen Act. Der Marschall Luckner besetzte mehrere Plätze; da er aber vergebens der erwarteten Insurrection entgegensah, so gab er diese Plätze auch noch im Laufe des Monats wieder auf.

Die schlechte Disciplin, welche die ersten französischen Truppen bewährt hatten und die feige Schnelligkeit, womit sie dem Feinde sogleich bei seiner Annäherung wichen, hatten ein schlechtes Vertrauen zu den französischen Waffen hervorgebracht, und daher kam es, daß man, von Seiten Oesterreichs und Preußens, den Krieg erst gegen Ende August und mit nicht bedeutender Macht eröffnete.

Paris, welches der Anführer des preußischen Heeres, der Herzog Carl Wilhelm Ferdinand von Braunschweig, in seinem bekannten Coblenzer Manifeste vom 27. Juli, für jede weitere Beleidigung Ludwigs und seiner Familie verantwortlich gemacht hatte, befand sich gleichwohl nicht in der besten Stimmung und fürchtete die angedrohte Zerstörung wirklich zu erfahren. Besondere Besorgniß erregten ihm die Gränzfestungen, zumal man nicht durchgängig sich auf die Gesinnungen der dortigen Befehlshaber verlassen zu können glaubte und daher in der Eile noch eine scharfe Controle über dieselben hielt, auch einige derselben abrief und in ihre Stellen Andere einrücken ließ.

Am 9. August forderte der Herzog von Braunschweig Longwy auf, nach zwei Wochen ging es über, eine Woche später fiel Verdün, dagegen hielt sich Thionville unter Wimpfen hartnäckig gegen die Oesterreicher unter dem Fürsten Hohenlohe. Der Weg stand den Verbündeten durch die Champagne nach Paris offen, und nur einer seltsamen Willensänderung der Sieger konnte diese glänzende Gelegenheit, Paris zu erreichen, den König zu er-

retten und die alte Ordnung und Gesetzlichkeit wieder her=
zustellen, entgehen.

Frankreich begann einzusehen, wie unvorbereitet es
sein Geschick herausgefordert habe. Zurück konnte es
nicht mehr gehen, und erschreckt warf es sich in die Arme
Dumouriez's, eines Mannes von zweideutiger Treue, aber
von keckem Selbstbewußtseyn und kriegerischen Erfahrun=
gen. Er entdeckt in den Defileen von Clermontois einen
Engpaß, wo dem anrückenden Gegner am sichersten zu
widerstehen ist. Dies ist der Argonner Wald, welcher
seiner ganzen Länge nach, von le Chêne le populeux
bis nach Passevant, ein funfzehn Meilen langes, von
beiden Seiten mit Wänden eingeschlossenes Thal theilt
und der an verschiedenen Stellen von Engpässen, welche
leicht zu vertheidigen sind, durchschnitten wird. Das Heer
der Verbündeten mußte daher, nach Dumouriez's Berech=
nung, um jenseit des Waldes zu gelangen, die Durch=
gänge entweder mit Gewalt sprengen oder sich in dem
Gehölze setzen, um senkrechte Anhöhen zu erklimmen, oder
unter großem Zeitverluste einen langen Umweg wählen
und sich dabei immer weiter von den Zufuhren und Ma=
gazinen entfernen, mit steter Gefahr, bei seiner Unkennt=
niß des Terrains, abgeschnitten zu werden. Diesen von
der Natur zum Widerstande geschaffenen Paß beschloß
Dumouriez zu behaupten. Er nahm daher mit 17—18,000
Mann eine wohlberechnete Stellung zu Grandpré und
Jelettes und beabsichtigte darin die verbündeten Heere so
lange aufzuhalten, bis Bournonville und Kellermann
mit ihren Heeren zu ihm stießen. Der Herzog von Braun=
schweig läßt ihm unbegreiflicher Weise Zeit, seinen Plan
auszuführen. Am 14. September wird Dumouriez zwar
durch eine Schlacht aus seiner Stellung bei Grandpré
gedrängt; aber in der Nacht setzt er sich wieder in dem

Lager zu St. Menehould, das die Seinigen in eifriger Flucht erreicht hatten. Die Kanonade von Valmy dient nur dazu, den Franzosen Begriffe von dem Heldenmuthe ihres Feindes zu geben; aber unbegreiflicher Weise verschmäht es der Herzog, den Schrecken, den die beispiellose Tapferkeit seiner Krieger verbreitet hatte, zu benutzen und zum bittern Staunen der Tapfern, die ihm folgen, schließt er nach der Kanonade von Valmy einen Waffenstillstand mit dem Feinde, welchem er unmittelbar seinen völligen Rückzug folgen läßt. So blieben alle Versprechungen und Drohungen seines Coblenzer Manifestes unerfüllt; der Feldzug war geendet und hatte keine Folgen, als Verluste, gehabt. Verdun und Longwy gab er den Franzosen zurück. Der Rückzug selbst war so beschwerlich, besonders da ein anhaltender Regen die schon an sich schlechten Wege aufgeweicht und verschwemmt hatte, daß die Verluste einer unglücklichen Schlacht ihn wenig übertroffen haben würden. Unter ungeheuern Anstrengungen und Mühseligkeiten erreichte man Coblenz. Die Gründe dieses Rückzugs sind noch jetzt ein Räthsel. Vielleicht glaubte der Herzog auf diese Weise das Leben Ludwigs XVI. sicherer zu retten, als durch Verfolgung der ihm gebotenen militairischen Vortheile. Er hatte dadurch die vorherige verzweifelnde Zagniß der Franzosen mit einem Male in übermüthiges Selbstvertrauen verwandelt und der deutschen Sache auf das Wesentlichste geschadet. Es wurde Custine nicht schwer, das nur schwach besetzte Speier, bald darauf auch Worms, zu erobern. Mainz fiel durch Feigheit seines Gouverneurs Gymnich, und durch innere Verrätherei. In Frankfurt am Main hoffte Custine seine planlose Habsucht am besten zu befriedigen; er eroberte es, aber schon am 2. December wurde es durch die Hessen wieder befreit. Hätte Custine, statt sei-

3 °

ner planwidrigen Streifereien nach Geld und Reichthü=
mern, sich schnell dem Herzen Deutschlands genähert, so
wären die Folgen vielleicht unabsehbar geworden. Aber
er hatte nur die pfiffige List eines Freibeuters, nicht aber
einen Funken von Heldenschlauheit. Nach der Rückkehr
der Heere war es um seine Wirksamkeit geschehen, er ver=
stand sich nur da auf Heldenthaten, wo ihm kein Feind
gegenüberstand.

Während dieser äußern Vorgänge, die in unerhört
kurzer Zeit einen flutenden Bilderwechsel — weit größer
in seinen Erscheinungen, als in seinen unmittelbaren Re=
sultaten — gewährten, waren im Innern Frankreichs
die gewaltsamsten Veränderungen eingetreten. Die Kö=
nigswürde war aufgehoben und dagegen eine französische
Republik proclamirt. In toller Mittheilungslaune streb=
ten die Franzosen ihren bacchantischen Wahnsinn auch
auf Andere überzutragen. Emissarien schlichen sich in
alle Reiche ein, „um durch heimliche Insinuationen Re=
ligion, Moralität und Ordnung umzustürzen; die ganze
Kraft der Sanecülottensprache wurde vom Convent, von
den Jacobinern und den Sprechern in den Clubs und
öffentlichen Blättern aufgeboten, Haß und Verachtung
über den Königsnamen auszubreiten: die neue Republik
machte gar kein Hehl daraus, daß sie nächstens alle
Throne umzukehren gedenke" *). Sie boten, mit wohl=
feiler Großmuth, allen Völkern die Freiheit an; sie wur=
den mit ihrer Freigebigkeit förmlich zudringlich, und, da
die Völker nicht gar schnell nach dem ihnen gebotenen
Geschenke zugriffen, grob. Ueberall, das verblendete Mainz
ausgenommen, wiesen der deutsche Ernst und Verstand

---

*) Eichhorn: Geschichte der drei letzten Jahrhunderte. 2. Bd.
Göttingen, 1804.

theils spöttisch, theils erbittert den französischen Freiheits-
mummenschanz, für den man sie anzuwerben strebte, zurück. Die Bürger Frankfurts erklärten mit Würde, daß
sie völlig zufrieden mit derjenigen Freiheit wären, die sie
bereits besäßen, und daher von einer neufranzösischen
keinen Gebrauch machen könnten. Die biedern Hessen
ergrimmten über die empörenden Ausfälle, welche sich der
Witz der Sansculotten gegen ihren Fürsten erlaubte, sie
schwuren ihm und dem beleidigten Deutschland Treue
und Rache gegen jeden Franzosen, der diese Heiligthü-
mer anzutasten wage.

Durch den Rückzug der Preußen nahm der immer
calculirende Dumouriez seinen Lieblingsplan, nämlich den
der Eroberung der Niederlande, mit doppeltem Feuer wieder auf. Er folgte den rückziehenden deutschen Heeren
nach, um den Kampf auf Feindesgebiet hinüberzuspielen.
Da die Verbündeten sich in mehrere Hauptmassen getheilt
hatten, die zum Theil an der Mosel lagen, um Trier zu
decken, zum Theil sich nach Belgien zogen, so hatte auch
die französische Armee sich zu theilen für gut befunden.
Kellermann folgte mit 40,000 Franzosen den Oesterreichern und Preußen gegen die Mosel. Dumouriez, Va-
lence und Bournonville führten das gegen Belgien bestimmte
Heer. Es bestand aus einer Macht von 80,600 Mann
frischer Truppen, führte eine ungeheure Artillerie mit sich,
über 360 schwere Kanonen und einen beispiellosen Kriegs-
vorrath. Es wurden mehr als 7000 Pferde nöthig, um
die Masse von Geschütz und Munition über die belgische
Gränze zu bringen. Dagegen war die österreichische Armee in Belgien noch nicht 14,000 Mann stark und führte
nur 56 Kanonen mit sich; zudem waren diese Tapfern
noch erschöpft von dem Feldzuge nach Champagne, der
in jeder Hinsicht die höchsten Anstrengungen erfordert

hatte. Unter dem Herzoge Albert von Sachsen-Teschen und Clairfait erwarteten die Oesterreicher ohnweit Mons bei dem Dorfe Jemappes die Franzosen. Umsonst warf sich die Uebermacht der Letztern, unterstützt durch ein mörderisches Artilleriefeuer, mit allem Ungestüm auf den kleinen Haufen der Tapfern. Diese waren weder durch die Wuth der weit überlegenen Feinde, noch durch das heftige Feuer zum Weichen zu bringen. Zu wiederholten Malen warfen sie den Feind zurück und räumten endlich, langsam und unverfolgt von dem um so viel stärkeren Feinde, das blutige Schlachtfeld. Der König von Sardinien hatte sich durch sein dargelegtes Mißfallen an dem Treiben der französischen Republikaner, längst den Zorn derselben zugezogen. Man wartete nur eines Anlasses und da man ihn suchte, war es kein Wunder, daß man bald wenigstens einen Schein dazu fand. Der französische Gesandte ward aus den sardinischen Staaten verwiesen, und dies hatte zur Folge, daß, ohne alle Kriegserklärung, die Franzosen unter Montesquieu in Savoyen, und unter Anselme in Nizza einfielen, die Sardinischen Truppen vertrieben und Savoyen und Nizza in den Besitz der Republik brachten, wodurch dieselbe nunmehr eine feste Alpengränze gewann. Genf sollte, trotz der beobachteten Neutralität, erobert und jacobinisirt werden; man wußte dafür keinen besseren Anlaß zu finden, als daß es eine helvetische Besatzung aufgenommen habe, deren es sich aber in der That nur dazu bedienen wollte, um die beabsichtigte Neutralität unterstützen zu helfen. Montesquieu, dem die Unternehmung gegen Genf übertragen worden war, schämte sich selbst dieser Ungerechtigkeit, er gab der Sache den Anstrich eines bloßen Mißverständnisses und vermittelte sie. Aber zum Lohn dafür, daß ihm die Ehre der Republik mehr gegolten, als

deren ungerechte Bereicherung, drohte ihm Proceß und
Guillotine und nur eine zeitige Flucht konnte ihn davor
bewahren.

Der Uebermuth Frankreichs kannte, nach den errungenen Vortheilen — an denen die Gewissenlosigkeit
eben so großen Antheil hatte, als das Glück der Waffen — keine Gränzen mehr. Aber wenn sonst das Glück
milder und versöhnlicher zu machen pflegt, so diente es
hier nur, die Wildheit und den Blutdurst zu steigern. In
seine eigne Häßlichkeit verliebt, strebte das Verbrechen,
alle Welt in seine Leibfarbe zu kleiden; die Republik —
die nur Freiheit für Rache und Mordlust, nur Sicherheit
für den Verderber spendete — erklärte jeder gesetzlichen
Ordnung, selbst wenn sie nur den fernsten Kreis berührte,
im voraus den Krieg, sie, die Unbändige, wollte ganz
Europa ihr Gesetz aufdringen, nämlich das Gesetz der
Gesetzlosigkeit. Jede Achtung für das Recht belächelte
sie als eine Geistesschwäche, legitime Würde als Unding,
Völkertreue als Stumpfsinn. Dem unglücklichen Ludwig XVI., dem man schon weit mehr genommen hatte,
als das Leben, mißgönnte man auch dieses. Ein teuf-
lischer Ingrimm gegen alles Hohe und Edle — dieser
unveräußerliche Grundzug des Schlechten — beseelte seine
Henker. Aber man muß ihnen noch den besondern Vorwurf machen, daß sie ihrem Hasse nur mit Grausamkeit,
aber ohne Witz dienten. Selbst Marat — der Umstand
wird zur fürchterlich witzelnden Schicksalsironie, wenn
man die Hyäne Marat sich als Vertheidiger des Rechtes
und der Mäßigung denkt — sprach für Ludwigs Sache;
so grob verletzte man, nächst dem Rechte, auch noch jede,
wenn auch nur äußere Form. — Ein Nullitätsproceß —
dem man, es sey zur Ehre der Lüge gesagt, auch nicht
einmal den Schein einer Wahrheit zu geben sich sehr

bemühte — entschied Ludwigs Schicksal. Das Ende war
leicht vorauszusehen gewesen, da die Richter die Kläger
und die Kläger die Richter waren. Ludwig XVI. ver=
nahm sein Todesurtheil mit der Würde, welche er im
ganzen Laufe seines Blutprocesses gezeigt und womit er
die unwürdige Behandlung, die ihm widerfuhr, in sich
selbst beschämte. Er hatte im Leben edle, aber nur all=
gemeine Menschentugenden bewährt; aber das Unglück
und der Tod entwickelte die längst in ihm schlummernde
Seelengröße, die nur durch seine Schüchternheit bisher
zurückgehalten worden war.

Am 21. Januar 1793 bestieg Ludwig XVI. — ver=
urtheilt durch ein Volk, welches er bis zum letzten Au=
genblicke liebte, hingemordet für Verirrungen früherer
Jahrhunderte — die Guillotine. Seine letzten Worte:
„Ich sterbe schuldlos an den Verbrechen, die man mir
aufbürdet, und vergebe den Urhebern meines Todes. Ich
bitte Gott, daß mein Blut nicht über Frankreich kommen
möge!“ — werden, obgleich durch Santerre's Trommel=
schläger übertäubt, dennoch als rührende Rechtfertigung,
aber auch als furchtbare Anklage, in alle kommende Zei=
ten hinübertönen. „Sohn des heiligen Ludwig, steige
gen Himmel;“ sprach Ludwigs Beichtvater Edgeworth,
und das Beil der Guillotine sank herab — wie der Vor=
hang des ersten furchtbaren Traueractes — ein Königs=
haupt in die blutige Wage des Jahrhunderts werfend,
dem noch manches Gewicht sich anhängen sollte.

Ganz Europa fuhr entsetzt zusammen, gleich als habe
es der entsetzliche Todesstreich mitgetroffen. Am unge=
heuersten wurde die Vendée von der Nachricht des be=
gangenen Königsmordes ergriffen, da der hier wohnende
einfache, aber kräftige Menschenschlag, der in seinem All=
tagsleben den Glauben an alles Außerordentliche verlernt

hatte, das Bestehende hartnäckig, ja mit Fanatismus zu vertheidigen entschlossen war. Der Mord ihres Königs, der damit verbundene Umsturz aller heiligen Rücksichten, stachelt die Vendeer zur Rache an. Die Priester, durch die Zertrümmerungswuth der Jacobiner schwer verletzt in ihrer Würde, stellen sich an die Spitze der empörten Vendeer, deren Begeisterung dadurch steigt, und der Bürgerkrieg — stets schrecklicher als der Krieg gegen einen äußeren Feind — entbrennt in allen seinen Schrecknissen.

Der unerhörte Justizmord an Ludwig XVI. hatte die Sache des unglücklichen Königs — die vorher nur die sentimentale Theilnahme der Meisten angeregt hatte — zu einer allgemeinen Angelegenheit der Menschheit gemacht. Ueber seinem Grabe erhob sich das Gottesgericht der öffentlichen Meinung, welches selbst durch das momentane Uebergewicht der französischen Waffen nicht niedergeschlagen werden konnte. Der hohe Rath von Castilien bedeutete dem französischen Gesandten Bourgoing, Spanien ungesäumt zu verlassen, und einem gleichen Befehle des Königs Georg III. zufolge mußte der französische Gesandte Chauvelin Britannien räumen. Die Folge war, daß die Republik, welche sich mit den Waffen in der Hand Beifall für ihre Verbrechen und Tollheiten erobern wollte, England und Holland den Krieg erklärte. Frankreich sah nunmehr mit einem Male eine Welt gegen sich zum Kampfe rüsten. Spanien und England verbündeten sich für den angekündigten Krieg, und Holland ward von Britannien mit Truppen versehen. Dazu kamen die früher schon thätigen Gegner Frankreichs, Oesterreich, Preußen, Sardinien und Deutschland, welches letztere — spät, wie immer — in Mainz den förmlichen Reichskrieg erklärte. Gegen eine solche Fein-

desmacht konnte Frankreich nicht mit den bloßen Kräften
der Tapferkeit aufkommen, es gehörten Fieberkräfte dazu,
und diese sog es täglich im Blute der Guillotinenopfer,
in den wahnsinnswilden Schwärmereien der Jacobiner
und in immer künstlich erneuten, mehr als natürlichen
Ausschweifungen, ein. Bei den Mördern selbst trat eine
gewisse Uebersättigung ein; sie fanden endlich daran Geschmack, einander selbst in die Haare zu fallen. Die
Partei der gemäßigteren Girondisten erlag unter den
mordgeübteren Händen der Cordeliers und Jacobiner, die
Sieger mordeten sich über den Leichen der Besiegten.
Den Hinrichtungen ward endlich kaum noch ein auch nur
oberflächlicher Grund untergeschoben; man mordete nur
noch, um zu morden. Wohlhabenheit war in der Politik des immer geldbedürftigen Revolutionstribunals ein
vor allen todeswürdiges Verbrechen, und mancher konnte,
wie zu Sulla's Zeit, ausrufen: mein Landhaus hat mich
geächtet. In mehrern Departements gährte eine schreck-
liche Gegenrevolution; man weigerte sich, die immer will-
kührlicher werdenden Abgaben zu entrichten, und an manchen Orten drohte man die Anarchisten in Masse todtzu-
schlagen. Bordeaux hatte sich am schnellsten von der
jacobinischen Municipalität frei gemacht; ihm folgte Marseille. Auch in Lyon wird die jacobinische Municipalität
nach einer furchtbaren Schlacht, vertrieben und die gemäßigte Partei der Girondisten behauptet das Feld.
Viele Städte schließen sich der beginnenden Departements-
Coalition an. Der bedrohte Convent sucht durch Truppen und Bestechungen zu wirken. Letzteres gelingt am
besten, die meisten Städte ziehen sich zurück; doch Lyon
und Marseille verharren in drohender Stellung, und
Toulon gesellt sich ihnen bei. In die Normandie flüch-
teten sich mehrere Deputirten, Haß und Aufruhr gegen

den Convent entzündend. Der heldenmüthige Vertheidiger von Thionville, Wimpfen, der, zur Beschützung der
Nordküste im Fall einer brittischen Landung, in der Gegend von Caen mit einem Heere stand, schlug sich auf
die Seite der Proscribirten und leistete der gegen ihn
gesendeten Revolutionsarmee kraftvollen Widerstand, so
daß man den Erfolg des Kampfes noch nicht absehen
konnte. Mit ungeheurer Erbitterung schlugen sich die
Vendeer, die, nach Ludwigs XVI. Ermordung, Ludwig XVII. als ihrem rechtmäßigen Monarchen gehuldigt
hatten. Anfangs hatten diese Tapferen meist nur Sen-
sen, Hacken und andere Ackerwerkzeuge zu Waffen; aber
durch die Siege, welche sie unter ihrem erfahrenen und
vollkommen mit ihrer Weise vertrauten Führer, dem General d'Elbee, erfochten, verschafften sie sich gar bald hin-
längliche Waffen, deren sie sich, als tüchtige Schützen,
bestens zu bedienen wußten. Viele Emigrirte schlugen
sich zu ihnen, und so wurden sie in ihrer Guerilla-Ma-
nier immer furchtbarer. Mehrere republikanische Heere
wurden von ihnen geschlagen und zum Theil aufgerieben.
Der Sieg schien an ihre Bahn gefesselt. Die Constitution von 1793, welche die herrschende Partei in ihrer
bedrängten Lage gewährte und schnell genug zurücknahm,
diente die Gemüther auf einige Zeit zu besänftigen, wodurch der Anhang der Gironde abnahm und die Jacobiner etwas Athem schöpften.

Das Mißgeschick der republikanischen Waffen mehrte
sich durch die Vorfälle in den Niederlanden. Die Hab-
gier der französischen Sieger bereitete in Belgien Empörungen vor, denen die Siege der Verbündeten die Hand
boten. Die Schlacht von Aldenhofen, welche am 1. März
die Oesterreicher unter ihrem großen Feldherrn, dem Erzherzog Carl, gegen die Franzosen gewannen und da-

durch die Cantonirungen der Letzteren in jenen Gegenden
zurückdrängten, eröffnete Carls Heldenbahn und zugleich
eine Reihe von Unfällen für die republikanischen Waffen.
Zwei Tage später ward Mastricht entsetzt. Der Erzher=
zog Carl besetzte Tongern und S. Tron, und dadurch
wurden auch die im Rücken genommenen Plätze, Lüttich
und Rüremonde, frei. Ueberall unterlagen die Republi=
kaner. Dumouriez, der mit Schrecken seinen Lieblings=
traum, die Einverleibung Belgiens in die Republik, dem
Untergange nahe sah, sammelte zwischen Louvain und
Tirlemont die flüchtigen Truppen, suchte durch kühnen
Zuruf ihr geschwächtes Selbstvertrauen wieder zu erwecken
und die erlittenen Nachtheile durch eine Hauptschlacht gut=
zumachen. Diese fand am 18. März bei Neerwinden
statt. Dumouriez war an Truppenanzahl, hauptsächlich
aber durch seine starke Artillerie, den Oesterreichern bei
weitem überlegen; dennoch erkämpften die Letzteren
durch die Erfahrenheit ihrer Führer und ihre eigene
Tapferkeit einen glänzenden Sieg. Oesterreich kam
wieder in den Besitz von ganz Belgien, eben da dieses
Land in Paris zur Einverleibung in die Republik be=
stimmt wurde. —

Um dieselbe Zeit trat auch Dumouriez auf eine son=
derbare Weise vom öffentlichen Schauplatze ab. Er
glaubte, längst in geheimem Einverständniß mit dem Her=
zog von Orleans, diesen bereits an der Spitze der Ver=
waltung. Um demselben freiere Bahn zu brechen, warf
er sich plötzlich zum Richter und Gegner des Jacobiner=
systems auf und drohte brieflich, daß er mit dem Heere
nach Paris kommen und den Jacobinern ein schmähliches
Ende machen werde. Man ließ ihm diesen Streich glimpf=
lich genug hingehen; aber die Niederlage von Neerwinden
und seine darauf folgende Rückgabe der Niederlande er=

weckten den alten Groll gegen ihn. Dessen Folgen zu entgehen, hielt er für das Gerathenste, mit dem Prinzen Coburg ein Einverständniß zu treffen, mit welchem er gemeinschaftlich den Convent stürzen, auch angeblich die Constitution von 1793 wieder herstellen und die jacobinische Anarchie endigen wollte. Die Deputirten des Convents, an ihrer Spitze der Kriegsminister Bournonville, welche ihn verhaften sollten, lieferte er Coburg als Gefangene aus. Im Uebrigen scheiterten Dumouriez's ehrsüchtige Entwürfe. Rücksichtlich der Städte, welche er Coburg übergeben wollte, konnte er nicht Wort halten, da dieselben sich ganz von ihm lossagten. Eben so fielen seine Truppen von ihm ab, welche er nach Paris zu führen hoffte, um sich an die Spitze der französischen Angelegenheiten zu stellen. Kaum blieben ihm, nebst seinen vertrautesten Freunden, 2000 Mann, mit denen er sich zu Coburg hinüberrettete.

Sein Nachfolger, der jugendlich muthige Dampierre, sammelte die desorganisirten Trümmer der Nordarmee auf den Höhen von Famars. Man recrutirte in Frankreich aus Leibeskräften und sendete ihm die Ausgehobenen noch frisch und völlig uneingeübt zu. So hatte er bald ein der Zahl nach ansehnliches Heer beisammen; aber was konnte er theils mit entarteten Truppen, theils mit äußersten Neulingen gegen die geprüften Krieger der Oesterreicher, Preußen, Britten, Hannoveraner und Holländer ausrichten, welche Belgien vertheidigten? Gleichwohl versuchte sich Dampierre's Unerschrockenheit am 1., 6. und 8. Mai in vielfachen ungestümen Angriffen, die aber förmlich zurückgeschlagen wurden. Eine tödtende Kugel entriß Dampierre seiner mißlichen Lage. Ihn sollte Custine ersetzen, der durch seine planlosen, aber raschen Freibeuterzüge des vorigen Jahres sich zufällig genug

einen militairischen Ruhm erworben hatte, der freilich in
einer ernsthaften Lage, wie die nunmehrige, nicht Stand
halten konnte. Er sollte die Festungen Condé und Valenciennes vertheidigen und wußte nichts Besseres anzu-
fangen, als sich zu verschanzen. Beide Festungen fielen.
Custine ward zurückberufen, und das Beil der Guillotine
ließ seinem Kopfe nicht lange mehr Zeit, nachzudenken,
auf welche Weise besser, als durch Schanzen, eine Festung zu vertheidigen sey.

Am 22. Juli ging das von den Franzosen, seit ihrer
Besitznahme stark befestigte Mainz durch Capitulation an
Friedrich Wilhelm über. So spielte das Schicksal auch
am Oberrhein ein trostleeres Seitenstück zu den Unfällen
der französischen Waffen in den Niederlanden.

Ein ähnlicher noch bedrohlicherer Fall bereitete sich
an den Pyrenäen vor. Die Republik — gewohnt, Kriegs-
erklärungen mit allem Leichtsinne eines Wechselschuldners
auszustellen, der sich in Verbindlichkeiten stürzt, ohne Aussicht auf Mittel, um sie zu lösen — hatte Spanien den
Krieg erklärt. Sie hatte Spanien so entnervt geglaubt,
daß man es nur so beiläufig werde überwinden können.
Man hatte sich geirrt. Spanien, mit Portugal verbündet, rüstete sich über alle Erwartungen ernsthaft und
furchtbar. Die Republik brachte mit Mühe ein schwaches
und ungeübtes Heer zusammen, dessen Widerstand ohne
Erfolg blieb. Mit reißendem Ungestüme drangen die
Spanier auf französischem Terrain vor. Der nahe Fall
der Republik schien, nach allen Umständen, nahe, und dieses ganze Gebäude, dessen Daseyn ein gewaltsames und
unnatürliches war, auch zu einem schnellen und gewaltsamen Untergange bestimmt. Ihrer Natur getreu, ward
sie diesmal auch durch ein gewaltsames Mittel errettet.
Wie sie in jugendlicher Eitelkeit sich gern mit der Ge-

stalt des alten Roms verglichen sah, so wollte sie auch in den Tagen der äußersten Gefahr sich durch ein römisches Mittel helfen. Den einstigen Dictaturen nachgebildet, gründete sie eine revolutionaire Regierung, die, mit völlig unumschränkter Macht, bis zur Wiederherstellung des äußeren Friedens währen sollte. Nicht durch innere Würde, durch Schrecken sollte sie innere und äußere Unruhen stillen, durch ▓▓erben sollte sie schützen, durch Vernichten — erhalten. Der heißen Mordgier ward dieses Schützeramt anvertraut, und die unumschränkte Richtergewalt befand sich in den Händen der wildesten Verbrecher, die mit wahnsinnig erhitzten Köpfen, mit zügellosen Begierden und tollem Blutdurst, das Amt der Nemesis verwalteten. Die Verwaltung der Kriegsangelegenheiten ward dem entschlossenen Carnot anvertraut, dessen Talente sich schnell in den Erfolgen bethätigten. Der erste Kriegsentwurf der neuen Regierung war: daß jeder Einwohner Frankreichs Krieger, und ganz Frankreich, in Masse aufstehend, nur ein Lager werden solle. Man macht den Versuch, die Bevölkerung Frankreichs wird plötzlich zu einem unübersehbaren Kriegsheere, das sich selbst in seiner Masse zu erdrücken droht und für welches es an Führern gebricht. Man sieht dies ein und läßt die furchtbaren Massen nach wenigen Tagen wieder auseinandergehen. Der Plan ward nun in zweckmäßigere Gränzen zurückgeführt; man setzte nur die waffenfähige Mannschaft in Requisition, theilte sie in gewisse Classen und sendete die jüngste und kräftigste Mannschaft an die Gränzen, so daß das schon so hartbedrängte und geschwächte Frankreich jetzt plötzlich die Uebermacht wieder auf seiner Seite hatte. Ganz Frankreich wallte von einem ungestümen kriegerischen Leben über, in welchem freilich alle sanfteren Volksregungen untergingen und dessen finsterer, trotziger Geist sich in vielfachen Abstufungen, dem ganzen großen Reiche mittheilte. Wer nicht selbst die Waffen trug, schmiedete deren oder widmete auf sonst eine Weise seine Kräfte und Kenntnisse kriegerischen Erzeugnissen. Frankreich war plötzlich zu einem Soldatenstaate aufgelöst. Den jungen Kriegern ward von ihren Führern in wahnsinnigen Revolutionsliedern tollkühner Muth eingesungen; ihre Begeisterung näherte sich der Wuth, die ihrer eigenen Verstümmelung lachte, und, blind für den gegen sie anstürmenden Tod, drangen sie über die niedergeschmetterten Leiber ihrer Brüder hinweg, in den Feind und entrissen ihm — dem eben so Tapferen, aber nicht Sinnlosen — den schon gewonnenen Sieg. Die Kraft der Raserei machte Frankreich unüberwindlich, erstere ließ nach, als die Besinnung wiederkehrte, und seine Führer mußten es daher, durch Schreckensscenen und entsetzliche Unnatürlichkeiten, möglichst lange in jenem Zustande zu erhalten suchen, welcher, wie der des Somnambulismus, verwegen die schroffsten Gefahren umkletterte, aber, zufällig einmal zur Besinnung erweckt, einen gefährlichen Sturz ahnen ließ.

Im August fiel Marseille in die Hände der Republikaner. Härteren Widerstand leistete, im Vorgefühle seines furchtbaren Schicksals, Lyon, nachdem es vorher vergebens sich mit dem rachedurstenden Convent auszusöhnen versucht hatte. Am muthigsten wehrte sich Toulon, dessen standhafter Haß gegen das System der Jacobiner, der Republik verderblich zu werden drohte. Es setzte der unwiderstehlichen Wuth der republikanischen Truppen römische Tapferkeit und carthagische Verzweiflung entgegen. Verrätherei vollendete, was der Wuth der Republikaner vielleicht doch nicht gelungen wäre. Das unglückliche Toulon ward erobert, und die Gluth der brennenden

Stadt leuchtete ihren Söhnen im Tode; die Sieger mordeten alle Männer von 15—60 Jahren, die sie in der
Stadt noch antrafen. Dies waren Franzosen gegen
Franzosen. — Die Hoffnungen der Freunde des König-
thums hatten durch den Fall Toulons, durch welche Stadt
sie einen Vereinigungspunct zwischen der Insurrection im
Westen mit der im Süden hatten bewirken wollen, einen
furchtbaren Stoß erlitten. Durch die gegenseitige Eifersucht ihrer Führer, hatte sich auch die Kraft und Einheit
der Vendeer getheilt; sie ließen sich die wichtigen Plätze
Doué und Thouars entreißen, und Charette — ein eifer-
süchtiger Nebenbuhler des siegreichen d'Elbée, ward bei
Luçon schwer geschlagen. Bei Chollet ward am 16. October die Hauptmacht der Vendeer unter d'Elbée's Anführ-
rung besiegt, dieser selbst, schwer verwundet, nach der
Insel Noirmoutier gebracht, wo   später den Republikanern in die Hände fiel und — ein beklagenswer-
thes Ende dieses ausgezeichneten Helden — hingerichtet
wurde.

Am 16. October bestieg auch die Gattin des unglücklichen Ludwig XVI., Maria Antonie, die großherzige
Tochter der unvergeßlichen Maria Theresia, das Blutge-
rüst. Wahrlich, die Guillotine wurde damals der Prüf-
stein der Tugend; das Leben war nur dem Verbrechen
gesichert!

Nach den Verlusten der Vendeer und dem neuaufge-
lebten Kriegsglücke der Republik, brach über die unglücklichen Departements, welche auch nur den entferntesten
Antheil an dem Aufstande gegen den Convent genommen
und denselben begünstigt hatten, ein fürchterliches Gericht
los. Die Guillotine konnte unmöglich mehr ausreichen;
man mußte Eilmittel zur Ermordung in Masse ersinnen
und der Erfindungsgeist ließ die Henker, welche die Häup-

ter des Wohlfahrtausschusses bildeten, nicht im Stiche.
Die Revolutionstribunale, welche man an den bezwunge-
nen Plätzen errichtete, wütheten gegen ganze Generationen. Die unglücklichen Schlachtopfer — die zum größten Theile für Talent oder Reichthum büßen mußten —
wurden auf Schauder erregende Art hingemordet. Theils
streckte man sie durch Kartätschenfeuer nieder, theils warf
man sie haufenweise in Ströme und ließ sie ertrinken,
oder man ließ sie durch Mordbanden — die ihr Amt
mit weit mehr Vorliebe, als Fertigkeit übten — auf
gräßliche Weise zusammenstechen und niederhauen. Lyon
ward in einen Schutthaufen verwandelt, selbst sein Name
vertilgt und seine Bürger zu Tausenden hingeschlachtet.
Es war dies die Comödiantenrache des Scheusals Collot
d' Herbois, damaligen Conventsdeputirten. Warum hatten ihn auch die Lyoneser in früherer Zeit, wo er als
Schauspieler ihre Bühne betrat, ausgepfiffen!! — Ein gleiches Schicksal erfuhr Toulon. Witziger noch wurde das
Morden zu Nantes durch Carrier betrieben. Er hatte
sich anfangs damit begnügt, alle gefangenen Vendeer,
ohne alle gesetzliche Umstände, erschießen zu lassen. Allein
die Sache war zu gewöhnlich und mußte daher ermüden.
Carrier verfiel daher auf die sinnreiche Methode, Kähne
mit Fallthüren anzuschaffen, die immer mit einem männ-
lichen und einem weiblichen Gefangenen — Beide zusam-
mengebunden — beschwert wurden und ihren Inhalt durch
die Fallthüre in die Loire beförderten. Dergleichen Ver-
senkungen erhielten von ihm den scherzhaften Namen:
republikanische Vermählungen.

Wie sehr auch Frankreich an seinem eigenen Herzen
riß und innerlich sich zu vernichten strebte, so hatten
gleichwohl die Waffen der Republik nach außen bedeutende Erfolge. In Belgien kam es zu wiederholten blu-

tigen Gefechten, in welchen die Republikaner großentheils
Sieger blieben. Die Britten und Hannoveraner mußten,
da Houchard Verstärkung erhielt, die Belagerung von
Dünkirchen aufgeben; und auch das Unternehmen gegen
Maubeuge wurde durch Jourdans (früher Wundarzt, jetzt
General) Muth vereitelt. Gegen die Oesterreicher mochte
die Conventsarmee es nicht wagen, da Erstere zwischen
Landrecy und Duresnoy stark verschanzt standen. Der nie=
derländische Feldzug war für dieses Jahr geendet und
man ging — eine Sache, die später gewöhnlich vergessen
wurde — diesmal in die Winterquartiere.

Die günstige Stellung, welche die republikanischen
Waffen in den Niederlanden gewonnen hatten, ward von
den üblen Erfolgen am Oberrhein überwogen. Hier starrte
ihnen allenthalben nur Mißgeschick entgegen, der Muth
der Franzosen hing die Flügel, man zitterte für Straß=
burg. Die Lage der Dinge erhielt jedoch einen plötzlichen
Umschwung, als die bedrängte Republik, wiederum im
verhängnißvollsten Augenblicke, sich in die Arme zweier
neugeschaffenen Generale, eines Pichegrü und eines Hoche,
warf. Es kam zu mörderischen Schlachten, in denen die
Republikaner allen tollen Muth eines wahnsinnswilden
Freiheitsglaubens, die Deutschen die tapferste Ausdauer
zeigten. Nach langem und furchtbarem Widerstande wur=
den endlich die Linien der Oesterreicher an der Motter
überwältigt, die Belagerung von Landau aufgehoben und
im Januar 1794 Fort Louis von den combinirten Hee=
ren geräumt. Der Elsaß war frei, Germersheim, Speyer,
Neustadt, Kaiserslautern, Frankenthal und Worms in
französischer Gewalt. Nach welchen ungeheuern Schrit=
ten maß damals der Weltgeist!

Im Innern Frankreichs blutete die von ihm selbst
immer neu aufgerissene gräßliche Wunde unversiegt fort.

Das furchtbare Zweiblatt, Danton und Robespierre (Marat war im Juli 1793 unter dem Dolche der hochherzi-
gen Charlotte Corday gefallen) gab der Guillotine Arbeit.
Was ihr gemeinschaftlicher Haß verschonen wollte, zer-
malmte sich in ihrem eignen Zwiespalte. Als der Ge-
waltmensch Danton dem eifersüchtigen Argwohne seines
Genossen erlag, war auch der letzte Schimmer roher
Großmuth aus der Schreckensregierung entwischen, und
das unglückliche Frankreich war in der ausschließlichen
Gewalt eines Mannes, der — nicht einmal ein freudiger,
sondern ein hypochondrischer Mörder — seinem eignen
Gefühle alle Tyrannenqual anthat, um sie verdoppelt der
Menschheit zurückzugeben.

Als könnte Frankreich von den Bissen, die erbarmungslos sein Inneres zerfleischten, nie verzehrt, noch
erschöpft, sondern nur in Wuth gegen den äußeren Feind
gesetzt werden, so ras'te es, den Tod im Herzen, zu neuen
Siegen fort. Ende Decembers 1793 übernahm Turreau
den Oberbefehl der Westarmee, um binnen einem Monate auf der linken Seite der Loire den Krieg in der
Vendée zu beendigen. Er wandte sich gegen die Insel
Noirmoutier, als den Communicationspunct mit England,
und bemächtigte sich — bei der Feigheit der Besatzung —
derselben ohne Schwierigkeit. Der schon todessieche
d'Elbée, welcher hiermit in seine Gewalt kam, wurde
weder von seinem Ruhme, noch seiner Würde geschützt.
Sein Loos war ein schnelles Todesurtheil. Zu gleicher
Zeit ward durch Turreau's Divisionsgeneral, Carpentier,
der Anführer der Vendéer, Charette, geschlagen, und sein
Heer zerstreut.

Während so für den Augenblick die Vendée überwältigt war, erstand dem Convente ein neuer innerer Feind
in Bretagne. Dort lebte ein kühner, zum Theil verwil-

derter Menschenschlag, der durch lebhafte Betreibung des Pascherhandwerks Trotz und List gleich sehr sich angeeignet und sich mit Gefahren vertraut gemacht hatte. Das dortige Landvolk lebte mit den Schleichhändlern im engsten Einverständnisse; sie warnten dieselben durch gewisse Zeichen und Laute vor der Nähe der Trabanten, und bedienten sich zu solchen Warnungen besonders eines nachgeahmten Eulengeschreies, welches ihnen den Namen Chats-huans (Nachteulen) zuzog, der in der Volkssprache allmählig zu Chouans abgekürzt wurde. Durch die aufgehobene Salzsteuer war ihr Schleichhandel unterbrochen, Viele waren brodlos, und, von Haß gegen die neue Ordnung der Dinge erfüllt, die neben ihrer Nahrung auch noch manches, ihnen Heilige, schonungslos angriff, ihre Religion schmähte und ihren König mordete, rotteten sie sich zusammen. Ein großer Theil der jungen Mannschaft kam dem ihm zugedachten Aufgebote zuvor und schlug sich zu den Mißvergnügten, die aus Wald und Schlupfwinkeln hervor einen Guerillakampf gegen die Truppen des Convents begannen. Die zersprengten Vendéer gingen großentheils zu ihnen über, und so wurden sie der Anzahl, wie der Uebung nach, immer furchtbarer. Ihre Art zu fechten, ihr Vertrautseyn mit den Schlupfwinkeln und unzugänglichen Pässen der Gegend, ließ die Conventstruppen immer im großen Nachtheile gegen sie. Sie beschäftigten zu derselben Zeit das rechte Ufer der Loire, als sich unter dem uneingeschreckten Charette in den Wäldern von Boccage eine neue katholische Armee gestaltete, die, ohne sich enger mit den Chouans zu vereinigen, ihnen doch im Hasse gegen die Republik und im Gefühle der Rache für den gestürzten Glauben und den hingemordeten König, zur Seite und mit England in Verbindung stand, welches nur zu saumselig in seiner

verſprochenen Unterſtützung war, um dieſe beiden Feinde
der Republik noch weit verderblicher zu machen. Robes=
pierre erkannte die verhängnißvolle Wichtigkeit jener Feinde
ſo ſehr, daß er die öffentlichen Blätter gänzlich über ſie
ſchweigen hieß. Deſto entſetzlicher traten ſeine Schergen
in den unglücklichen Provinzen auf. Es ſchien, man
wollte ſelbſt den Platz, welchen Bretagne und die Vendée
einnahm, von der Erde tilgen, ſo ward mit Feuer und
Schwert dort gewüthet. Die wehrloſen, ja ſelbſt die
dem Convente anhänglichen Einwohner jener Gegenden
wurden haufenweiſe hingewürgt, Greiſe, Weiber und Kin=
der unter ihnen. Frankreich ſuchte ſich ſelbſt im Blute
ſeiner Kinder zu ertränken. Nach Robespierre's Falle
fing man an, ſich dieſer thieriſchen Grauſamkeit zu ſchä=
men. Man führte den Krieg mit Menſchlichkeit fort und
ließ ſich in Friedensunterhandlungen mit der Vendée und
Bretagne ein, die einen wenigſtens vorübergehenden Er=
folg hatten. Man geſtand der Vendée ihre Religion zu,
beſtrafte die Henker, welche ſie zerfleiſcht hatte, und es
kam zu einem Frieden, der, bei der tiefen Erbitterung ei=
nes ſo gräßlich verwüſteten Landes, freilich nicht lange
beſtehen konnte. Die Vendée ſchien dieſen Frieden nur
geſchloſſen zu haben, um neue Kräfte zu ſammeln; denn
ſie war ſo erſchöpft, daß nur ihr heißes Nachreathmen
ihr Daſeyn noch zuſammenhielt.

Der neue Feldzug in den Niederlanden von 1794
eröffnete ſich mit glänzenden Siegen für die Verbündeten,
denen zwei Armeen, unter Pichegrü und Jourdan, ent=
gegengeſtellt wurden. Der junge deutſche Kaiſer, Franz,
erſchien, um den Muth der Heere anzufeuern, am 16.
April ſelbſt im Lager des Prinzen von Coburg, und ſchon
der zweite Tag ſeiner Anweſenheit (17. April) ward durch
zwei große Unternehmungen bezeichnet. Bei Chateau

Cambreſis errang das Heer der Verbündeten, unter An=
führung des Kaiſers, einen entſcheidenden Sieg und ſo=
gleich wurde zur Belagerung von Landrecy geſchritten.
Nachdem der Kaiſer am 23. April zu Brüſſel die Hul=
digung der Niederlande empfangen hatte, ſiegten die Ver=
bündeten am 26. dieſes Monats zum zweiten Male an
demſelben Orte, nach einem ſechszehnſtündigen, wüthenden
Kampfe über die zum Entſatze Landrecy's heranſtürmen=
den Feinde, welche dabei ſchweren Verluſt erlitten, und
am 30. mußte ſich die durch die ſchreckliche Wirkung des
öſterreichiſchen Geſchützes halbzerſtörte Feſtung ergeben.
Das republikaniſche Kriegsſyſtem Carnots hatte beſchloſ=
ſen, mit beiden franzöſiſchen Heeren an einem Tage einen
allgemeinen Angriff auf die Verbündeten zu thun und ſo
lange zu wiederholen, bis der Gegner ermattet oder von
den eroberten franzöſiſchen Feſtungen weggedrängt wäre;
ein Plan, der in ſeiner wilden Kühnheit den Character der
ganzen republikaniſchen Verfaſſung vollkommen ausſprach.
Demgemäß waren beinahe alle folgenden Tage von mehr
oder minder bedeutenden Gefechten bezeichnet, die bei ihren
unaufhörlichen Wiederholungen natürlich auch von viel=
fachem Wechſel des Glücks begleitet waren. Manche der
Hauptſchlachten hatten doch keinen eigentlichen Erfolg; ſo
die furchtbare Schlacht bei Tournay am 22. Mai unter
des Kaiſers Augen, wo beide Theile mit der beiſpielloſe=
ſten Tapferkeit kämpften, ohne daß ſich für die Befreiung
Flanderns eine entſcheidende Ausſicht eröffnet hätte. Mit
einer Hartnäckigkeit, welche ſonſt nur die Verzweiflung
einzugeben pflegt, verfolgte Jourdan ſeine kriegeriſchen
Entwürfe. Viermal unternahm er auf der andern Seite
den Uebergang über die Sambre, und eben ſo oft wurde
er zurückgeſchlagen. Dennoch ging er zum fünften Male
über die Sambre und beſchoß Charleroi. Der Kaiſer

selbst zog aus Flandern zur Unterstützung herbei. Seine
Gegenwart befeuerte den Muth der österreichischen Helden
bis zum Außerordentlichen. Sie schlugen den Feind zwei=
mal mit großem Verluste von Charleroi hinweg; dennoch
säumte der unbeugsame Jourdan nicht, das schon hartbe=
schädigte Charleroi zum dritten Male zu beschießen. In
der wüthenden Schlacht bei Fleurus am 25. Juni wa=
ren die Oesterreicher bereits Sieger, als die Nachricht des
Uebergangs von Charleroi sie bewog, die Früchte dieses
Sieges aufzugeben. Ein Zufall hatte Jourdan gerettet
und ihm schon am Rande des Verderbens, den Schein
des Sieges in die Hände gespielt. Die von den Verbün=
deten eroberten vier französischen Festungen konnten, da sie
zu sehr von aller Hilfe abgeschnitten waren, sich nicht lange
halten und fielen in kurzen Zwischenräumen an die Franzosen
zurück. Dagegen wurden alle Angriffe der Franzosen auf die
rückziehenden Verbündeten allenthalben heldenmüthig ab=
geschlagen; die Erstern konnten nichts thun, als ihnen in
die verlassenen Plätze nachrücken. Am 9. Juli zogen sie
in Brüssel, am 18. in Lüttich, am 23. in Namur ein.
Nach dem tapfersten Widerstande zogen sich die Oesterrei=
cher, welche, obgleich die Schwächern, dem Feinde schwere
Verluste beigebracht hatten, über die Maas zurück. Zu=
gleich verließen die Engländer, Holländer und Hannove=
raner Belgien; Pichegrü folgte ihnen an die holländische
Gränze nach, griff den Herzog von York an, und da ihm
im Innern des holländischen Brabants heimliche Einver=
ständnisse der Parteien mit der Republik den Fortgang
erleichterten, ihm durch Intrigue oder Verrath ganze Fe=
stungen öffneten, so gewann sein Feldzug das Ansehen
eines reißenden Siegesmarsches. Der eintretende harte
Winter bildete ihm natürliche Brücken zu dem sonst von
Strömen und Ueberschwemmungen so sehr geschützten

Lande, und so stand plötzlich ganz Holland dem vom
Glücke begünstigten Feinde offen. Unter diesen Umständen wird die Vertheidigung Hollands nutzlos, daher trennen sich seine bisherigen Beschützer. Die Franzosen ziehen in Utrecht und in Amsterdam ein, der Erbstatthalter
geht nach England, und Holland fällt ohne Hindernisse
in die Hände der Republikaner, welche nicht säumen, auch
hier ihre üblichen Theatercoups mit Freiheitsbäumen und
Proclamationen loszulassen. Die antioranische Partei bot
ihnen überall hilfreich die Hand; der Republikanismus
mit allen seinen abentheuerlichen Schaukünsten ward eingeführt, und hätte nicht die Furcht vor England die Begeisterung in etwas angehalten, man würde im neuen
Freiheitstaumel das niederländische Privateigenthum des
Hauses Oranien zu Gunsten der neuen Republik eingezogen haben. Zufolge des im Mai 1795 zwischen der
jungen batavischen und der französischen Republik abgeschlossenen Freundschafts- und Allianzvertrages, ward Ersterer ihre Unabhängigkeit zugesichert; doch wurde dieselbe
nicht so ganz wohlfeil gegeben, und Holland mußte sich
für den von Frankreich ihm erwiesenen Freundesdienst
theuer mit Geld, Land und Leuten abfinden. Durch das
abgetretene Land ward — ein schlimmer Umstand für
Amsterdam — die Schelde eröffnet.

Am Oberrheine wurde es den Republikanern schwerer
gemacht. Preußen hatte, erschöpft an Geld und Leuten,
durch Unterhandlungen mit seinen Ständen und vielleicht
auch noch sonst, die Eröffnung des Feldzugs aufgehalten.
Erst nachdem ihm England und Holland Subsidien angeboten, kam es wieder in Thätigkeit. Die Franzosen
erlitten durch die Verbündeten bei Kaiserslautern und
Moorlautern starke Niederlagen, und nur die ungestüme
Hartnäckigkeit der Republikaner, die, achtmal wüthend zu-

rückgeschlagen, dennoch zum neunten Male vorzurücken wagten, rettete sie vor dem Untergange. Ohngeachtet dieser Vortheile der Verbündeten, zu denen sich am 20. September 1794 ein neuer Sieg des Erbprinzen von Hohenlohe-Ingelfingen über die Franzosen bei Kaiserslautern gesellte, war doch vor Ende des Jahres das ganze linke Rheinufer in den Händen der Franzosen. Die Rheinschanze von Mannheim, welche die Franzosen belagerten, kam durch einen Eisgang in die Gewalt der Republikaner. Preußen, durch die polnischen Angelegenheiten ernsthaft beschäftigt, wünschte Frieden, und schloß am 5. April 1795 mit Frankreich einen Friedensvertrag. Hessen-Cassel folgte diesem Beispiele. Der preußische Theil von Westphalen jenseit des Rheines und die hessische Festung Rheinfels nebst der Grafschaft Katzenellenbogen blieben bis zum Reichsfrieden im französischen Besitze. Dem nördlichen Deutschland wurde eine Demarcationslinie festgesetzt, welche ihm auf drei Monate Neutralität sichern sollte, und die freilich dem kriegführenden Deutschland und Oesterreich für die Wiederergreifung der Offensive äußerst nachtheilig wurde. Preußen hatte durch diesen einseitigen Friedensabschluß der gemeinsamen deutschen Sache einen empfindlichen Stoß versetzt und dem allgemeinen Feinde — den Mangel an Lebensmitteln und innere Zerrüttung der Nahrung, wie der Finanzen zu derselben Zeit in die höchste Verlegenheit versetzt hatten — einen außerordentlich vortheilhaften Dienst erwiesen.

Die Oesterreicher fuhren, nach dem Rücktritte Preußens, durch kühnen Widerstand fort, den Franken Achtung für die deutschen Waffen abzunöthigen. Doch ging die Zeit vom Winter 1794 bis zum Herbste des nächsten Jahres ohne alle bedeutende Unternehmungen vorüber. Frankreich genoß — eine Folge des preußischen Rücktritts — den Vortheil, seine Erndte ruhig einzubringen und gewann durch die nunmehr beseitigte Gefahr einer Hungersnoth, neuen Muth. Am 6. September 1795 überschritten die Franzosen an verschiedenen Orten und ohne sich an die preußische Demarcationslinie zu binden, den Rhein. Das unbefestigte Düsseldorf ergab sich; die französische Armee, über 70,000 Mann stark, breitete sich unaufhaltsam aus; aber dieser erste ungestüme Siegeslauf war von kurzer Dauer. Die vereinigte österreichische und Reichsarmee, obgleich durch die zurückgezogenen Contingente der den Frieden ergreifenden Mächte bedeutend geschwächt, setzte sich den vordringenden Franzosen mit Kraft und Tapferkeit entgegen. Wurmser drang vom Oberrhein bis Mannheim vor, die Kühnheit des Grafen Klenau schlug die Franzosen von Heidelberg weg, rettete diesen wichtigen Platz und schnitt die Franzosen von Mannheim ab. Clairfait schlägt bei Höchst das französische Heer und benimmt ihnen durch diesen Unfall dergestalt den Muth, daß sie, von einem plötzlichen Entsetzen gepackt, sich längs dem Oberrheine in eine unordentliche Flucht ergießen. Clairfait, durch den muthigen Chasteler bewogen, wendet sich mit schneller Entschlossenheit nach Mainz, bricht, von der Tapferkeit der Oesterreicher in diesem Wagstücke glänzend unterstützt, durch die starken französischen Linien, und erobert, indem er die feindliche Armee ganz auseinandersprengt, die ungeheure Artillerie und die Kriegsvorräthe der Franzosen. Mannheim wird nunmehr ohne Mühe belagert und fällt am 21. November in die Hände der siegreichen Oesterreicher, welche die ganze Besatzung von 12,000 Mann zu Kriegsgefangenen machen. So endigt dieser Feldzug, der sich unter so ungünstigen Aussichten eröffnete, zum höchsten Ruhme und zum Vortheile der österreichischen und deutschen Waffen. Verge-

bens müßten sich Jourdan und Pichegrü, Mannheim zu
entsetzen.

Gegen Spanien war Frankreich seit dem Beginne
des Krieges unglücklich gewesen. Die Franzosen hatten
auf dem Schauplatze dieses Krieges mit vielfachen Beschwerden zu kämpfen, unter denen es keine der geringsten war, daß sie auf einem weinreichen, aber desto korn-
ärmeren Gebiete standen. Bald aber sollte ein un-
abwendbares Unglück die früheren Erfolge der spanischen
Waffen vernichten und den Muth der Tapferen schwächen.
Eine wüthende Seuche raffte ganze Schaaren der spanischen Truppen dahin, ihren tapfern Anführer Ricardos
darunter. Seinen Nachfolger Oreilly traf ein gleiches
Schicksal; die Spanier verzweifelten, unter solchen Schick-
salsschlägen, an ihrem Glücke. Dugommier, der Anführer
der ostpyrenäischen Armee, erfocht blutige Siege über die
Spanier, nahm die Festung Bellegarde und drängte den
Krieg, der bisher auf französischem Grund und Boden
geführt worden war, auf spanisches Gebiet hinüber. Zwei
Schlachten, beide zum Nachtheile der Spanier, kosteten
den Anführern beider Heere das Leben. Die Franzosen
verloren Dugommier, die Spanier den Grafen de la
Union. Am 27. November 1794 fiel die Festung Figueras, am 4. Februar des folgenden Jahres Rosas, der
wichtige Hafen Cataloniens. Spaniens Lage wurde drohend, unter den ungeheuersten Anstrengungen schaffte die
Regierung Geld zur Fortsetzung des Krieges, das Glück
schien sich mit der muthigen Ausdauer der Spanier auszusöhnen, die Saumseligkeit der sieggekrönten Ostpyre-
näenarmee läßt ihnen Zeit, sich zu sammeln und die
Franzosen erleiden eine blutige Niederlage bei Figueras.
Einen gleich reißenden Siegeslauf, wie die Ostpyrenäen-
armee, hatte auch die Westpyrenäenarme unter Müller

und dessen Nachfolger Moncey. Nach glänzenden Erfol=
gen durchbricht sie die spanische Truppenkette vor Na=
varra, und ganz Spanien steht ihr offen, als auch sie,
gleich der espyrenäischen, plötzlich in ihrem Laufe stillsteht.
Hunger und Seuchen stürzen sich auf sie, das Schreckens=
system, welches die Spanier erst von Frankreich erlernt
hatten, richtet sich nunmehr gegen sie. Der Convent
wünscht Frieden mit Spanien, und während der von
Letzterem standhaft zurückgewiesenen Verhandlungen, sam=
meln die Spanier neue Kräfte, treiben die Franzosen aus
ganz Navarra wieder heraus und bedrängen sie an allen
Orten. Diese Niederlagen erwecken den Muth der Fran=
zosen, statt ihn zu unterdrücken; sie dringen auf's Neue
vor, als der Friede von Basel diesen Wechselzügen ein
Ende macht und Frankreich in Besitz des spanischen An=
theils von St. Domingo läßt, ein Punct, der England
gegen Spanien einnehmen muß, da Letzteres hierdurch
die Macht der Franzosen in Westindien sehr vergrößert.

In Italien eröffnete sich im April 1795 der vierte
Feldzug. Die Oesterreicher — ungeschreckt durch den
trotzigen Glückstaumel der Franzosen — messen sich er=
folgreich mit den Letzteren und beschäftigen sie in einer
großen Anzahl blutiger Postengefechte auf genuesischem
Gebiete, in denen der Muth und die Tapferkeit der Oester=
reicher fast allenthalben die Oberhand behält. Mit kraft=
voller Anstrengung bemächtigen sich dieselben Savona's
und machen dasselbe zum Verpflegungsorte ihrer Kranken
und Verwundeten. Genua, mitten in zwei Parteien
hineingeschleudert, kam dabei sehr ins Gedränge, und
seine Lage war wirklich bedauernswürdig. Toscana hatte
geeilt, sehr bei Zeiten sich in seine vorige Neutralität zu
verstecken und deshalb schon im Februar 1795 einen Frie=
densvertrag mit Frankreich geschlossen. Diese Eilfertigkeit

war freilich mehr vorsichtig, als ehrenvoll, da damals die von Frankreich ohngleich bedrängteren Mächte sich noch zu keinem Frieden mit der übermüthigen Republik hatten einlassen wollen.

Der Sturz der Schreckensregierung ließ Frankreich, namentlich in seinem Verhältnisse gegen die innern Feinde, ein neues, gemäßigteres Kriegssystem ergreifen. Hoche übernahm die Beruhigung der Vendée und Bretagne's; er verfuhr mit Schonung und Worttreue, wußte dadurch das Volk zu beruhigen und von seinen Anführern abzuziehen, welche Letztere er hartnäckig verfolgte und sich ihrer bemächtigte. So fielen ihm endlich die beiden Oberfeldherren der Chouans und der Vendéer, Stofflet und der kühne Charette, in die Hände. Beide hätten ein besseres Loos verdient, als den Tod, den die Ueberwinder ihnen gaben. — Ausdauernderen und gewaltigeren Kampf forderten die äußeren Gegner Frankreichs, unter denen es Oesterreich, einen großen Theil von Deutschland, England, Portugal, Sardinien und Neapel erblickte. Frankreich befand sich nicht in der besten Lage, es fehlte an Geld, und gewaltsame Anstrengungen mußten aufgeboten werden, um Pitt's Ausspruch: — Frankreich werde nicht vermögend seyn, den fünften Feldzug einzugehen — zu widerlegen. Es sollte nunmehr ein Mann sichtbar auftreten, der, bald in einen ungeheuern Thatenstrudel hineingezogen, das Schicksal einer Welt keck auf seine Schultern zu laden sich vermaß und dessen Leben den reißendsten Scenenwechsel von Dunkelheit, blendendem Glanz und grellem Erlöschen darbietet. Bonaparte, aus Ajaccio in Corsica, ein damals noch wenig bekannter Name; er hatte sich bei der Belagerung von Toulon hervorgethan und durch seine Ergebenheit gegen den Convent, die er bei Gelegenheit des Aufstandes in Paris im October 1795

an den Tag legte, einen der fünf Directoren, Barras,
für sich eingenommen. Dieser verheirathete ihn mit sei=
ner Freundin, der Wittwe des unter der Guillotine ge=
fallenen Beauharnois (so sollte auch in Bonaparte's Rie=
sengeschick einer der ersten Grundsteine durch Frauenhand
gelegt werden) und erhob ihn zum Obergeneral der ita=
lienischen Armee. Kühnheit, durchdringendes Genie und
beinahe übermenschliches Glück ersetzten dem 26jährigen
Feldherrn, was ihm an Erfahrung noch abgehen mußte,
und führten ihn frühzeitig dem ungeheuren Schicksale ent=
gegen, welches ihn auf seine Sturmflügel nahm. —
Schon waren, nachdem am 9. April 1796 der neue ita=
lienische Feldzug eröffnet worden, durch den aus der Boc=
chetta hervorbrechenden Beaulieu die Franzosen allenthal=
ben zurückgedrängt. Bonaparte — von welchem man
einen Angriff auf Genua erwartete, welchen Glauben er
durch allerhand Täuschungen zu befestigen suchte — be=
schloß, dem, von allen Seiten ihm drohenden Angriffe
zuvorzukommen. Bei Montenotte errang er, wiewohl
mit bedeutenden Opfern, am 12. April seinen ersten Sieg,
am 14. einen zweiten durch Massena bei Dego, wo fol=
gendes Tages der beispiellose Muth des Liccaner Obersten,
Vukassovich, mit einer Hand voll Helden den Franzosen
die Freude ihres Sieges blutig vergällte. Bonaparte's
Bewegungen trennten hierauf die sardinische Armee von
der österreichischen. Der König von Sardinien suchte
um einen Waffenstillstand nach, und ließ diesem, unter
den ungünstigsten und keineswegs ehrenvollen Bedingun=
gen, den Frieden folgen. So war den Verbündeten ein
wichtiger Bundesgenosse für den Krieg in Italien verlo=
ren. Bonaparte wendete sich nun über den Po, über wel=
chen sich Beaulieu zurückgezogen hatte, dann über die
Adda. Hiermit war das Herzogthum Mailand und die

Lombardei in seinen Händen; nur Mantua blieb ihm noch zu erobern übrig. Beaulieu's Vernachläſſigung seines rechten Flügels gab ihn fortwährend in Bonaparte's Hand °). Dieser blieb ihm nunmehr stets auf der Flanke, und, ohne sich in einer Hauptschlacht zu versuchen, konnte Bonaparte, eine sichere Folge des besprochenen Fehlers, durch unaufhörliche, rasche Märsche und vereinzelte Gefechte in diese Schwäche seines Gegners stürmen, denselben fortwährend ängstigen, ohne ihm Zeit zu lassen, sich zu einem entscheidenden Widerstande zu sammeln. Die Nähe der Franzosen — die, mit dem Schwerte des Ueberwinders zugleich den Zündstoff revolutionairer Ideen und zerrüttender Parteimacherei in die Länder warfen und so gleichsam in die Wunde, die ihr Schwert schlug, auch noch das Gift ihres Afterfreiheit=Wahnwitzes flößten — erregte gegründete Bestürzung. Die Herzoge von Parma und Modena zahlten (besonders Letzterer; wenn man die von Ersterm mit abgelieferten Gemälde und Kunstschätze nicht nach dem möglichen baaren Geldwerthe anschlägt) Brandschatzung. Gleichwohl nahm Bonaparte von dem Versehen einiger modenesischen Bauern — welche, der veränderten Lage halber, ihre, dem französischen Lager bestimmten Ochsen, an die Oesterreicher verkauften — Gelegenheit, die angeblichen Bitten der Einwohner um eine Proclamation der Freiheit in Gnaden zu bewilligen, d. h. den Frieden mit dem Herzog für gebrochen zu erklären und diesem sein ganzes Land zu entziehen. Modena wurde republikanisirt. Es war eine Schmach, daß Bonaparte, der sich doch schnell genug mit Stolz von den Wahrzeichen der Revolution lossagte, dennoch sich,

---

°) v. Hormayr: Allgemeine Geschichte der neuesten Zeit. 1r Bd. Wien.

gleich im Beginne seines Laufes, von ihrem niedrigsten Systeme leiten ließ. — Der König von Neapel eilte frühzeitig, dieser Seuche zuvorzukommen und sich durch einen Friedensschluß mit den Franzosen zu sichern. Der Papst konnte sich nur mit schweren Opfern die Neutralität erkaufen; diese französische Art zu verfahren sah einem Räubersysteme sehr ähnlich. Ohne sich an den, im vorigen Jahre mit dem Großherzoge von Toscana abgeschlossenen Friedensvertrag zu binden, obschon mit der steten, wirklich ironischen Betheuerung, denselben aufrecht zu erhalten, überfiel Bonaparte Stadt und Hafen von Livorno, bemächtigte sich der englischen Factorei und raubte derselben, obschon sie noch zu rechter Zeit das Beste in Sicherheit gebracht hatte, für 7—8 Millionen Waaren. Doch sollte Italien das Capua für den fränkischen Hannibal werden; seine Truppen, mit der Beute des Landes bereichert, verweichlichten hier ungemein. Die Dolche der erbitterten Bewohner und deren häufige Insurrectionen — obgleich von Bonaparte grausam bestraft — vollendeten, was die Sittenlosigkeit der Franzosen allein nicht erreichte. Das Heer schmolz unter vielfachen Einflüssen, und Frankreich mußte seine reichsten Quellen öffnen, die Blüthe seiner Mannschaft erschöpfen, um dasselbe zu ergänzen.

Mit italienischen Geschützen und Mitteln wollte Bonaparte nunmehr zur Belagerung Mantua's schreiten. Wurmser, vom Oberrhein herbeieilend, bewirkte durch blutige Gefechte die Entsetzung; dennoch gelangten, durch hartnäckige Verfolgung des Kampfes, die Franzosen zu ihrem Zwecke, Mantua von neuem zu blockiren. — Während dem ging Jourdan dem gefaßten Entwurfe nach, die Oesterreicher vom linken Rheinufer auf das rechte hinüber und vom Oberrheine weg zu drängen, damit

Moreau den Rhein überschreiten und die verschiedenen
französischen Heeresabtheilungen sich im Herzen Oester=
reichs wieder finden möchten, um dort einen Frieden zu
dictiren. Bis zum 24. Juni war Moreau über den Rhein
gegangen, und Jourdan, obgleich vom Erzherzog Carl
fortwährend beunruhigt und oft geschlagen, mit der Sam=
bre= und Maasarmee endlich bis in die Oberpfalz vorge=
drungen, so daß er nur noch einige Tagemärsche von
Regensburg stand. Moreau, ein junger Held von kaum
30 Jahren, rückte in Baiern bis an die Isar vor; seine
Absicht war keine andere, als daß er der italienischen
Armee Bonaparte's die rechte, der Sambre= und Maas=
armee Jourdans die linke Hand reichen wollte. Deutsch=
land zitterte; Baden, Würtemberg, Pfalzbaiern, inglei=
chen der schwäbische und fränkische Kreis schlossen mit
Frankreich Verträge. Dafür erpreßten die französischen
Heere gewaltige Contributionen und ließen es sich auf
Kosten der geängstigten Provinzen wohl seyn.

Oesterreichs standhafter Muth, der sich, wie Roms
Trotz, einem siegreichen Feinde gegenüber nur erhöhte,
brachte plötzlich einen Umsturz in das Glück der französi=
schen Waffen. Je näher Moreau Baiern, Jourdan den böh=
mischen Gränzen und der Oberpfalz kam, desto gewaltiger wi=
derstanden die Oesterreicher. Das Heiligthum des geliebten
Vaterlandes, in welches der freche Feind einzudringen strebte,
erweckte und begeisterte ihre Kraft auf das Höchste. Der
wüthende Kampf bei Heidenheim und Nördlingen (11. Au=
gust), den die Oesterreicher unter ihrem Heldenführer,
Erzherzog Carl, den Franzosen lieferten, konnte Letzteren
schon zeigen, wie der Oesterreicher für sein Theuerstes zu
fechten weiß. Der Erzherzog übergab ohngefähr die
Hälfte seiner Armee dem General Latour, um damit
Baiern und den Lech gegen Moreau zu schützen, und

warf sich mit der andern Hälfte auf Jourdan, schlug
(22. August) bei Triningen und Neumark dessen rechten
Flügel und siegte zwei Tage später aufs Neue bei Amberg. Deutschland hatte dem Heldenarme des Erzherzogs
Carl und der Tapferkeit der Oesterreicher seine Rettung
zu verdanken. Die Maas- und Sambrearmee zog sich
in wilder Flucht zurück, durch die verfolgenden Sieger
immer aufs Neue geschlagen. Das deutsche Landvolk,
welchem der zügellose Uebermuth der fränkischen Soldaten
so manche Wunde geschlagen, nützte die Gelegenheit zur
Rache, und wehe dem Franzosen, der sich bei dem Rückzuge von der Armee entfernte. Er fiel augenblicklich unter den Händen der erbitterten Landleute. Bei Mühl-
heim sammelte Jourdan die zerstreuten Trümmer der
Maas- und Sambrearmee in ein Lager und ging von
da nach Düsseldorf. Bald darauf gab er sein Obercom-
mando ab. Moreau bewerkstelligte seinen Rückzug an
den Rhein mit vieler Kunst; Ende 1796 war von ihm
nur noch die Brückenschanze bei Hüningen und die Reichsfestung Kehl besetzt. Aber am 10. Januar des folgenden
Jahres fiel Kehl und am 1. Februar die Brückenschanze
in die Hände der Oesterreicher. Die beiderseitigen Heere
am Rhein, durch schwere Anstrengungen erschöpft, durften
zufolge eines verabredeten Waffenstillstandes, in die Winterquartiere gehen. —

Nachdem die Feldherrnkunst des Erzherzogs die stolzen Entwürfe der französischen Heere vernichtet hatte, be-
zweckte Bonaparte, dem umkehrenden Moreau durch Tyrol
gegen Baiern hin entgegen zu ziehen. Wurmser, diesen
Plan durchblickend, wollte, um diesen zu hintertreiben
und zugleich Mantua zu entsetzen, über Bassano vordringen. Er warf sich in die Festung Mantua, um welche
nunmehr ein Kampf entstand, in welchem die Oesterrei-

reicher mit der beispiellosesten Standhaftigkeit ausharrten.
Dem Hunger gelang es endlich, was dem Schwerte der
Feinde so schwer gemacht wurde, und am 2. Februar
1797 mußte Wurmser, nach einer fünfmonatlichen Blo=
cade und den unerhörtesten Kämpfen gegen Krankheiten,
Mangel und Feinde, Mantua übergeben.

Mit schweren Opfern hatte sich der Papst am 19.
Februar den Frieden erkauft und Bonaparte eilte hierauf,
sich wieder gegen das österreichische Heer zu wenden, über
welches der Ueberwinder Jourdans, der Erzherzog Carl,
den Oberbefehl an der italienischen Gränze übernehmen
sollte. Nachdem Bonaparte die Piave, den Tagliamento
und den Isonzo unter furchtbaren Anstrengungen über=
schritten, Gradišca in Friaul, Görz und Triest überge=
gangen waren, rückte er über die Alpen, welche Italien
von Kärnthen trennen, rückte in Steiermark ein, woselbst
er mehrere Plätze besetzte, und bedrohte aus seinem Haupt=
quartiere Judenburg die österreichische Hauptstadt Wien.
Der Erzherzog, an der Spitze der geschwächten Armee von
Italien, die obendrein an Muth und Mannszucht ver=
loren hatte, war an entscheidenden Schritten gehindert.

Der Waffenstillstand von Judenburg war der Vor=
läufer des Friedens, welcher am 17. October 1797 auf
einem zwischen Udine und Passeriano gelegenen adeligen
Hofe, Campo formio, zwischen dem Kaiser Franz und der
französischen Republik unterzeichnet wurde. Oesterreich trat
nach demselben Belgien und die Lombardei ab. Die venetia=
nischen Staaten wurden getheilt. Die französische Re=
publik erhielt die jonischen Inseln, wie überhaupt alle
venetianische Niederlassungen in Albanien, die sich unter=
halb des Golfo von Lodrino befinden. Dagegen erhielt
Oesterreich Istrien, Dalmatien, die Mündungen des Cat=
taro, die Inseln des adriatischen Meeres, die Stadt Ve=

nedig, die Lagunen, die Terra ferma bis an den Garda-
see, die Etsch und den Po, nach einer gemeinschaftlich zu
ziehenden Linie. Die cisalpinische Republik wurde als
eine unabhängige Macht anerkannt. Dem Herzoge von
Modena sollte, als Entschädigung für seine Länder in
Italien, das Breisgau abgetreten und binnen einem Monat zu Rastadt ein Congreß zu Abschließung eines allgemeinen Reichsfriedens eröffnet werden. Eine additionale
Convention und eine Militairconvention wurden diesem
Friedensschlusse als ergänzende Theile beigefügt.

Wie ehrlich es die Franzosen mit diesem Friedensschlusse, zumal mit jener Militairconvention, meinten,
zeigte sich bereits in den ersten Augenblicken der entstehen-
den Ruhe. Während die österreichische Armee aus Mainz
durch Schwaben und Baiern ihren Rückmarsch bewerkstelligte, bewegte sich die französische vorwärts, und in
den Momenten eines so feierlich verkündeten Waffenstillstandes und des beginnenden Friedenscongresses, wurde die
wehrlose Reichsfestung Mainz durch französische Truppen
unter dem Obergeneral Hatry eingeschlossen und aufgefordert. Die noch darin befindlichen wenigen Reichstrup-
pen mußten, mit des Churfürsten abgedrungener Einwil-
ligung, Mainz verlassen und die Franzosen zogen ein.
Einen gleich ehrlosen Anschlag erlaubten sie sich gegen
Mannheim. Dem dortigen Commandanten forderten sie
die Uebergabe der Rheinschanze dieser Festung ab, und,
da man sich dessen weigerte, nahmen sie das, im Verhältniß zu ihrer Anzahl schwach besetzte Fort mit Sturm.
Nicht minder blokirten sie, während der Friedensunterhandlungen und ohnerachtet der Vorstellungen des Congresses, die den Rhein und die Mosel beherrschende wichtige Festung Ehrenbreitstein und nöthigten durch Aus-
hungerung den dortigen Commandanten Faber, abzuzie-

hen, ohne jedoch zu capituliren. Dies war ein Vorspiel zu dem republikanisch = Bonaparte'schen Friedenssysteme, welches er überall, nur nie gegen sich selbst, in Anwendung bringen ließ. —

Dritter Abschnitt.

Von der Erneuerung des Krieges bis zum Frieden von Lüneville.

Der erste Hauptact der großen Welttragödie, welche auf der einen Seite mit deutschem Ernste und kernhaftem Muthe, auf der andern mit abentheuerlichem Prunke und überspannter Heldensucht gespielt werden sollte, war vorüber. Er hatte alle Erscheinungen und Affecte eines Völkerkampfes erschöpft, alle großen Gefühle der Menschheit aufgeregt und sie, bei seinem Abschlusse, in jene zweifelhafte, sich selbst nicht klare Stimmung versetzt, welche die Betrachtung gewaltiger Ereignisse in uns hervorbringt, sobald sie von der Erwartung einer noch bedeutungsvolleren Zukunft begleitet wird. Es mischte sich diesen Gefühlen jene trübe Empfindung bei, welche ein unbefriedigender Ausgang in uns erweckt. Alle die ungeheuren Kämpfe hatten der guten Sache bis jetzt nur moralischen Gewinn gebracht; denn die wunderbare Ironie des Weltgeistes gönnte dem frechen Feinde der Ordnung und des Rechtes eine Zeitlang das übermüthige Gefühl des Glückes, ja der Unbesiegbarkeit.

Oesterreich hatte in jener Zeit, obgleich aufgegeben von einem großen Theile seiner Bundesgenossen, den verhängnißvollen Kampf gegen das französische System der Gesetzlosigkeit und Friedenszerrüttung, mit unerschütter=

tem Muthe fortgeſetzt, kühn das Schickſal des an ſich
ſelbſt verzagenden Deutſchlands auf ſeine Schultern ge=
nommen und ihm, in der Perſon des Helden Carl, den
Retter im Augenblicke der höchſten Gefahr geſendet. Ohne
den Wunſch und ohne die Ausſicht einer Eroberung, war
Oeſterreichs Kaiſer — mit Recht nennt man ihn den
Grund= und Schlußſtein des großen Länder= und Völker=
verbandes — entſchloſſen, den Kampf gegen die Willkühr
fortzuſetzen, der, nach jahrelangem rieſigen Scenenwechſel,
ſich doch zuletzt in Klarheit und Eintracht auflöſte und
aus dem Chaos zuſammengeſtürzter Verhältniſſe und auf=
gehäufter Zeiterſcheinungen das entwendet geglaubte Pal=
ladium der Ordnung und Ruhe, das ſchöne Ziel der lan=
gen blutigen Fehde, glänzend aufſteigen ließ.

Nach dem Friedensſchluſſe der Republik mit ihrem
großen Feinde, Oeſterreich, kam ihr langgenährter Lieb=
lingswunſch zum lebhafteſten Ausbruch. Derſelbe hieß:
Krieg gegen England, Vernichtung dieſes ſteten Neben=
buhlers. Dieſe fixe Idee Frankreichs, welche es in allen
ſeinen Lagen, in der Luxusepoche der Ludwige, wie in
den Fieberträumen der Revolution durchgewunden und
feſtgehalten hatte, kehrte jetzt mit größerer Verlockung, als
je, zurück. Rieſige Anſtrengungen und kleinliche Cabalen
wurden in gleichem Verhältniſſe zur Verwirklichung dieſes
racheſüßen Entwurfes in Bewegung geſetzt. Durch das
franzöſiſche Directorium, deſſen Syſtem ſich ſeltſam in
wagende Speculationsſucht und geizendes Mißtrauen zer=
ſpaltete, ward eine Armee von England an den Küſten
des Oceans decretirt und Bonaparte zum Obergeneral
derſelben ernannt. Anleihen und freiwillige Beiträge ſoll=
ten die nöthigen Fonds zu dieſer großen Expedition ge=
gen England verſchaffen, welchem man bereits in den
Zeitungen und auf den Tribunen den Untergang weiſ=

sagte. Matrosen und Landsoldaten übten sich im An-
landen, und Bonaparte besah sich persönlich die Anstalten
an der Seeküste.

Aus allen diesen Vorbereitungen ging endlich der Beschluß einer Expedition nach Aegypten hervor, durch dessen Eroberung man sich die Verbindung zwischen Asien
und Africa durch das rothe Meer, und den nächsten wie
sichersten Weg nach Ostindien zu eröffnen gedachte. Niemand wollte anfangs daran glauben, da die Verhältnisse
der Republik gegen das Ausland damals noch gar nicht
so sichergestellt und abgeschlossen waren, daß sie die
Blüthe ihrer Mannschaft und das Mark ihrer finanziellen
Kraft für das entfernte Ostindien hinzugeben Ursache gehabt hätte. Doch trotz der fabelhaften Farbe dieser ganzen Unternehmung, segelte, unter Bonapartes Führung,
im Mai 1798 die Flotte unvermerkt von Toulon ab.
Am 9. Juni erschien sie vor Malta, welches durch Feigheit und Verrath in die Hände der Franzosen gespielt
wurde. Am 2. Juli wurden unter vielen Beschwerden
die Landtruppen ausgeschifft, und noch am Abende dieses
Tages zogen sie, nach einem leichten Sturme, in Alexan-
drien ein. Am 22. Juli nahm Bonaparte, nach einem höchst
gefährlichen, durch Mameluckenschwärme stets bedrohten
Marsche durch die Sandwüste, Cairo ein und die Eroberung Aegyptens schien hiermit vollendet. Während so
Bonaparte auf dem festen Lande immer mächtiger fußte,
traf ihn im Rücken ein furchtbarer Schlag, die Zerstörung
seiner Flotte auf der Rhede von Abukir, durch den englischen Seehelden Nelson. Dieser Fall schnitt Bonaparte und
seine Krieger von aller Verbindung mit Frankreich ab.

Wie sehr sich auch Bonaparte in allen seinen Mani-
festen bemüht hatte, der türkischen Pforte begreiflich zu
machen, daß dieser Krieg nicht ihr gelte, sondern daß er viel-

mehr sie vor dem Uebermuthe der Beys und der Manne=
lucken schützen, sie an denselben rächen sollte, so wollte
doch die Pforte — trotz des morgenländischen Schwulstes
und Bildernebels, womit er seine Manifeste umgab und
womit er auf die Bewohner des Landes zu wirken glaubte
— seine gute Absicht nicht so recht verstehen lernen, son=
dern betrachtete den Angriff auf Aegypten als eine ihr
selbst widerfahrene Feindseligkeit, erklärte Frankreich den
Krieg, und verbündete sich sogar mit ihrem alten Neben=
buhler, Rußland, gegen dasselbe.

Auch in Europa währte der Kampf fort. Das in
seiner Insurrection gegen England, durch Frankreich zu
spät und nicht kräftig genug unterstützte Irland mußte
sich unterwerfen. Die Franzosen erlitten bei dieser Ein=
mischung manchen Verlust zu Wasser wie zu Lande.

Nicht zufrieden damit, daß das deutsche Reich der
französischen Republik Länder und Rechte aufgeopfert, zu
den frechsten und treulosesten Gewaltschritten der Franzo=
sen, die mitten in den Friedensunterhandlungen deutsche
Festungen überfielen und wegnahmen, geschwiegen hatte,
höhnten dieselben durch fortgesetzte übermüthige Zumu=
thungen die ihnen gebrachten Opfer und verletzten die Hei=
ligkeit des Friedens. Europa's Lage, deren fortdauern=
den Bestand der Frieden von Campo formio hatte sichern
sollen, hatte neuerlich in wesentlichen Puncten durch die
Republik die willkührlichsten Veränderungen erlitten. Statt
eines Kirchenstaates gab es jetzt nur eine, mit der fran=
zösischen verbrüderte römische Republik, statt einer schwei=
zerischen Eidgenossenschaft, eine einzige, von französischen
Truppen besetzte untheilbare Schweizerrepublik. Allenthal=
ben revolutionirte die französische Republik durch Gewalt
oder durch Umtriebe, ihre neue Freiheit warf sich zur
Thrannin der ganzen Welt auf. Es galt nur die Wahl,

an diese Zwangfreiheit zu glauben, oder politisch zu ster=
ben. Der letztere Umstand trat eigentlich in beiden Fäl=
len ein. Und diese Republik, die gegen Fremde sich an
keinen Vertrag band, mußte gleichwohl aus dem kleinsten,
unverschuldetsten Vorfall eine Beleidigung gegen sich zu
drechseln; sie, welcher eine Empfindlichkeit Anderer bereits
wieder als Vorwand des Bruches galt, stellte gleichwohl
sich selbst so übelnehmisch, daß sie für das geringste Ver=
sehen einer Einzelheit, ein ganzes Volk und ganze Staa=
ten verantwortlich machte und daraus Anlaß zu offenen
Feindseligkeiten nahm.

Der französische Botschafter zu Wien, Bernadotte,
gab am 13. April 1793 ein Fest und ließ dabei aus
seinem Hotel in der Wallnerstraße plötzlich die dreifarbige
Fahne wehen. Ihr Anblick, der zu dieser Zeit als ein
revolutionaires Zeichen galt, erregte — da sie auf wiederholte
polizeiliche Vorstellungen nicht eingezogen ward — den
heftigsten Unwillen des Volks. Man warf die Fenster
ein, zerstieß die Thüre und riß die Fahne herab, welche
verbrannt wurde. Bernadotte nahm von diesem Vorfalle
Anlaß, sich über Verletzung seiner mit öffentlicher Auto=
rität bekleideten Person zu beklagen und zwei Tage später
Wien zu verlassen. Inwiefern der Staat für die That
Einzelner verantwortlich gemacht werden konnte, war frei=
lich wiederum nur aus dem republicanischen System zu
erweisen. Was man von den französischen Friedensge=
sinnungen zu denken hatte, ließ sich aus diesem Beneh=
men Bernadotte's recht wohl schließen. Die Conferenz
zwischen dem Grafen Cobenzl und dem französischen Ex=
director François de Neufchateau (30. Mai bis 6. Juli
1798) zu Selz am linken Rheinufer, hatten keinen Er=
folg. Anderer Absicht war wohl Cobenzl's Reise nach
Berlin und Petersburg, da die fortwährend sich erneuern=

den Machtschläge des französischen Directoriums alle Hoffnung auf den Bestand des Friedens raubten.

Das Benehmen der französischen Republik erweckte
ihr Feinde, die nur durch den äußersten Uebermuth der
Erstern dazu gemacht wurden und, ohne den dringendsten
Anlaß, sich noch lange in einer neutralen Stellung erhalten haben würden. Rußland, welches unter Catha-
rina II. sich zu nicht mehr als bloßen Drohungen gegen
die „Königsmörder‟ und „Gottesläugner‟ hatte entschlie-
ßen können, gewann unter Paul I. thätigere Entschlüsse.
Dieser Fürst, von Neapel um Hilfe angefleht, durch englische Subsidien gleich sehr, wie durch die Malteser, deren
Großmeister er ward, aufgefordert, sammelte eine ansehn-
liche Landmacht und ließ sie in den österreichischen Staaten einrücken, um bei Wiederausbruch des Krieges sogleich
zu Unterstützung der Alliirten gegen Frankreich da zu seyn.
Ebenso war die Pforte, eine der ältesten und beharrlich-
sten Freunde Frankreichs, durch die Expedition nach Aegypten verletzt, hatte demgemäß den Krieg gegen Frankreich
erklärt und trat mit ihrem ehemaligen Gegner Rußland
in ein Bündniß gegen die Republik. Das deutsche Reich,
welches sich über so viele Friedensverletzungen von Seiten
Frankreichs zu beklagen hatte, konnte unmöglich lange
mehr ruhig zusehen, England und Portugal hatten das
Schwert noch nicht aus der Hand gelegt, und Oesterreich,
das während der Waffenruhe Zeit zu kriegerischen Vorbereitungen gefunden hatte, stand furchtbar, wie immer, da.

Wie übel es auch, nachdem der Kern der französischen
Armee und ihre besten Generale, von der Heimkehr abgeschnitten, am Nil standen, um die Waffenmacht der Republik beschaffen war, so ließ der Spielerleichtsinn des
Directoriums es dennoch zu keinen ernsthaften Besorgnis-

fen kommen. Die ganze Republik war auf einen Fuß gestellt, daß sie — unfähig, sich durch ihre eignen natürlichen Kräfte zu erhalten — den Krieg nicht als Mittel, sondern als Zweck betrachten mußte und den Kampf des Kampfes halber fortsetzte. Bei dieser Freibeuterpolitik konnte freilich kein langes Erwägen stattfinden, und so hatte das Directorium, bei all der drohenden Gefahr, doch den tolldreisten Muth, die trotzige Frage an den Kaiser Franz zu wagen: ob Er die bereits auf österreichischem Gebiete stehenden russischen Truppen daraus entfernen wolle oder nicht? Man fand es von Seiten Oesterreichs nicht der Mühe werth, die verlangte peremtorische Erklärung darauf zu geben, und es wäre wohl die höchste Unvorsicht gewesen, einer weder friedliebenden noch vertragstreuen Macht zu Liebe, die der deutschen Sache so willkommenen russischen Truppen zu entfernen. Die unsinnige Bemerkung Chenier's auf die Nachricht der zweiten Coalition gegen Frankreich: „Also gibt es noch immer Könige, die es müde sind, zu regieren?“ konnten die Verbündeten ihm leicht vergeben. So machte die Republik die vorhergegangenen Kämpfe sieben blutiger Jahre durch neuen Kampf unnütz und neues Blut sollte die Spuren des vergossenen ältern wegschwemmen.

Am 3. März, nachdem zwei Tage früher Jourdan bei Kehl auf das rechte Rheinufer gegangen war, überschritt der Erzherzog Carl den Lech, schlug am 21. Jourdan bei Osterach, nach heftiger Gegenwehr, und trennte ihn von seinem rechten Flügel. Letzterer zog Verstärkungen an sich und suchte — während er den linken Flügel der Oesterreicher durch Scheinangriffe beschäftigte — ihren rechten in Rücken und Flanke zu umgehen, ihnen die Hauptcommunication abzuschneiden und sie mit dem Rücken gegen den Bodensee zu drängen. In dieser Gefahr konnte

es nur dem umsichtigen, unverwandten Feldherrnblicke des
Erzherzogs und seiner persönlichen Macht über die Her=
zen seiner Krieger gelingen, sich zu behaupten. Er selbst
setzte sich wiederholt und gegen die dringenden Bitten
seiner Soldaten, der äußersten Gefahr aus, stellte im
verhängnißvollsten Momente sich selbst an die Spitze der
Oesterreicher und befeuerte sie durch den Zuruf: „Jetzt gilt
es Ehre und Vaterland! Denkt daran, daß ihr österrei=
chische Grenadiere seyd! Wir müssen siegen oder sterben.‟
Wie furchtbar auch das französische Geschütz in den Rei=
hen der Tapfern wüthete, sie standen, dem Zurufe ihres
Heldenführers getreu, unerschütterlich, warfen an dem blu=
tigen Tage der Schlacht bei Stockach und Liptingen
(25. März) den angreifenden Feind mit dem Bajonette
zurück und durchbrachen seine Reihen. Jourdans Heer
floh über den Rhein, den es einen Monat früher mit
kühner Zuversicht überschritten hatte.

Unmittelbar nach Jourdans erstem Marsche über den
Rhein, hatte Massena den General Auffenberg in Grau=
bünden mit Uebermacht angegriffen, ihn mit dem größten
Theile seines Corps zu Gefangenen gemacht und die
Pässe des Kunkels und des Luciensteiges weggenommen.
Dagegen waren Massenas heftige Angriffe auf die Stel=
lung von Feldkirch und Näfels vergeblich und brachten
ihm Verluste. Nicht besser erging es den Franzosen in
Italien. Scherer — der an die Stelle des geächteten
Carnot getreten war, den er, obgleich ein Mann von
Geist, doch aber durch Ausschweifungen abgestumpft, frei=
lich nicht ersetzen konnte — griff vom 26. März bis
5. April täglich die Truppenkette der Oesterreicher längs
der Etsch an und bezahlte diese unablässigen Angriffe mit
steten Niederlagen. Er zog sich, nach diesen Verlusten,
hinter die Adda zurück und legte, dem allgemeinen Wun=

sche der französischen Soldaten gemäß, das Commando
nieder, welches nunmehr in die Hände des bisher unge=
rechter Weise unterdrückten Moreau kam. Dieser würde
mit seiner geschwächten Armee keinen schnellen Angriff
gewagt, sondern erst Verstärkung abgewartet haben, hätte
nicht Suwarow, der Anführer der russischen Truppen,
in Verbindung mit dem österreichischen Obergeneral Me=
las, einem kränkelnden, aber tapferen Greise, sich mit
Gewalt durch die Schlacht bei Cassano (27. April) den
Uebergang über die Adda bewerkstelligt. In Folge die=
ses Sieges zog Suwarow schon am andern Tage in
Mailand ein und in der ganzen Lombardei ward sofort
die vorige österreichische Verfassung wieder hergestellt.
Durch Suwarows Vordringen im oberen Italien kam
Massenas rechter Flügel in eine immer bedenklichere Lage;
der Erzherzog konnte nunmehr seine Operationen gegen
die Schweiz eröffnen, und bis zum 17. Mai waren die
Franzosen aus ganz Graubünden herausgedrängt. Nach
einer wüthenden Schlacht von 19. Tagen wurde der
trotzige Massena aus dem festen Lager von Zürich ver=
trieben, binnen drei Wochen die halbe Schweiz, durch An=
griffe auf die unzugänglichsten Positionen, von den Oester=
reichern erobert, die während dieses Feldzuges alle Wun=
der der Tapferkeit erschöpften. Mit Moreau, welcher,
aus seiner Position bei Valenza und Alessandria heraus=
gedrängt, sich zu Coni gesetzt hatte, strebte Macdonald
durch das Toscanische zusammenzutreffen. Suwarow ver=
eitelte durch die Schlacht zwischen Tortona und Piacenza
diese Vereinigung. Für die Franzosen war nunmehr
ganz Italien bis an die Riviera von Genua verloren,
die von ihnen besetzten Plätze gingen über und die neu=
gebildeten Republiken gingen eine nach der andern aus.
Die Einwohner, der Mißhandlungen durch die Franzosen

müde, gesellten sich begierig zu den Eroberern und halfen ihre Peiniger vertreiben.

Nach dem Falle Alessandria's (21. Juli) und Mantuas (27. Juli) konnte Suwarow, dem eben so sehr wie dem Feinde, eine kurze Waffenruhe nöthig gewesen war, um neue Kräfte zu sammeln, den Feldzug wieder eröffnen. Mittlerweile waren der Republik über die drohende Gefahr, in welcher sie sich befand, ebenfalls die Augen geöffnet worden. Man zwang das in stolze Trägheit versunkene Directorium zu kräftigeren Maßregeln, besonders wurde den Gränzarmeen schleunige Verstärkung gebracht. Joubert drang mit einer neuzusammengezogenen französischen Armee gegen die österreichisch-russische Armee vor, um das allein noch sich haltende Tortona zu entsetzen und sich die Vereinigung mit Massenas Armee in der Schweiz zu erzwingen. Die zwanzigstündige, blutige Schlacht bei Novi (15. August), in welcher beide Theile Proben der glänzendsten Tapferkeit ablegten, vereitelte diesen Plan und brachte dem schönen, kühnen Joubert den Heldentod. Am 11. September ging nunmehr auch Tortona durch Capitulation über und hiermit war Italien ausschließlich in den Händen der Oesterreicher. Melas beobachtete die Bewegungen der Franzosen unter Championnet an der piemontesischen Gränze; die Russen gingen unter Suwarow nach der Schweiz. Bei ihrer Ankunft brach der Erzherzog gegen den Rhein auf, um die räuberischen Streifzüge der Franzosen in wehrlosen Gegenden zu verhindern und Philippsburg zu entsetzen, dessen Bombardement die Franzosen bei seiner Annäherung einstellten, schlug die Feinde am 18. September bei Neckerau und Mannheim aufs Haupt und nahm den letztern Ort, von wo aus der Feind sehr leicht in das Herz von Schwaben hätte vordringen können. Massenas Kriegslist lockte die Ruſſen auf einen andern Vertheidigungspunct, als der von ihm gewählte Weg, er ſchlug die Ruſſen unter Korſakow in einer entſcheidenden Schlacht bei Zürch und nöthigte ſie zu einem unordentlichen Rückzuge über den Rhein. Zürch ward am 26. September von den Franzoſen genommen. Auf gleich kühne und liſtige Weiſe erreichte Soult das feſtverſchanzte rechte Ufer der Linch und hielt hier die wüthenden Angriffe Hotze's ſo lange aus, bis hinreichende Truppen übergeſchifft waren. Der muthvolle Hotze und der Oberſt Plunquet ließen ihr Leben in dieſer Schlacht und dieſer Unfall begünſtigte das Unternehmen der Franzoſen. Die Ruſſen mußten ſich, mit dem ſchwerſten Verluſte an Geſchütz und Leuten, an den Rhein und Bodenſee zurückziehen. Maſſena wendete ſich nunmehr gegen Suwarow, deſſen an das Tirailliren und Bergklettern ungewöhnte Truppen unter den ungeheuerſten Anſtrengungen, aber auch mit eben ſo vielem Muthe den Weg nach Altorf gefunden hatten. Dennoch kam er für die Rettung der Schweiz ſchon zu ſpät. Um daher ſeine Truppen in dieſen armen und noch erſchöpften Gegenden nicht dem Mangel auszuſetzen, zog er ſich über Graubünden nach Feldkirch und Lindau zurück und vereinigte ſich hier mit dem gegen den Bodenſee vorgerückten Korſakow. Dieſe neueren Nachtheile der Ruſſen konnten ſelbſt durch die Gedanken an ihre vorherigen Siege nicht verſchmerzt werden, Suwarow ſelbſt hatte ſeine Energie verloren, und der ruſſiſche Hof erkaltete nicht minder in ſeinem Eifer. Daher war hier auch das Ziel der Mitwirkung der Ruſſen, und ſeit Ende November begannen ſie über Mähren und das öſterreichiſche Schleſien ihren völligen Rückmarſch in die Heimath, freilich ein ſchneller Entſchluß nach ſo großen Anſtrengungen.

In Italien erlitten im Laufe des Septembers die

Franzosen eine Menge kleinerer und größerer Niederlagen durch die Oesterreicher, welche die Einnahme von Coni zu bewerkstelligen strebten, und durch den Doppelsieg, welchen am 4. und 5. November Melas und Kray bei Savigliano und Fossano über die Franzosen unter Championnet erkämpften, fiel Coni in die Hände der Oesterreicher, welche dadurch ihrem siegreichen Feldzuge in Italien die Krone aufsetzten. Sie hatten in demselben, nebst einer Menge kleinerer befestigter Plätze, die wichtigsten Festungen: Peschiera, Pizzighetone, die Citadellen von Mailand und Ferrara, Turin, Mantua, Alessandria, Tortona, Ancona und endlich auch Coni erobert, ungeheure Kriegsvorräthe und gegen 5000 Kanonen erbeutet, und 25,000 Kriegsgefangene gemacht.

Nicht nur in Italien, sondern auch in Deutschland wurde der Kampf auch während der Wintermonate fortgesetzt. Lecourbe, welcher die französische Rheinarme commandirte, hatte nach mehrern Versuchen, am 13. und 14. October bei Oppenheim und Frankfurt mehrere Colonnen über den Rhein gesetzt, welche sich Mannheims bemächtigten und Philippsburg blokirten, aber schon Anfang December aus dem erstern Platze durch die Oesterreicher wieder vertrieben und auch von der Blokade von Philippsburg weggedrängt wurden.

Durch die Wiedereroberung der Schweiz und das Mißlingen des brittisch=russischen Angriffs auf Holland, war die französische Republik zwar für den Augenblick dem gedrohten Untergange entronnen, aber keineswegs aus ihrer gefahrvollen Lage befreit. Armuth und Mangel nagten an dem Herzen der Nation, der Credit des Staats war dahin, die Regierung in banger Verlegenheit wegen der Mittel zu weiterer Fortsetzung des Kampfes. In dieser äußersten Crisis erschien plötzlich Bona-

parte wieder in Frankreich. Er hatte, nachdem die ersten
glänzenden Theatereffecte des ägyptischen Feldzugs erschöpft waren, denselben in seiner wahren unersprießlichen
Natur durchschaut und ohne Weiteres sein Heer in Aegypten seinem Schicksale überlassen, war mit wenigen Beglei-
tern und in steter Gefahr, von den Engländern aufgehoben zu werden, nach Europa zurückgeschifft und kam am
14. October 1799 nach Paris. Er ward der Herr der
Crisis und, nach kurzen, aber heftigen innern Zuckungen
der Republik, trat er als Oberconsul an ihre Spitze. Die
Nation hatte er durch eine einzige schöne Hoffnung, die
er ihr gab, schnell für sich gewonnen; denn er versprach
Frieden. England zeigte sich, auf die ihm gemachten
Friedensvorschläge, geneigt, doch sprach es zugleich seine
Vorsicht aus. Bonaparte nahm hieraus sogleich den Vorwand, daß England den Frieden zurückstoße und Frankreich schwächen und zerstückeln wolle, und that den Ausspruch: Frankreich müsse nunmehr den Frieden erobern.
Diese freilich erhaben klingende Wendung wurde in dem
überspannten Frankreich mit Begeisterung aufgegriffen,
das ganze Land, von diesem Ausspruche durchschallt, strömte
Bonaparte's Fahnen, wie zu einem heiligen Kriege, zu.
Die Wiedereroberung Italiens und die Entsetzung Genua's war dessen nächstes Ziel.

Massena, der Eroberer der Schweiz, ward als Obergeneral der französischen Armee nach Genua — dem
einzigen Platze, der, nebst der westlichen und einem Theile
der östlichen Riviera, den Franzosen in Italien geblieben
war — berufen. Er fand die Armee in einem sehr
trostleeren Zustande, half demselben nach Kräften ab
und verstärkte Erstere auf 40 bis 50,000 Mann. Die
Oesterreicher eröffneten unter dem kühnen Grafen Melas,
zu Anfang des April 1800 den Feldzug, durchbrachen die

Linien der Franzosen, schlossen am 7. April Savona und
Vado ein und nahmen in der Nacht darauf durch einen
eben so listigen als muthvollen Ueberfall den Berg Cenis
weg. Vergeblich war Massenas vom 10. bis 18. April
täglich erneuter wüthender Angriff, um Savona zu ent=
setzen und sich mit Suchet wieder zu vereinigen. Er
mußte seine ganze Macht nach Genua ziehen und wurde
dort durch die Oesterreicher zu Lande, durch die Englän=
der zu Wasser eingeschlossen. Seine Lage war verzweif=
lungsvoll; die Einwohner Genuas und Massenas Trup=
pen rangen mit dem Hunger, alle Gefechte, um sich durch=
zuschlagen, mißlangen. Dennoch schlug er die ehrenvolle
Capitulation, welche der von Genuas Elend gerührte Me=
las ihm bot, standhaft ab, und erst am 4. Juni, wo die
Noth der Seinigen den höchsten Gipfel erreicht hatte,
nahm er sie an. Hätte der unerschütterliche Krieger ge=
wußt, daß er die Capitulation in einem Augenblicke ab=
schließe, wo Bonaparte — nach seinem kühnen und groß=
artigen, jedoch keinesweges mit dem des Hannibal zu vergle=
ichenden Zuge über die Alpen — in Mailand eingezogen
und der Po in den Händen der Franken war, so wäre
er gewiß im Momente des höchsten Elends noch zurückge=
treten. Melas hatte sich zu spät erst von der Wirklich=
keit eines Einfalles der Franken über die Alpen überzeu=
gen können, sich daher zu lange in Turin verweilt. Um
so leichter ward es deshalb — während Bonaparte sich
in der Lombardei ausbreitete — dem französischen Vor=
trabe unter Lannes und Murat, über den Po zu gehen
und Piacenza mit seinen reichen Magazinen einzunehmen.
Melas, der zu spät einsah, daß die Reservearmee mit ihrem
Alpenzuge nicht blos auf dem Papiere stehe, mußte nun=
mehr auch erfahren, daß die Magazine von Cremona,
Mailand und Lodi in die Hände der Franzosen gefallen

waren. Die französische Reservearmee dagegen, welcher
der Fall von Genua ebenfalls eine unerwartete Hiobspost
gewesen war, befand sich, da sie noch keinen festen Platz
in ihrer Gewalt hatte, nicht minder in einer zweideutigen
Lage und mußte fürchten, durch eine einzige verlorene
Schlacht aus ihren Eroberungen herausgeworfen und zu
einem gefahrvollen Rückzuge gezwungen zu werden. Die
Entscheidung einer Schlacht mußte einen von beiden Thei=
len diesem schwankenden Zustande entreißen. Am 14. Juni
ging Melas über die Bormida, und um sieben Uhr des
Morgens begann bei dem Dorfe Marengo zwischen Ales=
sandria und Tortona der Angriff zu jener mörderischen
Schlacht, welche den Besitz Italiens entschied. Von bei=
den Seiten ward mit beispielloser Tapferkeit gekämpft.
Viermal waren die Franzosen schon zurückgeworfen, die
Oesterreicher drangen allenthalben vor, selbst Bonaparte
hielt die Schlacht für verloren, als plötzlich der tapfere
Desaix mit seiner Brigade sich den Oesterreichern entge=
genwarf. Gleich im Beginne des Kampfes ward Desaix
von einer tödtenden Kugel durchbohrt; die Franzosen, die
in ihm ihren Liebling fallen sahen, wurden durch seinen
Tod zu wüthender Rache entflammt. Die Oesterreicher
mußten, nach tapferer Gegenwehr, auf Alessandria zurück=
weichen. Massena und Suchet waren im Anzuge. Me=
las, im Rücken und in seinen Communicationen bedroht
und ohne Zufuhr, trug auf einen Waffenstillstand an und
erhielt ihn. Demgemäß sollten den Franzosen zwölf Fe=
stungen eingeräumt werden, die österreichische Armee sich
über Piacenza nach Mantua zurückziehen, Toscana und
Ancona besetzt halten, die Franzosen dagegen die zwischen
der Chiesa, dem Oglio und dem Po begriffenen Länder.
Die französische Reservearmee, gegen 100,000 Mann
stark, ward nunmehr zur Armee von Italien proclamirt

und an Maffena übergeben. Bonaparte kehrte nach Pa=
ris zurück.

Während die Refervearmee sich in Bewegung gesetzt
hatte, war durch Moreau der Feldzug am Rheine eröffnet
worden. Der Erzherzog Carl sah sich, seiner oftmals
wankenden Gesundheit wegen, genöthigt, den Oberbefehl
niederzulegen. Der königliche Held hatte durch seine Siege,
eben so aber auch durch die Macht, welche er durch sein
Benehmen über die Herzen der Krieger übte, sich zum Lieb=
linge des Heeres aufgeschwungen, welches mit muthigem
Vertrauen ihm, als Helden, mit unwandelbarer Liebe
ihm, als Menschen, anhing. Der Feldzeugmeister Kray
erhielt nach ihm den Oberbefehl. Obgleich der Drang
des Kampfes bereits beinahe alle waffenfähige Mannschaft
in Desterreich aufgeboten hatte, bedurfte es dennoch nur
des Heldennamens Carl, um durch seinen Klang in Mäh=
ren und Böhmen noch eine Legion von Freiwilligen zu
bilden, die sich auf 25,000 Mann belief, ein glänzender
Beweis patriotischen Sinnes in diesen Ländern! Durch
schlaue Manoeuvers und Märsche täuschte Moreau den
Feldzeugmeister Kray über den wahren Angriffspunct bei
Schaffhausen, so daß ihn dieser am Ausgange des Kin=
zig= und Höllenthales erwartete. Durch diese List und
durch den kühnen Rheinübergang Lecourbe's, gelang es
Moreau, seine Armee auf der Linie von Schaffhausen
und Stühlingen zu vereinigen. Kray suchte nunmehr
Stockach vor den Franzosen zu erreichen und es began=
nen eine Menge blutiger Gefechte, von wechselndem Er=
folge. Die Schlacht bei Biberach nöthigte Kray, sich
nach Memmingen hinter die Iller und von da in ein
verschanztes Lager bei Ulm zurückzuziehen. Moreaus Ueber=
gang über die Donau bei Hochstädt bewirkte, daß Kray
von Ulm weggehen mußte, welches die Franzosen sofort

blokirten. Moreau drang mit seinem linken Flügel bis Regensburg, mit der Hauptmacht bis über München, während er mit dem rechten Flügel die Stellungen von Feldkirch und Graubünden nahm und so eine unmittelbare Verbindung zwischen den französischen Armeen in Deutschland und Italien eröffnete. Hierauf wurde zwischen Kray und Moreau zu Parsdorf ein Waffenstillstand abgeschlossen, nach welchem die Eingänge Tyrols am Lech, nebst Regensburg, den Franzosen übergeben wurden. Philippsburg, Ulm und Ingolstadt blieben, jedoch blokirt, in den Händen der Oesterreicher. Noch vor Abfluß dieses Waffenstillstandes war der Graf Joseph St. Julien in Paris eingetroffen, welcher am 28. Juli mit Talleyrand einen förmlichen Präliminar-Friedenstractat unterzeichnete, der von den Grundlagen jenes von Campo formio nur darin abwich, daß Oesterreich die damals in Deutschland ihm zugesicherten Schadloshaltungen nunmehr in Italien nehmen sollte. Die Consuln hatten diesen Präliminartractat gleich binnen den ersten 24 Stunden zu unterzeichnen sich beeilt, und nach demselben sollten beide Armeen, in Deutschland und Italien, in der Stellung bleiben, in welcher sie eben jetzt sich befanden. — Erst am 20. Juni war durch den Freiherrn von Thugut und Lord Minto zu Wien, ein erneuerter Bund zu gemeinsamer Führung des Krieges, wie Schließung des Friedens eingegangen worden und am 14. August eröffnete Graf Lehrbach zu Alt=Oettingen Duroc die gemäßigten Gegenvorschläge Oesterreichs, zu denen auch die Zuziehung brittischer Gesandten zum Friedenscongresse gehörte. Bonaparte ließ sofort für Deutschland wie für Italien den Waffenstillstand aufkündigen. Der Uebermuth des Gegners verdoppelte, im Augenblicke der Gefahr, Oesterreichs allbewährten Muth. Mit fliegender Eile benutzte es die kurzen Tage der Ruhe zu zweckmäßigen Aenderungen. Kray, dem bei seinen Operationen das Glück wenig gelächelt, trat in den Ruhestand. Graf Bellegarde übernahm den Oberbefehl über die Oesterreicher in Italien, der jugendliche Erzherzog Johann das Commando; der Feldzeugmeister Baron Lauer ward ihm als wirklicher Leiter der Operationen an die Seite gestellt. Der Kaiser Franz selbst erschien im Hauptquartiere zu Altötting und belebte durch seine geliebte Gegenwart den Muth seiner Krieger. Am 20. September ward zu Hohenlinden mit Moreau ein verlängerter Waffenstillstand auf 45 Tage abgeschlossen. Leider mußte man dem Feinde die festen Plätze Philippsburg, Ulm und Ingolstadt, als Friedensunterpfand übergeben, welcher nichts Eiligeres zu thun hatte, als Anstalten zu ihrer Schleifung zu machen.

Zu Lüneville trafen der Graf Ludwig Cobenzl und Joseph Bonaparte (Bruder des ersten Consuls) zu Abschließung eines Friedens zusammen. Da aber Oesterreich fest bei seiner Bundespflicht gegen Großbritannien beharrte, so erneuerte sich am 28. November das Kriegsgetümmel. Den Uebergang der Oesterreicher über den Inn begleitete (1. December) der Sieg. Dagegen erlitten sie zwei Tage später bei Hohenlinden eine verhängnißvolle Niederlage. Moreau drang über den Inn und verfolgte die Oesterreicher bis über die Enns. Salzburg war genommen und die gerade Verbindungslinie von Wien nach Italien bedroht. Der Erzherzog Carl, auf welchen in diesen schweren Augenblicken alle Hoffnungen sich richteten, übernahm in Kremsmünster wieder den Oberbefehl über das zum größten Theile aufgelös'te Heer, welches kaum noch 30,000 Mann zählte. Am 25. December wurde zu Steyer ein Waffenstillstand abgeschlossen und demzufolge die Festungen Würzburg und Braunau, so wie auch die Tyrolerpässe den Franzosen überlassen, Tyrol geräumt und nur von gleichzähligen Sauvegarden beider Theile besetzt. Am 16. Januar 1801 wurde in Treviso eine ähnliche Verlängerung des Waffenstillstandes für Italien abge=schlossen, die Festungen Ancona, Ferrara, Legnago, Ve=rona, Sermione und Peschiera den Franzosen überlassen. Mantua behielten die Oesterreicher. Das veränderte Be=nehmen Rußlands — dessen Kaiser Paul, wegen Mal=ta's mit England in Mißhelligkeiten gerathen war und sich deßhalb gegen selbiges auf das Feindseligste benahm — beschleunigte den Friedensabschluß. Am 9. Februar 1801 wurde zu Lüneville zwischen dem Grafen Cobenzl und Joseph Bonaparte der Definitivfrieden — für Oesterreich auf den Grund des Friedens von Campo formio, für Deutschland des von Rastadt — unterzeichnet. Oester=reichs Gränze in Italien wurde die Etsch, dem Herzog von Modena für sein, der cisalpinischen Republik einverleibtes Erbeigenthum, das Breisgau als Entschädigung; dem In=fanten von Parma wurde Toscana mit Elba abgetreten. Frankreich behielt Belgien und das linke Rheinufer. Es verzichtete auf alle Besitzungen am rechten Rheinufer; doch mußten Düsseldorf, Ehrenbreitstein, Philippsburg, Cas=sel, Kehl und Alt=Breisach in dem dermaligen (zerstör=ten) Zustande verbleiben. Die Reichsfürsten, welche hier=bei ihre Länder am linken Rheinufer verloren, sollten durch Secularisationen entschädigt werden. Die batavi=sche, helvetische, cisalpinische und ligurische Republik wur=den als unabhängige Staaten anerkannt. — Mit Neapel kam, nach einem vorher abgeschlossenen Waffenstillstande, der Frieden erst am 28. März zu Stande. Frankreichs Unfälle in Aegypten und der Abtritt des Pittischen Mi=nisteriums, erleichterten, nach vielfachen Hindernissen und Verzögerungen, den Frieden zwischen Frankreich und Groß=

britannien, der jedoch erst am 25. März 1802 unterzeich:
net wurde. Großbritannien gab nach demselben an die
französische Republik und deren Alliirte — den König von
Spanien und die batavische Republik — alle seine gro=
ßen Eroberungen, mit Ausnahme der Insel Trinidad und
der holländischen Besitzungen auf Ceylon, heraus. Groß=
britannien brachte durch diesen, keineswegs nothgedrunge=
nen Schritt, ein reiches Friedensopfer, ohne für die durch
den Krieg veranlaßte ungeheuere Vermehrung seiner
Staatsschuld einen Ersatz zu bekommen. — Schon die
bloßen Friedensverhandlungen mit England hatten —
nachdem Bonaparte den ersten, von seinem Bruder unter=
zeichneten Tractat verworfen — am 29. September 1801
zu einem Frieden mit Portugal geführt, welches ein
Stück von Guyana abtreten mußte.

Vierter Abschnitt.

Vom Frieden von Lüneville bis zum Frieden von Preßburg.

Ein ungeheurer Riß klaffte, nach dem Friedensschlusse
von Lüneville, in dem Herzen Deutschlands, welches mit
ihm Alles verloren hatte, wodurch bisher seine Selbst=
ständigkeit zusammengehalten worden war. Die franzö=
sische Republik, welche aus dem zehnjährigen Kampfe mit
beinahe gespenstischer Größe aufstieg, hatte alle Bollwerke
weggenommen oder niedergerissen, welche Deutschland und
Italien bisher gegen die begehrlichen Hände der nimmer=
satten, halbwahnsinnigen fränkischen Riesin geschützt hat=
ten. Die Schleifung der dem Rheine benachbarten Fe=

stungen hatte die Scheidewand, welche dieser ehrwürdig
vermittelnde Fluß seither gebildet, großentheils niedergeworfen; die belgischen Provinzen und die Länder jenseit
des Rheines befanden sich in den Händen Frankreichs:
vom Main bis an die Nordsee stellte sich kein fester Platz,
kein natürliches oder künstliches Hemmniß einem fränkischen
Kriegshaufen entgegen. Ueberall bot Deutschland seinem
gierigen Feinde die unbewahrte Brust. Ringsum eine
Menge selbstständig heißender Republiken, die, ein Spiel-
zeug der sogenannten Mutterrepublik, von derselben zu
jedem Augenblicke in eine Waffe gegen Deutschland verwandelt werden konnten. Die Pforten Italiens mit ihren
gewaltigen Festungen waren für die Franzosen zum Durch-
zuge geöffnet, das ganze Land französischem Einflusse unterworfen und von französischem Verrathe zu einer Explosion gegen Deutschland, gegen sich selbst unterminirt.
Nicht menschlichen Händen, sondern nur der Alles über-
windenden Zeit schien es vorbehalten, den weltverschlin-
genden Riesen zu bändigen. Das bange Auge blickte in
eine immer steigende Perspective. Ueber Deutschland, erst
verblutet und dann zerstückelt und zerrissen, war ein gräß-
liches politisches Wundfieber herabgestiegen. Oesterreich,
gleichsam Deutschlands letzter Ritter, hatte, verlassen und
aufgegeben von seinen Mitkämpfern, zürnend den Wahlplatz geräumt. Von Preußen, einem Staate, der, ursprünglich ohne bedeutende Mittel, ein jugendlich stürmi-
sches Verlangen nach Vergrößerung in sich trug, durfte
man beinahe fürchten, daß er in der politischen Nacht
Deutschlands den Emporkömmling spielen und sich an
Frankreich anschließen werde, dessen nie ruhender Erobe-
rungsgeist ihm zu seinem eignen Steigen am schnellsten
helfen konnte und — vielleicht — wollte.

Der Platz, auf welchen das Schicksal den küh-

nen Corsen hingestellt hatte, war so schwindelnd, daß
er nicht durch blos natürliche Mittel behauptet werden
konnte. Er, der Sohn, der Universalerbe der Revolution, theilte nur ihren eisernen, Alles niederwerfenden
Sinn, ohne Etwas von ihrer republikanischen Selbstauf-
opferung zu wissen, die wenigstens der Idee nach bestand.
Er spielte wirklich den Erben der Revolution in vollem
Sinne, und nachdem er des Erbes sicher war, suchte er
die Erblasserin selbst aus dem Wege zu räumen. Er
haßte die Revolution nicht um ihrer Gräuel willen, sondern weil sie mit seiner rein despotischen Denkweise im
vollkommenen Widerspruche stand. Er wollte die Gesetzlosigkeit bekämpfen, um selbst das Gesetz zu seyn. Der
republikanischen Partei mußte der Todesstoß versetzt werden, und es kam daher Bonaparte gelegen, daß sich hin
und wieder Spuren einer Verschwörung gegen seine Person zeigten, die er durch seine Creaturen begierig aufgrei-
fen und vergrößern ließ. Die Explosion der bekannten
Höllenmaschine, die den aus der Oper zurückkehrenden
Bonaparte in die Luft sprengen sollte, und welcher er
nur durch die betrunkene Eile seines Kutschers entging,
gab einen neuen Anlaß. Eine Menge Personen wurden — als der Theilnahme an dieser Verschwörung verdächtig befunden — verhaftet, ihr Proceß mit böswilliger
Heimlichkeit geführt, Viele derselben, ohne überzeugende
Beweise ihrer Schuld, hingerichtet, eine Menge deportirt.
Bei wiederkehrenden Crisen wußte Bonaparte auch neue
Verschwörungen zu improvisiren, die seine Schergen wieder in Thätigkeit versetzten. Die meiste Abneigung hegte
er gegen diejenigen, die durch militairische Großthaten
Nebenbuhler seines Ruhmes geworden waren, zumal wenn
sie durch Redlichkeit und Volksvertrauen noch ein mora-
lisches Uebergewicht gegen ihn behaupteten. Er wollte

den Ruhm als ein Monopol üben und jeder Concurrenz
drohte daher Verderben. Sein bitterster Unmuth lenkte
sich, aus dieser Rücksicht, gegen Moreau, der an Kriegs-
talent und Waffenglück ihm gleichstand und dabei durch
Uneigennützigkeit und gemüthliche Einfachheit eine Popularität genoß, die Bonaparte zwar für sich selbst nicht
suchte, aber dennoch jedem Andern mißgönnte. Moreau's
Verdienste wurden demnach auf alle mögliche Weise in
Schatten gestellt und mit Stillschweigen übergangen; die
französischen Tagesblätter, die unter Bonaparte zu bloßen
tönenden Maschinen herabgesunken waren, wußten, troß
ihrer sonstigen Fertigkeit im Posaunen, nur seltene und
zweideutig leise Worte zu Moreau's Lob zu finden, und
der Tapfere ward einer Verschwörung gegen Bonaparte
angeklagt. Moreau stellte sich seinen Richtern mit der
Unerschrockenheit eines Scipio; die Liebe des Volkes, die
Anhänglichkeit der Truppen flammte bei seinem Erscheinen
hoch auf, aber dennoch entging er der Verbannung nicht.
Willkührlichkeiten und Gewaltschritte aller Art leiteten
diese Untersuchungen. Bonaparte's Eifersucht brütete fin-
stere Rachepläne aus; treffend sagten englische Blätter
von ihm: er würde sterben, sobald er in den Schatten
käme. Dafür faßte Bonaparte aber auch einen kleinli-
chen Grimm gegen die englischen Journale; seine Größe,
die sich selbst keines innern Haltes bewußt war, glaubte
durch jeden Federstrich der Britten ins Schwanken zu gerathen, und er besaß gegen derlei Berührungen eine so
dünne Haut, daß sie vor jedem sie anstreifenden Witz-
worte krampfig zusammenzuckte. Die Ursache war, daß
seiner politischen Stellung, wie seinem moralischen Gehalte die Aechtheit fehlte. Sein ganzes ungeheures Wirken war nicht sowohl ein kühnes Vertrauen zu sich selbst,
als ein zäher Glaube an ein ihn unmittelbar begünsti-

gendes Verhängniß, ein Fatalismus, der durch frivole
Journalscherze den Zauber, der ihn schützte, verletzt zu
sehen fürchtete, besonders da der Nimbus dadurch ge=
schwächt wurde, den er — den Egyptern, wie den Euro=
päern gegenüber — um seine Gestalt zu breiten strebte.

Der Ton, welchen Frankreich bei jeder Gelegenheit
anstimmte, verletzte mehr noch, als seine wirklichen An=
maßungen, obgleich letztere mit rastloser Geschäftigkeit an
der Untergrabung der deutschen Freiheit und Unabhängig=
keit arbeiteten. Der Friede von Amiens, in welchem
des unglücklichen Carl Emanuel, Königs von Sardinien,
nicht mit einer Sylbe erwähnt wurde, zerstörte dessen
letzte Hoffnungen. Erschöpft durch die herben Erfahrun=
gen, welche sein Regentenleben bezeichnet hatten, ent=
schloß er sich, vom politischen Schauplatze abzutreten,
und übergab, durch eine Verzichtsurkunde, seinem Bru=
der, Victor Emanuel, die Regierung. Diese Handlung
ward von französischer Seite so ausgelegt, als habe
Carl Emanuel — dem die Franzosen früher schon mit
Gewalt eine Urkunde abgenöthigt hatten, worin er auf
die Ausübung der Gewalt, die man ihm ja ohnedies
schon geraubt hatte, für den Augenblick verzichtete — die
Piemonteser zum zweiten Male vom Eide der Treue los=
gesprochen, und durch einen Beschluß des ersten Consuls
ward Piemont definitiv mit Frankreich vereinigt, weil
es — so lautete der Beschluß — „von mächtigen Na=
tionen umgeben und bei einer geringen Bevölkerung, we•
der das Gewicht der Unabhängigkeit, noch die Kosten einer
Monarchie tragen und daher, nur mit Frankreich vereinigt,
seine Sicherheit und Größe genießen könne." — Mehrere
Jahre früher würde dieses räuberische Wegschnappen eines
solchen Staates, durch dessen Besitz Frankreich mit einem
Male die Alpen überschritt und ganz Italien bewachte,

Europa in Schrecken, aber auch in thätigen Zorn gesetzt
haben. Allein die letzten Jahre hatten solche Massen von
trotzigen Willkührlichkeiten und Gewaltschritten aufgehäuft,
daß man über ein neues Ereigniß dieser Art zu erstaunen
verlernt hatte und das „reizbare völkerrechtliche Gefühl,"
welches die Deutschen früher gegen die politische Trüb=
fischerei Frankreichs gezeigt, gänzlich „verwirrt und abge=
stumpft" worden war *). Die Schritte, welche Rußland
zu Gunsten der verdrängten Königsfamilie unternahm,
waren gutgemeint, aber doch nicht entschieden genug;
Frankreich betrachtete daher Piemont vollkommen als eine
erworbene Provinz und säumte nicht, von ihr den besten
Nutzen zu ziehen, besonders dadurch, daß die dort erbaute
vortreffliche Seide, die man früher nach allen Orten hin
ausgeführt hatte, jetzt ausschließlich nach Frankreich ge=
bracht werden mußte. So gewissenhaft hielt Frankreich
die so vielfach von ihm proclamirte Phrase von natürli=
lichen Gränzen.

Auf gleiche Weise riß die Republik, nach dem Tode
des Herzogs von Parma, dessen Gebiet an sich, obschon
Oesterreich eine wohlbegründete Anwartschaft darauf be=
hauptete. Italien blutete fortwährend unter den gierigen
Händen der großen Mutterrepublik, deren inneres Wesen,
den Künsten und Wissenschaften des Friedens immer mehr
entfremdet, ganz den übermüthigen Character eines blo=
ßen Militairstaates annahm, von einem Athen nur die
ausschweifende Genußsucht behielt, aber auch von einem
Sparta nur die schroffe, herzlose und kalte Härte sich
aneignete. Am meisten sah man dies den neugetroffenen
Anstalten für den öffentlichen Unterricht in Frankreich an,

---

*) G. G. Bredow: Chronik des neunzehnten Jahrhunderts.
Altona, 1805. 1r Bd.

die, nach Bonaparte's frostiger Soldaten=Theorie, alle
Wissenschaften auf Mathematik beschränkten, nur militairi=
sche Uebung der physischen Kraft, ohne alle Ausbildung
sittlicher und religiöser Gefühle, bezweckten und so mit gro=
ßer Emsigkeit einem Zeitalter des verjüngten Faustrechts —
dieses war ja eigentlich die Grundlage des ganzen politi=
schen Systems der Republik — in die Hände arbeite=
ten. — Bonaparte, immer neue Acte oder wenigstens
Intermezzo's des großen Schauspieles bereit haltend, wel=
ches er Frankreich sehen und mitspielen ließ, brachte in
kurzen effectvollen Zwischenräumen die Nachricht vom Frie=
den, vom Concordate mit dem Papste, von der Organi=
sation der Schulen und der Amnestie der Emigrirten (die
unter der Maske der Menschlichkeit, endlich doch nur ein
politisch ersprießlicher Coup blieb) vor das erstaunte Publi=
cum der Republik, welches ihm, dem schöpferischen Im=
provisator, enthusiastischen Beifall zujauchzte. Es sollte
das glänzende Vorspiel eines noch unerhörteren Schrittes
werden, den Bonaparte, obgleich ohne alle äußere Be=
wegungen, durch seinen Einfluß und seinen Anhang
leitete.

Immer deutlicher ward angespielt, daß Bonaparte,
bei seinen beispiellosen Verdiensten um Frankreich, auch
Anspruch auf beispiellosen Dank habe. Um dem dankba=
ren französischen Volke nicht ein langes Kopfzerbrechen
zu veranlassen, worin dieser Dank bestehen solle, wurden
die Andeutungen merklicher. „Was großen Männern zu
fehlen pflegt, ist die Zeit," bemerkte man; Bonaparte's
Wirken könne demnach nicht besser anerkannt werden, als
indem man es fortdauernd mache. Es galt seine Er=
nennung zum Consul auf Lebenszeit. Vergeblich war der
mahnende Einspruch einzelner Besonnener; er verhallte in
dem Gejauchze der trunkenen Menge. Mitten in einer

Audienz wurde Bonaparte durch die feierliche Ankunft des
Senats überrascht, welcher ihm die Ernennung zum
Consul auf Lebenszeit überbrachte. Daß Bonaparte die
Antwort auf diese unvermuthete Nachricht geschrieben aus
der Tasche zog, war ein Mißgriff, der politischen Schau-
spielern im Augenblicke der Zerstreuung oder des über-
wallenden Selbstgefühles bisweilen zustößt und sie ihrer
Rolle ungetreu werden läßt.

Hätte er diesen Beweis des höchsten Volksvertrauens
auf würdige Weise hingenommen und in seinem wahren
Gehalte empfunden, so wäre damit für ihn der Weg
zum Altare der schönsten und herrlichsten Menschlichkeit
geöffnet gewesen. Aber Selbstsucht und verlegenes Mißtrauen zu der Kraft moralischer Größe, an deren Stelle
er nur einen soldatischen Fatalismus anerkannte, waren
die Dämonen, die sein Leben, statt demselben nach Tagen
des Ruhmes einen dauernden Ruhepunct zu gönnen, in
athemloser, unnatürlicher Hast über das Ziel hinausjag-
ten und dem Knospen seines Glücks auch schon den un-
vertilgbaren Keim des Sturzes und Verschwindens ein-
impften. Jede freie Kraft wollte er unmittelbar nur an
die Muskel seines eigenen Strebens binden, jeder Hebel
sollte nur ihm dienen, er stand, als feindselige Gegen-
wucht, der Menschheit gegenüber und mit ihr wollte er
auch sie selbst unterjochen. Er betrachtete sich als das
siegende Resultat eines Krieges Aller gegen
Alle. Wie unmöglich war diese Spannkraft, die er an
Welt und Menschheit übte, auf eine Dauer zu unterhalten! Das mit allen natürlichen Gesetzen im Widerspruche
stehende Werk machte auch stete Reparaturen nöthig, und
Bonaparte war eigentlich eine personificirte Verneinung
der positiv nothwendigen Bedingungen und Verhältnisse,
der geschichtlichen Wahrheiten. Was er gewirkt, war

daher, da dessen Bestehen die Aufhebung der natürlichen Schwerkraft bedingte, kein Erschaffen, sondern nur ein künstlich fortgesetztes Balanciren zu nennen. Jeder Versuch scheitert, das seltsame Wirken Bonaparte's zu characterisiren, das den Gesetzen des Wahren und Natürlichen nur eine, es aufhebende Kraft zugestand und in aneinander gereihten Widersprüchen seine Einheit suchte. Man kann Bonaparte, als eine ungemein kühn und kunstreich bethätigte Verneinung bewundern; doch thörig vergöttern, wie es in unsern Tagen von so ziemlich vielen Seiten geschah, kann ihn nur der, welcher ihn nicht im Geringsten verstehen lernte. Dergleichen exaltirtes Ueberschätzen heißt blos historisch begaffen, nicht aber historisch durchblicken und beurtheilen. —

Die republicanischen Phrasen, deren sich Bonaparte anfangs bediente, um auf das Volk zu wirken, indem er sich dessen „ersten Unterthan" nennen ließ, wurden ihm bald unbequem. Hinter einem Walle von Soldaten und Mamelucken bedurfte es solcher Schmeicheleien nicht mehr. Er glaubte des mythischen Prunkes, womit er die Motive seiner Handlungen früher zu schmücken pflegte, jetzt nicht mehr zu bedürfen, daher stellte er, bei der Aufmerksamkeit, welche er dem Handelsverkehre Frankreichs schenkte, auch ohne Bedenken den kurz zuvor unter so großsprecherischen Ankündigungen abgeschafften und gemilderten Negerhandel wieder her. Mit den Schwarzen auf St. Domingo und Guadeloupe fielen blutige Gefechte vor, und noch mehr, als diese, schadeten den Franzosen die einreißenden Krankheiten, besonders das furchtbare gelbe Fieber, welches diese Zone begünstigte. Auch in Nordamerica zeigten sich an einigen Orten Spuren von Mißvergnügen.

7

Welcher Bruch dem zwischen Frankreich und England bestehenden Frieden drohte, war am besten aus dem Tone zu entnehmen, den die Journale beider Länder gegen einander anstimmten. Bonaparte ward in englischen Blättern wiederholt, und nicht immer auf eine würdige Art angegriffen, und er hätte sich wohl mehr genützt, wenn er diese Ausfälle mit Verachtung gestraft hätte, als daß er durch seine an den Tag gelegte Entrüstung zugleich auch bekundete, wie tief er sie fühlte. Er ging so weit, einen französischen Schriftsteller, Fievée, mit dem Auftrage nach London zu senden, mit jenen Journalisten in Unterhandlungen zu treten. Die Sendung blieb ohne Erfolg, und die Stellung beider Staaten zu einander ward immer feindseliger. Die Unterredung zwischen Bonaparte und dem englischen Gesandten Whitworth diente nur dazu, ein noch helleres Licht auf die Spaltung zu werfen. Von beiden Theilen wurde Embargo auf die wechselseitigen Schiffe gelegt, und in Frankreich verhaftete man alle daselbst anwesende, in Kriegsdiensten stehende Engländer zwischen 18 und 60 Jahren, angeblich, um für die französischen Bürger zu haften, welche etwa vor der Kriegserklärung von den Engländern festgenommen oder kriegsgefangen erklärt werden möchten. Eine sehr eilige Vorsicht, die freilich einem abermaligen Gewaltschritte ziemlich ähnlich sah! Hannover gerieth, bei seiner intimen Stellung zu England, in eine bedrohliche Lage; es suchte preußische Hilfe gegen die französische Gefahr, aber umsonst. Preußen schien damals über seine zu behauptende Stellung noch zu wenig mit sich einig zu seyn. Hannover war nicht in dem Stande, sich selbst zu vertheidigen, daher zogen sich die dortigen Truppen bei dem Einmarsche der Franzosen zurück und am 3. Juni 1803 wurde zu Suhlingen eine Convention abgeschlossen, wo-

durch der größte Theil der hannoverschen Lande der französischen Willkühr anheimfiel und die hannöverschen Truppen unthätig gemacht wurden. Der König von Großbritannien weigerte sich jedoch, als Churfürst von Hannover
diese Convention zu ratificiren, indem er sich in letzterer
Eigenschaft, nämlich als Churfürst von Hannover, unter
die Neutralität des deutschen Reichs stellte und nur als
König von England den Krieg führe. Die Feindseligkeiten drohten nunmehr ihren Fortgang zu nehmen, obschon
man diesmal auf französischer Seite, trotz der sicheren
Uebermacht, keine große Lust bezeigte, sich zu schlagen,
sondern immer mildere Aufforderungen machte. Dennoch
würde der englische Feldmarschall, Graf Wallmoden, die
Entscheidung des Schwertes gesucht haben, wenn nicht
die Widersetzlichkeit dreier Cavallerie-Regimenter ihn auf
friedlichere Gesinnungen gebracht hätte. Am 5. Juli kamen daher, während eines furchtbaren Gewitters, Graf
Wallmoden und der französische General Mortier auf der
Elbe zusammen und schlossen eine Capitulation, nach welcher die hannöverschen Soldaten die Waffen strecken mußten. Die Franzosen waren hierdurch in Besitz eines deutschen Landes und führten, nebst einer Menge Pulver, 500
Kanonen, 40,000 Flinten, 4000 Pferde und außerdem
noch eine große Anzahl Wagen, Karren und sonstige
Kriegsgeräthschaften als Beute hinweg. Den königlichen
Civil-Beamten wurde ihr Sold, Quiescirten ihre Pensionen vorenthalten; Verarmung und Auswanderungen waren die Folge davon. Deutschlands Lethargie — die immer mehr einem Starrkrampfe glich, der Alles, auch das
Aergste mit ansieht, ohne einer Bewegung Herr zu seyn —
währte fort; es ließ sich belasten, verstümmeln, aber es
regte sich nicht. Es spielte den Scheintodten, oder besser,
es hatte schon aufgehört, ihn nur zu spielen und war

7 *

bereits, wenn auch nicht ohne Hoffnung zum dereinstigen Wiedererwachen, wirklich todt.

Die Franzosen verweigerten, seit sie die Elbe besetzten, aller englischen Waare den Durchgang. Dies hatte die Folge, daß die Engländer die Elbe und die Weser blokirten, um die deutschen Mächte dahin zu bringen, daß sie Frankreich, gut oder böse, zu Freigebung der Elbfahrt veranlassen müßten. Daß die Engländer dabei auch Schiffe neutraler Mächte kaperten und die darauf gefundenen Unterthanen neutraler Mächte als Gefangene fortschleppten, bewies freilich, daß nicht Frankreich allein sich auf Ungerechtigkeiten verstünde. Hamburgs und Dänemarks Handel litt sehr unter dieser Sperre, und Preußen, welches mittelbar ebenfalls Nachtheile davon hatte, schickte einen Abgeordneten nach Brüssel zu Bonaparte, den ebendaselbst auch zwei hannöversche Abgesandte trafen. Doch führte diese Unterredung eben so wenig zu etwas Wesentlichem, als die Bemühungen der von Preußen, Dänemark und Hamburg nach London abgeschickten Gesandten, da England streng erklärte, die Elb- und Weserblokade nur dann aufzugeben, wenn Frankreich die Fahrt auf diesen Flüssen freilasse.

Rußlands Monarch hatte sich, zu Gunsten Hannovers, eifrig verwendet, aber man hatte von französischer Seite eine bestimmte Erklärung auf alle mögliche Weise hinauszuziehen gesucht. Dies gab die Aussicht, daß Rußland nunmehr Frankreichs gefährliche Absichten durchschauen werde, wie auch im englischen Parlamente öffentlich ausgesprochen. Hannover, das furchtbare Opfer zu bringen hatte, mußte, um die Mittel zu erschwingen, eine Anleihe bei Hamburg machen, welche Frankreich garantirte und als Pfand Güter des Königs von England einsetzte. Holland wurde von Frankreich gewaltsam

in die Feindseligkeiten hineingerissen, indem es gegen die
anwesenden Engländer dieselbe Maßregel ergreifen mußte,
mit welcher Frankreich den Anfang gemacht hatte. Das
bedrängte Holland mußte durch die französischen Blätter
die Bürgschaft seiner guten Gesinnungen geben lassen;
denn man sagte darin: die batavische Republik würde
sich nie so lächerlich machen und in ihren Verhältnissen
mit Frankreich den Genuß der Vortheile verlangen, in den
kritischen Augenblicken aber sich absondern. Die italienischen Staaten mußten mehr und minder zu den französischen Kriegsrüstungen beitragen; die Erklärung der
Neutralität half nichts, Frankreich erkannte nur eine zah-
lende Neutralität an. Auch Portugal gerieth bei seiner
Neutralität in Gefahr, da französische Blätter es bezüch-
tigten, daß es fortwährend englischen Einfluß dulde und
sogar französische Schiffe feindselig behandelt habe.
Ueberall verstand Frankreich auf das Herrlichste, seine
Truppen im Auslande zu beköstigen, den Krieg auf fremdem Gebiete und von fremdem Gelde, auf fremde Gefahr,
aber für französischen Vortheil zu führen. Englands
Handel nach Deutschland konnte zwar nicht ganz unterdrückt, wohl aber sehr erschwert werden. Das Gerücht
von einer beabsichtigten Landung Bonaparte's in England wurde wohl absichtlich unterhalten und war eines
jener glänzenden Phantome, die man, um keine Abspan-
nung erfolgen zu lassen, von Zeit zu Zeit der französischen
Nation vorgaukelte. Dennoch schien man in England
selbst dieses Gerücht ziemlich ernst zu nehmen; der brittische Geist durchzuckte das ganze Eiland. Alles eilte einer
Volksbewaffnung entgegen, man wußte sich fast erfinde-
risch in dem Hasse gegen Frankreich zu üben, der sich,
freilich neben manchen Prahlhaftigkeiten, im Ganzen mit
einer ernsten Kraft aussprach. Die französischen Jour-

nale konnten dieser Nationalbewaffnung Englands nur
Witzeleien entgegensetzen, und man überbot sich von beiden Seiten in beißenden Anspielungen. Allein auch die
Republik ließ es nicht bei bloßen Witzworten bewenden, sie
rüstete sich im vollkommenen Verhältnisse ihrer ungeheuren
Kräfte, und — die Landung unterblieb dennoch. Man
hatte durch dieses Gerücht nur ganz England in Allarm
setzen, es in Unruhe und Verwirrung stürzen, vor Allem
aber ihm Geldkosten machen wollen, die allerdings ins
Außerordentliche laufen mochten, selbst wenn die französische Berechnung: daß Englands Vertheidigungsanstalten
dem Staate in jeder Minute zehn Guineen kosteten, über-
trieben war. An eine wirkliche Landung hatte Bonaparte
schwerlich gedacht, er wußte wohl, daß diese, bei den Gesinnungen der brittischen Nation, ihm und seinem Heere
übel bekommen seyn würde, wie gut es sich auch zum
Seekriege übte. Eine solche vorbereitende Uebung Frankreichs hieß, dem alten Seemanne: England, gegenüber,
doch nur: auf dem festen Lande schwimmen lernen.

In seinem Innern bildete sich Frankreich, von Bonaparte angewiesen, halb willenlos wieder der Monarchie
zu. Es war eine leere Besorgniß Mancher, daß die Einrichtung der Senatorien die Regierung vervielfache; Bonaparte hielt bereits alle diese scheinbaren vielen Fäden
der Regierung in ihrem inneren Vereinigungspuncte beisammen. Mehr Grund hatte wohl die damals gangbare,
jedoch zur Zeit noch widersprochene Vermuthung, daß man
berathschlagt habe: ob der erste Consul sich zur consula-
rischen Majestät oder zum Kaiser von Gallien ernennen
lassen solle. Hiermit standen wohl auch die geheimen
Anträge in Verbindung, welche Bonaparte dem Könige
Ludwig XVIII. machen ließ: nämlich daß Letzterer auf
den französischen Thron Verzicht leisten, und von allen

Mitgliedern des Hauses Bourbon eine gleiche Verzichtlei=
stung erwirken, dafür aber von Bonaparte Schadloshal=
tung, ja sogar eine glänzende Existenz erhalten sollte.
Des Königs Antwort war würdevoll und bestimmt: „Ich
verwechsle Herrn Bonaparte nicht mit seinen Vorgängern,
ich schätze seine Tapferkeit, seine militairischen Talente und
weiß ihm Dank für manches Gute, das er meinem Volke
erweist. Aber treu dem Range, in welchem ich geboren,
werde ich nie meine Rechte aufgeben. Als Enkel des hei=
ligen Ludwig, werde ich mich selbst in Ketten einen Kö=
nig achten; als Nachfolger Franz I. will ich wenigstens,
wie er, sagen können: Wir haben Alles verloren, nur
die Ehre nicht." — Der Abgesandte, die reizbare Laune
des ersten Consuls kennend, getraute sich nicht, ihm diese
Antwort zu hinterbringen und ersuchte daher den König
um eine Aenderung in der Form derselben, wobei er ihm
Besorgnisse einzuflößen suchte, daß Bonaparte gegen ihn
erbittert werden könne. Ludwig XVIII. schlug aber diese
Aenderung ab, mit der Erklärung: „Bonaparte würde
Unrecht haben, sich zu beklagen, da man nicht gelogen
haben würde, wenn man ihn einen Rebellen und Usur=
pator genannt hätte. Den Souverain, der ihm, auf Bo=
naparte's Verlangen, seinen Schutz entziehen möchte, würde
er bedauern und gehen; die Armuth fürchte er nicht und
werde, wenn es seyn müßte, mit seinen Getreuen schwar=
zes Brod essen." — Bonaparte, der sich dieser abgelehn=
ten Antwort nicht eben freute, wollte sich ganz davon
lossagen und ließ durch einige Zeitungen die ganze Sache
ein lügenhaftes Gerücht schelten. Aber man wußte, was
man davon zu denken hatte.

Wenn die Seescharmützel, welche zwischen Engländern
und Franzosen vorfielen, zu keinem großen Erfolge führ=
ten, so dienten sie, dem zwischen beiden Theilen waltenden

Hasse fortwährend neue Nahrung zu geben. Bonaparte
wußte denselben mit vielem Scharfsinne, wenn auch mit
wenig Wahrheit, für seine Plane zu gewinnen. Jede
ihm unwillkommene Meinung, die, hätte er sie unmittel=
bar verdammen wollen, in Frankreich wahrscheinlich ihre
Vertheidiger gefunden haben würde, erklärte er für eng=
lische Machination, und dieß reichte hin, um ganz Frank=
reich gegen eine solche Meinung zu entrüsten. So machte
er jenes nationale Vorurtheil der Franzosen zu seinem
dienstbaren Geiste, der ihm unter allen Gestalten zur Hand
war. Nur dem von allen Franzosen verehrten Moreau
gegenüber, wollte ihm dieses Kunststück nicht so recht ge=
lingen. Ihn, dessen Ruhm und Popularität ihm schon
längst ein Dorn im Auge gewesen war, beschuldigte er,
daß derselbe, im Einverständnisse mit mehrern, von Eng=
land angeregten Unzufriedenen — unter ihnen der be=
rühmte Pichegru, der einstige Chouans=Anführer, Georges
Cadoudal, Lajolais und Andere — Frankreichs bestehende
Verfassung stürzen, es zu den Gräueln einer Gegen=
Revolution zurückführen und den ersten Consul ermorden
wolle. Ueber die wahren Umstände jener angeblichen Ver=
schwörung herrscht noch jetzt Dunkel; die willkührliche und
arglistige, selbst die gesetzliche Form umgehende Weise,
womit man die Untersuchung führte, konnte freilich keine
besondere Aufklärung geben, die man auch nicht wünschte.
Der Proceß endigte mit Hinrichtung mehrerer der Ver=
hafteten, unter denen Georges seine Freiheit theuer ver=
kauft hatte, und mit Moreau's Verbannung. Pichegru
wurde eines Morgens erdrosselt in seinem Kerker gefun=
den. Man suchte es den Leuten begreiflich zu machen,
daß er — der eiserne, unbeugsame, jeder Entscheidung
kaltblütig entgegengehende Soldat — selbst Hand an sich
gelegt habe. Allein mit Recht fand man diese Angabe

nicht so recht glaublich, und mit gutem Grunde erzählte
man, daß Bonaparte's Leibmamelucken den Helden
Pichegru, als heimliches Racheopfer des ersten Consuls,
körperlich gemartert und dann hingewürgt hätten.

Um dieselbe Zeit sollte ein noch entsetzlicherer, in der
Geschichte beinahe unerhörter Mord das Erstaunen über
solche Dinge vermindern. Der junge, heldenmüthige Herzog von Enghien (Sohn des Herzogs von Bourbon), der
sich in den Rheinfeldzügen hervorgethan, lebte, mit Bewilligung des Churfürsten von Baden, ruhig auf seinem
Schlosse zu Ettenheim. Am 15. März 1804 wurde er,
nebst mehreren angesehenen Emigranten in Ettenheim und
Offenburg, auf deutschem Reichsboden von französischen Truppen aufgehoben und nach Paris gebracht.
Von hier schleppte man ihn nach dem Schlosse Vincennes, wo ihn, unter Vorsitz des Generals Murat, eine Mi-
litair-Commission erwartete. Der Herzog war von der
Reise so ermattet, daß ihm während des Verhörs die
Augen zufielen. Man beschuldigte ihn einer Menge feindseliger Anschläge gegen die Republik, die er mit Stolz
und Würde ablehnte. Ohne Weiteres verurtheilte ihn die
Commission zum Tode, ein Urtheil, welches bei einem
Kriegsgerichte nicht Wunder nehmen durfte, wo der
Spruch früher geschah, als das Verhör. Das Todesurtheil ward noch in derselben Nacht vollzogen und der
Herzog von Enghien — dem man nicht einmal zu dem,
selbst dem Verbrecher unbenommenen Tröstungen der Religion Zeit ließ — im Wäldchen von Vincennes erschossen. — Bonaparte suchte sich später von jedem Mitwissen
an diesem abscheulichen Morde loszusagen; doch ist es
unläugbar, daß, als die Richter um Bonaparte's letzten
Ausspruch anfragten, er selbst des Herzogs Tod befahl.
Der Mord war eben so grauenvoll als zwecklos; er war

eine der unerſprießlichen Schandthaten, die je begangen wurden. Talleyrand's todtkalt=diplomatiſcher Ausſpruch über dieſen Mord: „derſelbe ſey mehr, als ein Verbre= chen, er ſey ein Fehler geweſen!" iſt eben ſo fürchterlich herzlos, als treffend. Bonaparte's mathematiſches Gewiſ= ſen wollte lieber das Verbrechen, als den Fehler zugeben. Es war wohl Beides.

Wegen der damit verbunden geweſenen Verletzung des deutſchen Reichsbodens hatte, auf Bonaparte's Ver= anlaſſung, Talleyrand ſofort ſich mit dem Churfürſten von Baden verſtändigen müſſen. Was konnte der wehrloſe Fürſt Anders thun, als die Sache hingehen laſſen. So= mit blieb auch die Note, welche Rußland und Schweden über dieſe Verletzung des Reichsgebietes dem Reichstage zu Regensburg übergaben, ohne Folgen. Die franzöſiſche Regierung aber ſuchte dieſe verbrecheriſche Gewaltthat da= durch vor den Augen der Welt zu rechtfertigen, daß ſie die Gefahr, in welcher die Stellung der Republik, ja das Leben des erſten Conſuls ſelbſt durch Englands unabläſſige Anſchläge ſich befinde, mit möglichſt grellen Farben ſchilderte. Hierzu gab ihr die entdeckte Correſpondenz der beiden engli= ſchen Geſandten zu München und Stuttgart, Francis Drake und Spencer Smith, mit dem verſchmitzten Mehée de la Touche, welcher ſie täuſchte und ihren Briefwechſel der Bona= parte'ſchen Polizei verrieth, die beſte Gelegenheit. Die ganze Correſpondenz wurde im Moniteur abgedruckt, mit ſtar= ken Commentaren über den „wahren Charakter der eng= liſchen Diplomatie, die Niederträchtigkeit ihrer Agenten und der elenden Mittel, deren ſie ſich zu ihren Zwecken be= diene." Dieſe Anklage wäre, wenigſtens hinſichtlich der perſönlichen Handlungsweiſe Drake's und Smith's, die in deſſen Folge Deutſchland eilig verlaſſen mußten, nicht ſo ungerecht geweſen, hätte nur die franzöſiſche Diplomatie sich ganz ähnlicher Dinge nicht fortwährend schuldig gemacht und eben aus jenen Vorfällen die Veranlassung zu gleicher Handlungsweise entnommen. Eine Unzahl von Untersuchungen und Verhören entstanden aus diesen Ereignissen, die Bonaparte nicht unterließ, mit den schreiendsten Farben öffentlich zu schildern. Bei Enghiens Ermordung sprach man leiser. Bonaparte hatte für seine Schreier und Journalisten einen sehr beweglichen Tonmesser, der, je wie es Uebertreibung des fremden oder Beschönigung des eigenen Unrechts galt, der verschiedenartigsten Modulationen fähig war. Ihm zum Glück war das Blut des Volkes, welches er gängelte, zu sehr in Wallung, als daß es ein besonders feines Gehör hätte haben können. — In Hamburg ward der englische Geschäftsträger, Ritter Rumbold, von französischen Truppen aufgehoben und, nachdem man alle seine Papiere zusammengepackt, eingeschifft und nach Paris abgeführt. Man war bereits so sehr an völkerrechtwidrige Handlungen Frankreichs gewöhnt, daß man verlernt hatte, darüber zu erstaunen. Es bewirkte nur ein unbehagliches Auffahren in Deutschlands Starrschlummer. Da sich der König von Preußen, als niedersächsischer Kreisdirector, ernsthaft ins Mittel schlug, so wurde Rumbold kurz nach seiner Ankunft in Paris wieder frei gelassen. Seine Papiere, welche man, als einen neuen Beleg zu dem Verfahren Englands, öffentlich bekannt zu machen versprochen hatte, ließ man später ruhen. Wahrscheinlich hatten sie keinesweges die gewünschten Anklagegründe enthalten. Bonaparte ließ sich jedoch ein weites Feld für neue Gewaltschritte, indem er Englands diplomatisches Corps in Europa für ungültig und, als „systematischen Verletzer des Völkerrechtes," außer dem Gesetze erklärte. Welches Gesetz konnte, wenn den „systematischen Verletzer des Völ-

kerrechts" wirklich ein solches Loos ereilte, dann Bona=
parte für sich in Anspruch nehmen?!

Unaufhaltsam eilte Bonaparte seinem größten Höhe=
puncte entgegen. Die Verschwörungen, die man entdeckt
hatte oder entdeckt zu haben glaubte, beförderten seinen
Lauf. Am 27. März 1804 überreichte der Senat dem
ersten Consul eine Adresse, worin er ihm für die Mit=
theilung der, Drake betreffenden Actenstücke dankte und
zugleich offener Bonaparte's Bestimmung aussprach. Es
sollte „sein System ihn überleben, die durch ihn gegründete
neue Aera auch von ihm verewigt" werden; denn „der
Glanz sey nichts ohne Dauer." „Die Republik solle nicht
ihren Steuermann verlieren können, ehe ihr Schiff an
unerschütterlichen Ankern befestigt wäre," und „die Ruhe
Frankreichs sey das sichere Unterpfand der Ruhe Euro=
pa's." Bonaparte's Antwort war freilich keine ableh=
nende, und nunmehr trat (30. April) Curée im Tribunal
mit dem offenen Antrage hervor: die Regierung der Re=
publik einem Kaiser anzuvertrauen, und das Reich erblich
in der Familie des dermaligen ersten Consuls, Napoleon
Bonaparte's, zu machen. Niemand wagte gegen diesen
Vorschlag zu sprechen; nur der alte Carnot, dessen eiser=
ner Kopf noch immer den wilden Todtentanz der Revo=
lution fortträumte, erhob kühn seine Stimme dagegen.
Der gemachte Wonnejubel der Bonaparte'schen Partei
übertäubte des Greises kraftvolle Worte. Man wollte
nichts mehr wissen von den Bourbonen, die in dem Wahne
gestanden hätten: „daß der Weg nach Frankreich über
England gehe." Der Moniteur, gänzlich dem Einflusse
des ersten Consuls hingegeben, wimmelte täglich von
Adressen, worin Gemeinden, Städte und Corporationen,
ihrem sehnsuchtvollen Wunsche nach einem erblichen Kai=
serthume Worte gaben, und von allen Seiten kam ihm

die freundliche Einladung: den Thron Carls des Großen
einzunehmen. Am 20. Mai wurde Napoleon Bonaparte
in Paris feierlich als Kaiser der Franzosen proclamirt.
Er durfte, bei Ermangelung eigener männlicher Erben,
Söhne oder Enkel seiner Brüder adoptiren. Diese Einrichtung ward von ihm wahrscheinlich in Rücksicht auf
den Sohn seiner, ihm besonders theuren Stieftochter,
Hortense Beauharnais, getroffen. Nach Napoleon und
seinen leiblichen oder adoptirten Nachkommen, ging die
Thronfolge auf seine Brüder, Joseph und Ludwig über.
Seine andern Brüder, Hieronymus und Lucian hatten
durch Heirathen, die gegen seinen Willen liefen, die Nach-
folge verscherzt; Lucian, dem Napoleon den Vorwurf gemacht, daß er seine Geliebte geheirathet, vielleicht noch
besonders durch die bezügliche Antwort: „es sei doch besser, seine eigne Geliebte, als die eines Fremden zu heirathen. —"

Nicht ohne eine gewisse Aengstlichkeit hatte Bonaparte
vermieden, sich den Titel anzumaßen, welchen die früheren Beherrscher Frankreichs geführt hatten, nämlich den
eines Königs. Er wünschte weder die Fortsetzung,
noch den Sturz des Königthumes in seiner Würde zu
bezeichnen; erstere zu repräsentiren, war er zu hochmüthig,
an letzteren fortdauernd zu erinnern, nicht entschlossen genug. Er glaubte also den Namen eines Usurpators am
besten abzulehnen, wenn er, ohne an alte Verhältnisse zu
erinnern, plötzlich in einer neuen, noch nicht dagewesenen
Würde auftrete, die, nachdem die vorangegangene Revolution das Bestehende daniedergeworfen, gleichsam aus
sich selbst entsprungen dastehe. Das Kaiserthum sollte,
eine neue Aera, emportauchen, ohne das frühere König-
nigthum gerade zu widerlegen. Beide Würden sollten,
als selbstständige Epochen, einander folgen; der Kaiser in

die Legitimität der früheren Könige eintreten. Es lag in dieser Ansicht eben so etwas Unsicheres, als in dem Schritte selbst etwas Unschlüssiges, der Beweis eines Mangels an eigener Aechtheit. Bonaparte spielte damit die Rolle eines gemachten Königs, der aus Verlegenheit Kaiser wird und, unfähig, eine ruhige Höhe zu behaupten, dem Höchsten zutaumelt — einem Throne, „den (wie er sich ausdrückte) seine Nachkommen lange einnehmen sollten." Dennoch bedurfte dieser jähe Sprung, den der Ehrgeiz des kühnen Emporkömmlings mit allerhand romantischen Floskeln, namentlich mit steten Vergleichungen zu Carl dem Großen aufputzen ließ, auch eines äußeren, angemessenen Gegengewichtes; und so erklärte, durch ein Pragmaticalgesetz vom 11. August, der durch seine Stellung und die Umfassenheit seiner Mittel hierzu unter allen deutschen Monarchen am meisten berechtigte römisch-deutsche Kaiser, Franz II., sich als Franz I., Erbkaiser von Oesterreich. Der Ton dieser Erklärung sprach es am besten aus, wie wenig persönlicher Ehrgeiz diese Rangerhöhung leitete, daß nur die Würde des österreichischen Staatenvereines den schon durch sich selbst so hochgestellten Monarchen dazu veranlaßte, und daß — nachdem die „Würde, zu welcher er durch göttliche Fügung und durch die Wahl der Churfürsten bereits gediehen, ihm für seine Person keinen Zuwachs an Titel und Ansehen zu wünschen übrig ließ, nur als Regent des Hauses Oesterreich seine Sorgfalt dahin gerichtet seyn mußte, daß jene vollkommene Gleichheit des Titels mit den vorzüglichsten europäischen Mächten aufrecht erhalten werde, welche den Souverainen Oesterreichs sowohl in Hinsicht des uralten Glanzes Ihres Erzhauses, als vermöge der Größe und Bevölkerung Ihrer, so beträchtliche Königreiche und unabhängige Fürstenthümer in sich fassenden Staaten gebühre und durch Tractate gesichert sey." Dabei sollten den einzelnen Ländern die bestehenden Verfassungen und Vorrechte unverändert gesichert bleiben und alle bisherigen Verhältnisse der deutschen Erbstaaten zu den allgemeinen deutschen Reichs = und Kreisangelegenheiten aufrechtgehalten werden.

Bonaparte hatte Ursache, den österreichischen Kaisertitel schleunigst anzuerkennen, da er auf unendlich schwächerem Grunde fußend, dieselbe Anerkennung für sich in Anspruch nahm. Auch die andern europäischen Mächte erkannten nach einander die österreichische Kaiserwürde an; nur Schweden, Rußland und England zögerten, rücksichtlich ihrer gespannten Verhältnisse zu Frankreich, mit dieser Anerkennung. Man würde sich in Frankreich nicht wenig gefreut haben, wenn diese anfängliche Zögerung Englands zu einem Bruche zwischen ihm und Oesterreich geführt hätte. Aber nach Rußlands Beispiele folgte auch England bald mit seiner Anerkennung der österreichischen Kaiserwürde.

Die Protestation, welche der König von Frankreich, Ludwig XVIII. gegen den französischen Kaisertitel vor mehrern deutschen Höfen erhoben haben sollte, erregte, wie wenig sie auch damals von wirksamen Folgen hätte seyn können, dennoch Bonaparte's Aerger, da er seiner Wahl gern den Anstrich der Legitimität gegeben und diesem Wunsche sogar bedeutende Opfer gebracht hätte.

Die fixe Idee Bonaparte's, in sich das Glanzbild Carls des Großen zu erneuen, hatte sich in seinem Gehirne so fest gesaugt, daß er ihr mit einer zwar phantastisch erhitzten, übrigens aber ängstlichen historischen Copistentreue nachzukommen sich anstrengte. Dies trieb ihn auch, sich in Paris vom Papste salben zu lassen, ein Prunk, der übrigens des politischen Zweckes entbehrte.

Die Ermordung Enghiens hatte nicht sowohl Schrecken — gegen diesen hatte man bereits abgestumpft werden können — als vielmehr jenen unendlichen Schmerz
in Deutschland aufgewühlt, der weniger von der Einzelheit, als von der Menschheit in ihren Gesammtgefühlen
empfunden wird. Die Schritte auf dem Reichstage zu
Regensburg waren, wie wir schon vernommen, vergeblich
gewesen. Dagegen setzte der gefühlvolle junge Kaiser
Alexander von Rußland, tief ergriffen von dieser Unthat,
seine Erklärungen gegen ein solches Verfahren mit der
Ausdauer des Rechtgefühles fort. Doch erhielt er auf
seine Vorstellungen frostige, selbst in der Form nachlässige
Antworten, besonders auch, was die geforderte Erfüllung
der von Frankreich übernommenen Verbindlichkeiten an-
langte. Rußlands letzte Note hob, ohne jedoch eine feindselige Aussicht zu eröffnen, alle Verbindung mit Frankreich auf. Der Ton derselben war würdevoll und energisch. Der Kaiser erklärt: sich darin mit Bedauern gezwungen, „allen weiteren Verkehr mit einer Regierung
aufzugeben, welche sich weigere, ihre Verbindlichkeiten zu
erfüllen, welche die Rücksichten vernachlässige, die sich
Staaten einander schuldig, von welcher der Kaiser seit
Erneuerung der Verhältnisse zwischen beiden Staaten,
täglich anwachsende Unannehmlichkeiten zu ertragen gehabt. Indeß um Menschenblut zu schonen, werde der
Kaiser bei dieser Maßregel stehen bleiben, worauf sich zu
beschränken die wechselseitige Lage Rußlands und Frankreichs ihm erlaube. Beide Mächte könnten alles Verkehrs
mit einander entbehren, und so sey es besser, nichts mit
einander zu thun zu haben. Wie die französische Regierung allein diesen Zustand der Dinge herbeigeführt habe,
so werde auch die Entscheidung der Frage, ob Krieg darauf
folgen solle oder nicht, von ihr allein abhangen. Sollte

sie durch neue Herausforderungen, Ungerechtigkeiten und Bedrohungen der Sicherheit Europa's den russischen Hof zum Kriege zwingen; so werde der Kaiser die letzten Hilfsmittel einer gerechten und nothwendigen Vertheidigung mit eben so vieler Energie anzuwenden wissen, als er Geduld bewiesen in der Erschöpfung der Mittel, welche die Mäßigung geboten, so lange es die Ehre und Würde der Krone gestattet habe." Bonaparte's Erklärungen darauf waren glatter und ausweichender Natur, und man konnte abnehmen, daß dieses schwankende, gereizt-neutrale Verhältniß zwischen den beiden Mächten nicht fortbestehen könne, sondern einer Entscheidung entgegeneile. Wie konnte auch, bei den groben und geflissentlichen Verletzungen, die sich Frankreich gegen alle Bestimmungen des Lüneviller Friedens erlaubte, an ein bestehendes gutes Vernehmen zu denken seyn? — Das deutsche Gebiet war mehrfach verletzt, Italien unter Bonaparte's eiserne Krone gezwängt, Genua derselben einverleibt, Holland, unter dem Anscheine der Freiheit, allen Launen und Willkühren der unersättlichen Mutterrepublik hingegeben, die Schweiz in einen Schild für Frankreich umgewandelt!

Oesterreich konnte sich noch immer von dem, mehr und mehr in ein bloßes Ideal zusammenschwindenden Wunsche, den Frieden zu erhalten, nicht trennen; es traute dem Manne, dessen Geistesgröße ihn aus der unbekannten Dunkelheit seines Standes zum Beherrscher eines mächtigen Volkes und einer ganzen Zeit gemacht hatte, auch Seelengröße zu, hoffte, daß, wie er der Bezwinger der innern Revolution geworden war, er nunmehr auch der Schöpfer und Wiederhersteller der Ruhe und Sicherheit Deutschlands werden solle. Es wollte dem Glücke des Ganzen eigene Opfer darzubringen sich nicht weigern und wegen einzelner Anmaßungen Frankreichs noch nicht dessen gan-

jes System treulos finden. Dieser schöne Glaube reiste
freilich einer bittern Täuschung entgegen; doch Oesterreich
wußte, nachdem es diesem Glauben duldende Opfer gebracht hatte, ihn auch zu rächen. Mit Recht findet ein
berühmter politischer Schriftsteller in dieser vertrauungs-
vollen Mäßigung den persönlichen Charakter des Kaisers
Franz wieder, da „an seinem friedlichen Gemüthe, an
seinem anspruchlosen Eifer für das Gute, an seiner red-
lichen und zärtlichen Besorgtheit für die Wohlfahrt und
Zufriedenheit seiner Völker sich jedesmal der Stachel der
Beleidigungen abgestumpft habe." Oesterreich suchte auch
bei den abermaligen Kriegsstürmen, welche zwischen Rußland und Frankreich hereinzubrechen drohten, bis zum
letzten Augenblicke vermittelnd und begütigend einzuschrei-
ten. Es lud beide Mächte zu Erneuerung der Negozia-
tion ein, und Kaiser Franz bot — da er seine Hoffnungen auf die von dem Souverain Frankreichs feierlich angekündigten friedlichen Gesinnungen noch nicht aufgeben
könne — seine Vermittelung an, mit dem Wunsche, von
dem Berliner Hofe hierin unterstützt zu werden. Der
Vermittelungs-Antrag ward abgelehnt und Frankreichs
Fragen an Oesterreich nahmen einen dringendern und
übermüthigern Ton an. Es forderte Erklärung über die
Ursachen zu Oesterreichs Rüstungen und über seine Gesinnungen im Allgemeinen, besonders in Hinsicht einer
Vereinigung mit Rußland, dessen Truppen, um den Friedensunterhandlungen den Nachdruck einer mächtigen Be-
obachtungs- und Vermittelungsrüstung zu geben, in Galizien einrückten, da der Kaiser Alexander — belehrt durch
frühere Erfahrungen mit Frankreich und um seinen augen-

---

*) Gentz: Fragmente aus der neuesten Geschichte des politi-
schen Gleichgewichts in Europa. St. Petersburg, 1806.

scheinlich bedrohten Bundesgenossen, auf den Fall des Angriffs, mit kräftiger Hilfe zur Hand zu seyn — „den Fa-
den der abgebrochenen Unterhandlungen" nicht ohne eine
solche Vorsicht wieder anknüpfen wollte. — Die Erklärung des Wiener Hofes auf Frankreichs lauschende Frage
lautete würdevoll und gemäßigt: „Oesterreich wünscht den
Frieden. Allein die Aufrechthaltung des Friedens zwischen
zwei Mächten besteht nicht blos darin, daß sie sich nicht
angreifen; sie beruht eben so wesentlich auf Erfüllung der
Verträge, welche den Frieden gründeten. Die Macht,
welche diese Verträge in wesentlichen Puncten bricht und
auf Vorstellungen darüber keine Abhilfe leistet, ist der an-
greifende Theil. Der Friede zwischen Oesterreich und Frankreich beruht auf dem Tractat von Lüneville. Ein Artikel
dieses Tractats garantirt die Unabhängigkeit der italienischen Republiken und versichert ihnen die Freiheit, ihre
Regierungsverfassung nach eigener Wahl zu ordnen. Jede
Unternehmung, wodurch diese Staaten bestimmt werden,
eine Regierungsart, eine Verfassung, einen Herrn anzunehmen, ohne freie Wahl, ohne Beibehaltung ihrer politischen Unabhängigkeit, ist eine Verletzung des Lüneviller
Friedens, und Oesterreich ist berechtigt, auf deren Zurück-
nahme zu bringen und zu bestehen. Die öffentliche Ruhe
ist gestört, wenn eine Macht von Rechten des Sieges nach
dem Frieden fortspricht; wenn sie ihre Würde durch gegründete Vorstellungen für beleidigt hält, während ihre
eignen öffentlichen Blätter einen Monarchen nach dem
andern angreifen, wenn sie sich zum alleinigen Schiedsrichter über das Schicksal der Völker aufwirft, andere
Mächte von der Theilnahme an Aufrechthaltung des allgemeinen Gleichgewichtes ausschließen will und den Vorstellungen derer, die der Gefahr am nächsten liegen, mit
Drohungen begegnet. Diese Macht ist es, die zur Be-

8 *

waffnung und zur Verbindung die Anderen auffordert.
Und so ist Oesterreich von Frankreich stufenweise aufge=
fordert worden. Oesterreich hat auf's Pünctlichste den
Tractat von Lüneville beobachtet, hat sich nachgiebig be=
wiesen bei den Regensburger Verhandlungen, hat die Prä=
sidentschaft in der italienischen Republik, hat die neue
Kaiserwürde in Frankreich anerkannt, voll Vertrauens in
die öffentlichen und feierlichen Versicherungen, womit der
Kaiser seine Entfernung von allen Vergrößerungs=Absich=
ten und von aller Verletzung der Unabhängigkeit der ita=
lienischen Staaten betheuerte. Und als darauf die ersten
Gerüchte von neuen nahen Veränderungen in den Staa=
ten der Lombardei den österreichischen Botschafter zu Pa=
ris bewogen, Erklärungen über diesen Gegenstand zu ver=
langen, wurde der Wiener Hof in seinem Vertrauen noch
durch die officielle Versicherung bestärkt, welche demselben
im Namen des Kaisers Napoleon gegeben wurde: daß
die Republiken Italiens mit Frankreich nicht vereinigt und
keine, ihrer politischen Unabhängigkeit nachtheiligen Neue=
rungen gemacht werden würden. Europa mag darüber
richten, ob diese Versicherungen gehalten worden sind.
Die Errichtung eines Königreichs in Italien ließ durch
die Beschränkung, daß es im Frieden getrennt und unab=
hängig bestehen sollte, noch Hoffnung, daß die Bedingun=
gen des Tractates könnten aufrecht erhalten werden. Auch
that der französische Kaiser einen friedfertigen Schritt ge=
gen England. Aber gerade in dem Augenblicke, da Kai=
ser Alexander auf Ansuchen Englands einen Bevollmäch=
tigten zu Friedensunterhandlungen nach Paris sendet und
der französische Kaiser Pässe schickt, werden neue Gewalt=
thätigkeiten gegen die politische Existenz anderer unabhän=
gigen italienischen Staaten ausgeübt und große Lager in
Italien versammelt. Kaiser Alexander war beleidigt und

Oesterreich ward genöthigt, auf die Vertheidigung seiner
Rechte und die Beschützung der Würde seines Reiches zu
denken. Dies ist der Grund der gegenwärtigen Rüstun=
gen, den Frieden zu erhalten, der zwischen Oesterreich und
Frankreich besteht, die Bedingungen desselben zur Erfül=
lung zu bringen und einen Vergleich zu stiften, der das
Gleichgewicht und die dauerhafte Ruhe Europa's zu
sichern vermöchte. Der französische Kaiser hat Oesterreichs
Vermittelung anzunehmen sich geweigert; Oesterreich wie=
derholt sein Anerbieten, zumal da der Kaiser Alexander es
angenommen hat. Nur um seiner Dazwischenkunft Ge=
wicht und Nachdruck zu geben, läßt es einen Theil seiner
Truppen vorrücken. Beide Kaiserhöfe von Oesterreich
und Rußland erklären nun feierlich: daß sie bereit sind,
mit dem französischen Hofe über die Erhaltung des Frie=
dens auf dem festen Lande unter den gemäßigtesten, mit
der allgemeinen Ruhe und Sicherheit vereinbarlichen Be=
dingungen in Unterhandlung zu treten; daß auch im Falle
eines Krieges sie sich gegenseitig verpflichtet haben, sich
durchaus nicht in die innern Angelegenheiten Frankreichs
zu mischen, noch den dermalen gesetzmäßig im deutschen
Reiche eingeführten Zustand der Besitzungen und Ver=
hältnisse abzuändern, noch auf irgend eine Weise die
Rechte und das Interesse der Pforte zu verletzen, de=
ren Integrität sie vielmehr nach Kräften zu vertheidigen
bereit sind; daß auch Großbritannien eine gleich gemäßigte
Friedensneigung zu erkennen gegeben habe." —

Diese Erklärung Oesterreichs verdiente um so mehr, hier
ihrem ganzen Hauptinhalte nach wiedergegeben zu werden,
weil sie, wiewohl mit möglichster Schonung, eine äußerst
treffende Schilderung des Zustandes der Dinge, besonders
aber des Bonaparte'schen Systems gewährt. Dieses mit
seiner Selbstempfindlichkeit und seiner burschicosen Hintan=

ſetzung aller ſchuldigen Rückſichten gegen Andere, war
durch dieſe Note ernſt und ſtrafend charakteriſirt, obgleich
darin noch eine Nachſicht, ein edel=ſtolzes Ueberſehen ſo
vieler muthwilligen Beleidigungen lag, daß Oeſterreich
hierdurch eben ſo ſehr ſeine Würde bewahrte, als ſeine
Bereitwilligkeit zu Erhaltung des Friedens und Erneuerung befreundeter Verhältniſſe bekundete. Es war ein
wahrer, fleckenloſer Spiegel, den Frankreich von einem
ſtrafenden Freunde ſich hier vorgehalten ſah.

Ein feurigerer Sinn, als bisher, ſchien Europa mit
einem Male zu durchglühen. Auch Schweden trat in eine
Convention mit dem gegen Frankreich allezeit ſtreitferti-
gen England. Nur Preußen vermochte es noch nicht über
ſich, die ergriffene Neutralität aufzugeben, und ſchlug dadurch ſchmerzlich die Hoffnungen nieder, welche Deutſchland auf dieſen, ſeiner Lage wie ſeinen Mitteln nach ſo
ſehr zu ſeinem Wächter und Beſchützer geeigneten Staat
ſetzte. Die franzöſiſchen Blätter unterließen nicht, ſich
lobend über dieſe Neutralität auszuſprechen.

Die öſterreichiſchen Heere traten vom 1. September
1805 an auf den Kriegsfuß. Zu gleicher Zeit überſchritt
das erſte ruſſiſche Heer Gallizien. Der Erzherzog Carl
führte das Commando über die Oeſterreicher in Italien,
Erzherzog Ferdinand, unter ihm Mack, das in Deutſchland.

Die Hauptmacht der Franzoſen richtete ſich gegen das
ſüdliche Deutſchland. Bonaparte, gewöhnt, alle Kräfte
in einen Punct zu ſammeln und daher auf der Stelle
des Angriffs immer der Stärkere zu ſeyn, hatte lieber
eroberte und einverleibte Länder für den Augenblick gleichſam aus der Hand gegeben, als ſeine Kräfte zerſplittert.
Er entblöſ'te Holland und Hannover beinahe gänzlich von
Truppen, eben ſo Neapel, da ihm dieſes, falls es ſeine

Neutralität verletzte, immer noch sicher genug blieb. Daß er sich diese Räumung nebenbei noch zur besonderen Großmuth anrechnen ließ, versteht sich von selbst. Nirgend zeigte sich übrigens Bonaparte's concentrischer Blick und das rasch Zusammenstimmende seiner Kriegskunst deutlicher und wirksamer, als in dem kommenden Feldzuge. Den Operationen der Verbündeten dagegen fehlte eben das, wodurch Bonaparte siegte: nämlich jenes vereinigende, zusammenhaltende System, jene siegende Einheit des Schlages. Baiern, von welchem man mit Recht erwarten durfte, daß es bei einem Kriege, der Deutschlands Recht und Unabhängigkeit galt, sich nicht von der allgemeinen Sache entfernen werde, wurde von Oesterreich zum Beitritte eingeladen. Der Churfürst versprach, seine Truppen mit den österreichischen zu vereinigen, verlangte jedoch Aufschub, um seinen in Frankreich reisenden Sohn, den Churprinzen, nicht in Gefahr zu stürzen. Aber kaum war der Ueberbringer dieser Nachricht nach Wien abgesendet, als der bairische Hof in der Nacht vom 8. zum 9. September plötzlich von Nymphenburg nach Würzburg eilte und die bairischen und schwäbischen Truppen, auf Befehl des Churfürsten, sich in die fränkischen Provinzen zogen und sich am 30. September mit den Franzosen vereinigten. Da schon früher, unter Aufsicht eines französischen Generals, alles in Baiern befindliche Geschütz nach Würzburg abgeführt und die Truppen ebenfalls zum Aufbruche dahin befehligt worden waren, so unterlag es keinem Zweifel, daß das Münchner Ministerium schon länger diesen Entschluß gefaßt und also dieses wortbrüchige Verfahren nicht die Folge einer augenblicklichen Verwirrung war. Die Anklage: „daß der Churfürst untreu geworden an seinem als Mann und Fürst gegebenen Worte, untreu an seinem Volk und seinem Kaiser, an

Kaiser Alexanders geprüfter Freundschaft, an Deutschlands und Europas Sicherheit und Wohl, so von dem
Ausgange dieses durch Frankreich erzwungenen Krieges
abgehangen" — war daher eine schwere, aber eine gerechte, gegen welche Baiern sich vergebens zu rechtfertigen
suchte. Umsonst versuchte man österreichischer Seits noch
in Würzburg, den Churfürsten zu Erfüllung seines Ver-
sprechens und seiner Pflicht zu bewegen.

Am 8. September gingen die Oesterreicher bei Scharding und Wasserburg über den Inn. Die bairischen
Truppen, in denen sie Bundesgenossen zu finden gehofft
hatten, wichen ihnen allenthalben aus und zogen sich eilig
nach Würzburg. Am 14. rückten die Oesterreicher in
München ein. Kaiser Franz selbst kam ins Hauptquartier
zu seinem Heere und reiste am 26. nach Wien zurück.

Am 23. September begab sich Napoleon, der von
Boulogne nach Malmaison zurückgekehrt war, im feierlichen Zuge und unter Abfeuerung der Kanonen in den
Senat, wo er nicht unterließ, die kommenden kriegerischen Ereignisse in einer hochtrabenden Rede anzukündi-
gen: „Die Wünsche der ewigen Feinde des festen Landes sind erfüllt; der Krieg hat mitten in Deutschland
seinen Anfang genommen. Oesterreich und Rußland haben sich mit England vereinigt, und das jetzige Geschlecht
ist aufs neue allen Schrecknissen des Krieges preisgegeben. Noch vor wenig Tagen hoffte ich, der Friede werde
nicht gestört werden; ich ertrug Drohungen und Beleidigungen. Aber die österreichische Armee hat den Inn überschritten, München ist besetzt, der Churfürst von Baiern
aus seiner Heimath vertrieben. Die Bosheit unserer ewigen Feinde hat sich enthüllt; sie fürchteten meine Frie-
densliebe (!). Ich seufze über das Blut, das dieser
Krieg Europa kosten wird; aber der französische Name

wird dadurch nur neuen Glanz gewinnen. Obrigkeiten, Soldaten, Bürger, Alle wollen das Vaterland frei erhalten von dem Einflusse Englands, welches, wenn es die Oberhand gewönne, uns nur einen Frieden voll Erniedrigung und Schande zugestehen würde, und dessen Hauptbedingungen wären: Verbrennung unserer Flotten, Verschüttung unserer Häfen und Vernichtung unserer Industrie. Alle Verheißungen, die ich dem französischen Volke that, habe ich gehalten; so wie seinerseits das französische Volk keine Verpflichtungen auf sich nahm, die es nicht übertroffen hätte. In diesem, für seinen und meinen Ruhm so wichtigen Verhältnisse wird es fortfahren, den Namen des großen Volkes ferner zu verdienen, mit dem ich es auf den Schlachtfeldern begrüßte. — Franzosen! Euer Kaiser wird seine Pflicht thun, meine Soldaten die ihrige, Ihr die Eurige!" — —

Am 2. October ward zu Ludwigsburg ein Allianz-Tractat zwischen Frankreich und Wurtemberg abgeschlossen. Letzteres schien jedoch nur zu bald Reue über diesen Schritt zu empfinden. Der würtembergische Staatsminister Graf Winzingeroda hatte sich schon früher in einer Note über das Benehmen des Marschalls Ney gegen Stuttgart beschwert, weil dieser sich mit Gewalt den Durchmarsch erzwungen hatte. Auf welche Weise sich Napoleon Bundesgenossen zu verschaffen wußte, ging aus des Churfürsten von Würtemberg eigener Erklärung am besten hervor. Napoleon hatte ihm geradezu gesagt: wer nicht mit ihm sey, sey wider ihn. Wolle sich der Churfürst widersetzen, so werde man sein Land als eroberte Provinz behandeln. Auf des Churfürsten Einwendung: daß seine Stände nicht einwilligen würden, erwiderte Napoleon kurzweg: „Gegen diese will ich Sie schützen." — Auch der Churfürst von Baden mußte, nachdem die

Franzosen seine Residenz und einen Theil seines Landes
besetzt hatten, sich zu einem, dem Würtembergischen ähn=
lichen Allianztractate verstehen. Pariser Blätter beeilten
sich mit der Nachricht, daß Baiern, Würtemberg und
Baden gemeinschaftliche Sache mit Frankreich gemacht, und
waren so gefällig, ihnen daraus „neuen Glanz" zu pro=
phezeien. Dergleichen politische Wahrsagereien wurden in
Paris fabrikmäßig betrieben.

Napoleon, nichts so sehr berücksichtigend, als den kür=
zesten Weg, wußte sich diesen, freilich nicht ohne Aufbie=
tung vertragswidriger Mittel, aufzufinden. Bernadotte,
Marmont und die Baiern sollten auf der kürzesten Linie
nach Nördlingen vordringen. Um diese zu gewinnen
mußte freilich das neutrale preußische Gebiet überschritten
werden. Napoleon besaß für derlei Bedenklichkeiten —
die halb politischer, halb moralischer Natur waren — ei=
nen gewissen springenden Leichtsinn; als man ihm daher
vorstellte, daß Preußen eine solche Verletzung seines Ge=
bietes mit den Waffen in der Hand rächen werde, sagte
er leichthin: „Ei, darum wird es dies wohl nicht thun!"
Er diente bei solchen Gelegenheiten nur dem Augenblicke
und ließ die Zukunft und ihre Gefahren wiederum für
sich selbst sorgen. Leider hatte ihm Preußen, durch sein
unkräftiges Benehmen seit dem Baseler Frieden, Grund
zu solcher Sorglosigkeit gegeben! — Am 3. October brach
Bernadotte aus dem Würzburgischen nach Uffenheim in
preußisches Gebiet und setzte, den fortwährenden Prote=
stationen aller Behörden zum Trotz, seinen Marsch durch
das neutrale Land über Anspach, Gunzenhausen und
Weißenburg fort, während Marmont und das bairische
Armeecorps unter Wrede durch das Anspachische vordran=
gen. Ohngeachtet der strengen Verbote verübten die fran=
zösischen Truppen auf dem neutralen Gebiete wiederholte

Excesse. Durch diesen Marsch, der freilich nur mit Hint=
ansetzung aller völkerrechtlichen Vorschriften, mit Verletzung
aller neutralen Verhältnisse bewerkstelligt werden konnte,
waren die Oesterreicher, welche eine Stellung an der Iller
angenommen hatten, im Rücken umgangen. Mack, durch
die Wendungen der Franzosen irre gemacht, und des An=
griffs sich immer nur vom Westen her versehend, über=
dieß auch noch durch falsche Gerüchte von einer in Frank=
reich ausbrechenden Gegenrevolution getäuscht, hielt die
nordöstlichen Bewegungen zu lange für ein bloßes mili=
tairisches Trugspiel, angestellt, um ihn aus seiner Stel=
lung zu locken. Murat erzwang sich bei Donauwert den
Uebergang über die Donau, marschirte nach dem Lech zu
und erleichterte durch Besetzung der Lechbrücke den übri=
gen Corps den Uebergang bei Donauwert. Mack hatte
endlich sein Hauptquartier von Mindelheim nach Ulm
verlegt; er dehnte nordostwärts seine Stellung bis Günz=
burg aus. Der von ihm mit einem Corps nach Wer=
tingen entsendete Feldmarschall Auffenberg wurde von
Murat's Reiterei überfallen, sein Corps, trotz tüchtiger
Gegenwehr, namentlich von Seiten der Cürassiere, zer=
sprengt und er selbst mit vielen der Seinigen gefangen.
Bei Günzburg kam es am 9. October zu einem äußerst
hartnäckigen Gefechte, in welchem die Oesterreicher, ange=
führt vom Erzherzog Ferdinand, heldenmüthigen Wider=
stand leisteten. Dennoch gelang es den Franzosen, unter
heftigem Flintenfeuer vom rechten Ufer her, die untere
Brücke bei Günzburg zu überschreiten. Der General
d'Aspre fiel, mit vielen Leuten, in Feindes Hand. Die
französischen Armeecorps zogen sich immer dichter zusam=
men, um die Oesterreicher in einen Halbkreis einzuschlie=
ßen. Die Einnahme von Memmingen (14. October) er=
leichterte den Plan der Franzosen, die Oesterreicher von

Tyrol abzuschneiden. Mack würde wohl besser gethan
haben, vor der gänzlichen Einschließung die Entscheidung
einer Schlacht zu suchen; statt dessen wich er dem Feinde
allenthalben aus. Am 10. October zog er mit seinen
Truppen durch Ulm auf das linke Donauufer und nahm
hier eine Stellung in dem kleinen Dorfe Blau. Die
Franzosen erhielten dadurch jenseit völlig freies Spiel.
Am 11. October wurde die Division Dupont von einem
österreichischen Corps angegriffen und mit starkem Verluste bis Gundelfingen und Lauingen zurückgeworfen;
doch mußte der General Kienmaier am nämlichen Tage
München räumen und sich an den Inn zurückziehen.

Nachdem Mack's Unthätigkeit es so weit hatte kommen lassen, wäre nunmehr wenigstens eine weise Vorsicht
an ihrem Platze gewesen, und diese rieth allerdings, einen
ehrenvollen Rückzug größerem Verluste vorzuziehen, und
hierzu wäre wohl der Weg über Nördlingen nach Böhmen gewesen, da General Werneck's Corps bei Heidenheim die Vereinigung der Franzosen von Aalen und Gmünd
mit dem Nordufer der Donau zu hindern strebte. Mack
sendete zwar den General Jellalich auf das rechte Donauufer bei Ulm, um den angeblich beabsichtigten Abmarsch
des Heeres zu decken; aber eigentlich war es ihm nicht
Ernst mit diesem Abmarsche; vielmehr hegte er — blind-
gläubig den Schwindeleien betrügerischer Spione ver-
trauend — die feste Ueberzeugung, der Feind werde am
nächsten Morgen bis auf den letzten Mann abgezogen
seyn. Die Franzosen hatten inzwischen Ulm auf allen
Seiten umzingelt. Napoleon, der unter diesen Umständen mit Gewißheit eine Schlacht erwartete, vergaß nicht,
in seiner gewohnten bombastvollen Weise seine Soldaten
zu ermuntern. „Das feindliche Heer, irregeführt durch
unsere Manoeuvers und die Schnelligkeit unserer Bewe-

gungen, ist völlig umgangen. Es schlägt sich nur noch um seine Rettung; es würde gern entfliehen und in seine Heimath zurückkehren, wenn es noch Zeit wäre. Soldaten! ohne diese Armee, die vor Euch steht, wären wir heut in London, hätten den Schimpf von sechs Jahrhunderten gerächt und den Meeren die Freiheit wieder gegeben. Englands Bundesgenossen sind es, gegen die Ihr Euch morgen schlagt! Der morgende Tag wird hundertmal größer seyn, als der von Marengo; Ihr werdet die Bewunderung der künftigen Generationen seyn. Den Feind nur besiegen, genügt uns nicht. Nein, nicht ein Mann von der feindlichen Armee darf davon kommen!" — Diese Rede mit all ihren klangvollen Floskeln war eigentlich in den Wind gesprochen, da die Schlacht, welche sie verkündete, gar nicht geschlagen wurde, sondern nur einzelne Gefechte vorfielen. Das blutigste und wichtigste unter denselben war das bei Elchingen. Die Oesterreicher widerstanden lange; zuletzt aber fielen Brücke und Stadt in die Hände der Franzosen. Auch aller Brücken über die Iller bis Unter- und Oberkirchburg bemächtigten sie sich, des General Werneck's Corps bei Heidenheim wurde durch Ney von der Hauptarmee bei Ulm abgeschnitten, Ulm immer enger von drei Seiten eingeschlossen. Gleichwohl konnte sich Mack noch immer nicht von der fixen Idee trennen, daß am andern Morgen kein Franzose sich mehr blicken lassen werde. Er ermunterte daher die Einwohner, nur noch auf einige Tage Sorge für seine Armee zu tragen und dies um so bereitwilliger zu thun, da „der nicht mehr zu bezweifelnde Rückzug des Feindes" ihnen sehr bald Ruhe und Erleichterung bringen werde. Die österreichischen Generale, Stabs- und Oberofficiere aber forderte er im Namen ihres Kaisers auf: „das Wort: Uebergabe, nicht mehr hören zu lassen, sondern

nur an hartnäckigen Widerstand zu denken, der ohnehin
nicht von Dauer seyn dürfe, da ein russisch-österreichi-
scher Entsatz nahe sey. Die Franzosen, durch das fürchterliche Unwetter und durch Mangel an Lebensmitteln ge-
quält, könnten sich nur noch einige Tage in der Gegend
halten. Auch könnten sie, wegen der Breite der Wasser-
gräben, nur in sehr schmalen Abtheilungen stürmen, daher
es ein Leichtes sey, die Stürmenden niederzuhauen oder
gefangen zu nehmen. Und ein Mangel an Lebensmitteln
sey bei 3000 Pferden noch nicht zu befürchten." — Dieser Generalbefehl erfolgte, nachdem der Michelsberg und
die äußeren Verschanzungen bereits von den Franzosen
erstürmt und Ulms gänzliche Einschließung bewerkstelligt
war. Zum Glück hatten der Erzherzog Ferdinand und
der Fürst Schwarzenberg, nachdem sie vergeblich Mack
zu einem andern Entschlusse zu bringen versucht, in der
Nacht vom 14. zum 15. October Ulm mit einem Theile
der Armee verlassen und auf dem linken Donauufer den
Weg durch Franken nach Böhmen eingeschlagen. Dieser
kühne Abzug bereitete noch einen wichtigen Trost bei diesem schweren Unfalle. — Nachdem am 16. October die
Franzosen Ulm zu beschießen angefangen, kam es zu neuen
Unterhandlungen, und Mack — der vierzig Stunden früher jedes Wort von Uebergabe als ein Vergehen bestraft
wissen wollte — unterzeichnete am 17. Nachmittags die
in der österreichischen Kriegsgeschichte allerdings einzige
Capitulation: daß, wenn bis zum 25. October Mitter-
nacht kein russischer oder österreichischer Entsatz käme,
Ulm mit Magazinen und Geschütz den Franzosen überge-
ben werden, die Besatzung kriegsgefangen seyn und die
Gewehre strecken sollten. Die Officiere werden auf ihr
Ehrenwort nach Oesterreich entlassen, die Soldaten und
Unterofficiere nach Frankreich abgeführt. Aber auch von

dieſer Capitulation ließ Mack noch nach. Er unterzeichnete
am 19. eine neue Capitulation, nach welcher der Mar=
ſchall Berthier ihm ſein Ehrenwort geben mußte: „daß
die öſterreichiſche Armee heut jenſeit des Inn ſey, daß
Bernadotte zwiſchen dem Inn und München ſtehe, daß
Werneck zu Trochtelfingen capitulirt habe, Lannes und
Murat den Erzherzog Ferdinand verfolgen, Soult aber
zwiſchen Ulm und Bregenz die Straßen nach Tyrol be=
wache, mithin zu einem Entſatze keine Möglichkeit vor=
handen ſey.“ Auf dieſe Verſicherungen verſtand ſich
Mack, eilfertig genug, dazu: daß er Ulm, ſtatt am 25.
ſchon am 20. räumte, unter der Bedingung: daß das
ganze Corps des Marſchalls Ney Ulm und einen Umkreis
von 10 Meilen vor dem 25. nicht verlaſſe. So zogen
denn am 20. October Nachmittags die Deſterreicher, über
22,000 Mann, aus Ulm, legten ihre Waffen nieder und
lieferten Fahnen und Pferde aus. Napoleon verſäumte
nicht, den ausmarſchirenden öſterreichiſchen Generalen mit
ſtarken Prahlereien aufzuwarten. Er ſprach ſogar von
einem möglichen nahen Ende des lothringiſchen Hauſes,
fügte aber zugleich auch die ihn freilich ſo aufrichtig
kleidende Erklärung hinzu: „Ich will nichts auf dem
feſten Lande; Kriegsſchiffe, Colonien, Handel will ich,
und das iſt Ihnen ſo vortheilhaft wie uns.“ Mack
wurde bei ſeiner Rückkehr in Hütteldorf angehalten und
als Staatsgefangener nach Brünn gewieſen. Das Wer=
neck'ſche Corps, durch das fürchterliche Unwetter erſchöpft,
gegen welches ſich kein Obdach bot, ohne hinreichende
Lebensmittel, ja oft ohne Holz, um ſich zu wärmen, hatte
mit den unerhörteſten Leiden und mit den ſchrecklichſten
Entbehrungen heldenmüthig gekämpft. Dennoch zögerte
Werneck ſo lange wie möglich mit der Capitulation, und
erſt als jede Hoffnung verſchwunden und er in der Schlucht

von Trochtelfingen sich rings von einem vielfach überle=
genen Feinde umlagert sah, schritt er dazu. Seine bis
auf 1500 Mann zusammengeschmolzenen Soldaten wur=
den kriegsgefangen gemacht, die Officiere auf ihr Ehren=
wort entlassen. Dagegen gelang es dem Erzherzoge Fer=
dinand, Gunzenhausen zu erreichen und von dort aus
seinen Marsch nach Nürnberg zu richten; ein großer Theil
der Truppen, welche der Trochtelsinger Capitulation sich
entzogen hatten, stießen zu ihm. Bei Eschenau von den
Franzosen eingeholt, verloren die Oesterreicher 1500 Mann
und bedeutend viel Geschütz. Dennoch kamen, nach den
drohendsten Gefahren, der Erzherzog, Prinz Rohan, schwer
verwundet, General Kollowrath, Fürst Schwarzenberg
und mehrere Generale glücklich nach Eger, obgleich die
Zahl der Tapfern, die sie führten, furchtbar zusammenge=
schmolzen war. Die beiden österreichischen Generale Jel=
lalich und Wolfskehl hatten nach einem kühnen Marsche
glücklich Bregenz erreicht. Allein hier mußten sie, getrennt
von dem Hauptheere und rings feindlichen Angriffen aus=
gesetzt, jede Aussicht auf weitere Rettung verlieren. Den=
noch versuchten vier Escadrons leichter Reiter und sechs
Escadrons Husaren unter Kinsky und Wartensleben das
Wagstück, sich durch das weite feindliche Terrain fechtend
nach ihrem Vaterlande durchzuschlagen. Sie rückten von
Bregenz über Wangen nach der Donau hin, setzten, nach=
dem sie die feindliche Arrieregarde durchbrochen, bei Elchin=
gen über den Fluß, jagen den von Ulm ihnen nachrücken=
den Feindeshaufen zurück, machen bei Ellwangen 25 bela=
dene Wagen zur Beute, drängen sich in der Oberpfalz
durch ein schmales, von Baiern besetztes Defilée und er=
reichen nach sieben heißen Tagen glücklich ihr Asyl Böh=
men. Jellalich und Wolfskehl, welche, statt sich an Kinsky
und Wartensleben anzuschließen, leider in Bregenz zurück=

geblieben waren, mußten, von der Uebermacht der Feinde angegriffen, am 14. November unter gleichen Bedingungen, wie Werneck, capituliren.

Wie reißend auch Napoleons Glück ihn zum Sieger gemacht hatte, so drohte ihm doch just in diesen glänzenden Augenblicken ein Feind zu erstehen, der in Verbindung mit den übrigen kriegführenden Mächten ihm furchtbar werden konnte. Der freche Durchmarsch der Franzosen durch das neutrale preußische Gebiet hatte den höchsten Unwillen erregt und den Gesinnungen des preußischen Cabinets schnell einen andern Charakter verliehen. Die französische Gesandtschaft versuchte zwar dieses widerrechtliche Unternehmen zu beschönigen, aber der Freiherr von Hardenberg führte in seiner darauf gegebenen Antwort (14. October) eine sehr entschiedene Sprache: „Se. Majestät wissen nicht, ob Sie sich mehr über die Gewaltthätigkeiten, welche sich die französische Armee in Ihren Provinzen erlaubt, oder über die unbegreiflichen Argumente wundern sollen, womit man sie nunmehr rechtfertigen will. — — Man schützt Thatsachen vor, die blos in ungetreuen Berichten existirt haben; und indem man den Oesterreichern Sachen Schuld giebt, die sie sich nie haben zu Schulden kommen lassen, zieht man das Nachdenken des Königs auf den Contrast ihres Betragens und des Betragens der französischen Armee. Der König hätte aus diesem Contraste wichtigere Schlüsse über die Absichten des Kaisers folgern können. Er schränkt sich darauf ein, zu denken, daß der französische Kaiser Gründe haben muß, die positiven Verpflichtungen zwischen Frankreich und Preußen als werthlos anzusehen, und sieht sich also gegenwärtig als frei von allen vorigen Verpflichtungen an. So wieder in den Stand gesetzt, wo man keine anderen Pflichten, als die der eigenen Sicherheit und der allgemeinen Gerechtigkeit hat, wird der König doch nichts destoweniger Frieden Seinem Volke zu erhalten trachten und ihn dem ganzen Europa auf eine dauerhafte Weise herzustellen bemüht seyn. Für jetzt indeß in diesen edlen Absichten gehemmt, sieht Er, ohne Verpflichtungen, aber auch ohne Garantie, sich genöthigt, Seine Armeen diejenigen Positionen nehmen zu lassen, die für die Vertheidigung des Staates nothwendig werden." —

Diese entschlossene, wahrhaft deutsche Sprache erfreute doppelt, da man sie seit langer Zeit zum ersten Male von einem Staate vernahm, der bisher allen Gewaltthaten und Willkührlichkeiten Frankreichs mit stumpfer, bequemer Ruhe zugesehen hatte. Man hörte aus dieser Erklärung mit Freuden den ritterlichen Sinn des preußischen Königs heraus, den ein frostiges politisches System leider eine lange Weile umschanzt gehalten hatte. Aber noch hatte das Schicksal demselben nicht den Sieg zugedacht. Preußen sollte, ehe der Sieg es krönte, erst noch schwer für die lange schlaffe Unthätigkeit, womit es Deutschlands Schmach zugesehen, büßen, und durch Leiden geprüft, edler und würdiger aus dem Zustande des Todes hervorgehen, in welchen es der furchtbare Vernichtungsstreich von Jena warf. — Die Hardenberg'sche Antwort galt in Frankreich — welches Anderen so vieles sagen, für sich selbst aber so wenig hören konnte — so gut wie eine Kriegserklärung, zumal diese Erklärung von ernsthaften militairischen Vorbereitungen begleitet wurde. Man hätte wissen sollen, daß Napoleon dergleichen Dinge nicht zu verzeihen wußte und daß seine Rache, nach Beschaffenheit der Umstände, wohl zögerte, aber nicht ausblieb. Der preußische Nationalgeist regte sich mächtig, aber er gedieh vor der Hand noch nicht zu besonderer äußerer Thätigkeit. Diese Halbheit in den preußischen Maßregeln

spann sich vorzüglich aus dem Charakter des Ministers
Haugwitz heraus. Am 3. November 1805 wurde zwi=
schen Oesterreich, Rußland und Preußen der Vertrag von
Potsdam abgeschlossen, in welchem alle drei Mächte sich
zu Wiederherstellung und Aufrechthaltung des Lüneviller
Friedens verbanden, Preußen aber dem Kaiser von Frank=
reich noch einmal seine Vermittelung anbot, und, falls er
diese tractatmäßigen Bedingungen unberücksichtigt lasse,
dem Kriege gegen denselben beitrat. Der Kuß, welchen
Kaiser Alexander, nach Abschließung des Potsdamer Ver=
trags, scheidend auf Friedrichs II. Sarg drückte, konnte
damals den Geist des großen Preußenkönigs noch nicht
heraufbeschwören, und noch sollte einer langen dunklen
Zeit die Herrschaft bleiben! —

Ehe Kaiser Franz Wien verließ, um zur Armee ab=
zugehen, legte er in einem öffentlichen Aufrufe seine Ge=
sinnungen über Zweck und Charakter des Kampfes an
das Herz seiner Völker, wie der Mit = und Nachwelt:
„Mag Trunkenheit des Glücks oder unseliger und ungerech=
ter Geist der Rache den Feind beherrschen! Ruhig und fest
stehe ich im Kreise von 25 Millionen Menschen, die mei=
nem Herzen und meinem Hause theuer sind. Ich habe
Rechte auf ihre Liebe, denn ich will ihr Glück. Ich habe
Rechte auf ihre Mithilfe, denn was sie für den Thron
wagen, wagen sie für sich selbst, für ihre Familien, für
ihre Nachkommen, für ihr Glück und ihre Ruhe, für die
Erhaltung dessen, was ihnen heilig ist. Noch lebt der
vaterländische Geist, der bereit ist zu jeder That und jedem
Opfer, um zu retten, was gerettet werden muß: Thron
und Unabhängigkeit, Nationalehre und Nationalglück.
Von diesem Geist erwarte ich mit hoher und ruhiger Zu=
versicht alles Große und Gute, vor Allen festes, schnelles,
muthvolles Zusammenwirken zu Allem, was angeordnet

werden wird, um den raschen Feind so lange von den
Gränzen entfernt zu halten, bis jene große und mächtige
Hilfe wirken kann, welche mein erhabener Bundesgenosse,
der Kaiser von Rußland, und andere Mächte zum Kampfe für Europa's Freiheit und die Sicherheit der Throne
und der Völker bestimmt haben. Nicht immer wird das
Glück von der gerechten Sache sich trennen, und die Eintracht der Regenten, der hohe männliche Muth und das
Selbstgefühl ihrer Völker wird bald die ersten Vorfälle
vergessen machen. Der Friede wird wieder blühen, und
in meiner Liebe, meiner Dankbarkeit und in ihrem eignen
Glücke werden meine treuen Unterthanen einen reichen
Ersatz finden für jedes Opfer, das ich zu ihrer Selbsterhaltung fordern muß."

Eben so sehr sprach sich des Kaisers sorgender und
liebender Sinn für seine Völker in einer Bekanntmachung
aus, welche am 13. November zu Brünn veröffentlicht
wurde: „Se. Majestät der Kaiser hatten nie einen höheren Wunsch, als Erhaltung des Friedens, und verlangten Nichts, als daß der Kaiser von Frankreich, beseelt
von dem gleichen Geiste einer geläuterten und humanen
Politik, in die Gränzen des Tractats von Lüneville zurück-
träte. Getreu Ihren Grundsätzen waren Se. Majestät
im Laufe des Krieges jeden Augenblick bereit, die Hand
zum Frieden zu bieten, und Sie würden unter den glänzendsten Siegen eben so gedacht und gehandelt haben,
wie unter dem Einflusse widriger Ereignisse. Se. Majestät glaubten den großen und schönen Augenblick dieser
Versöhnung und des wiederkehrenden Volksglücks wirklich
nicht mehr fern, als der französische Kaiser bei mehreren
Gelegenheiten öffentlich zu ähnlichen Gesinnungen sich be-
kannte und gegen österreichische Generale, die das Kriegsglück zu seinen Gefangenen gemacht hatte, mit Bestimmt-

heit in diesem Geiste sprach. Voll Vertrauens auf solche Aeußerungen und gedrängt durch den innigen Wunsch, von der, Ihrem Herzen so theuren Hauptstadt Wien die nährende Gefahr abzulenken, sandten Se. Majestät den Grafen Giulay in das französische Hauptquartier, um in Ihrem und Ihrer Alliirten Namen die Bestätigung jener friedlichen Gesinnungen einzuholen, des Kaisers Napoleon nähere Eröffnungen zu vernehmen, und als Vorbereitung gemeinschaftlicher Friedensunterhandlungen über einen Waffenstillstand zu unterhandeln. Allein die Hoffnungen Sr. Majestät wurden nicht erfüllt. Nur als Grundlage eines auf wenige Wochen beschränkten Waffenstillstandes allein, forderte der Kaiser von Frankreich: daß die verbündeten Truppen in ihr Vaterland zurückkehren, die ungarische Insurrection entlassen, das Herzogthum Venedig aber und Tyrol den französischen Armeen vorläufig eingeräumt werden sollten. — Se. Majestät würden sich selbst, die Ehre Ihrer Monarchie, die Würde Ihres Hauses und den Ruhm Ihrer guten und großen Völker schwer zu beleidigen geglaubt haben, wenn Sie, uneingedenk Ihrer Pflichten für Erhaltung des Ganzen, einzig im Gefühle des schweren, aber vorübergehenden Druckes, sich hätten bestimmen können, in Vorbedingungen zu willigen, die der Herzstoß für Ihre Monarchie, und ein Riß in die Verhältnisse mit allen befreundeten Staaten gewesen seyn würde. Se. Majestät wollten den Frieden, Sie wollen ihn noch mit Geradheit und Ernst. Aber nie können, nie werden Sie sich in einen Stand der Wehrlosigkeit zurückwerfen lassen, der Sie und Ihr Volk ganz der gebieterischen Willkühr eines mächtigen Feindes überliefern würde. Unter solchen Umständen bleibt Sr. Majestät nichts übrig, als mit den großen, noch unversiegten Hilfsquellen, die Sie in den Herzen, in dem Wohlstande, in der Treue und Kraft Ihrer Völker finden, an die noch ungeschwächte Kraft Ihrer hohen Verbündeten und Freunde, des Kaisers von Rußland und des Königs von Preußen, sich anzuschließen und in dieser festen und innigen Ueberzeugung auszuharren, bis der Kaiser von Frankreich mit jener Mäßigung, welche in dem Kranze eines großen Monarchen der schönste Lorbeer ist, Friedensbedingungen eingeht, welche nicht mit der Aufopferung der Nationalehre und der Unabhängigkeit eines großen Staates erkauft werden müssen." —

Das Gefecht bei Dirnstein zwischen Russen und Franzosen, in welchem sich beide Theile den Sieg zuschrieben, entschied sich auch für beide Theile mit großen Verlusten. Der den Franzosen ungünstige Erfolg ging aber schon daraus hervor, daß der General Mortier, welcher sie bei diesem Gefechte angeführt hatte, auf längere Zeit unthätig gemacht wurde, indem sich an seinen Namen ein für die französischen Soldaten niederschlagende Erinnerung knüpfte. Am Südufer der Donau hin waren Murat, Davoust und Lannes bis Wien gezogen. Links hatte Mortier agirt, zu welchem am 11. November Bernadotte stieß. Rechts agirten Ney, Augereau und die Baiern gegen Tyrol und suchten sich mit der italienischen Armee unter Massena in Verbindung zu setzen oder dem Erzherzoge Carl in den Rücken zu kommen. Marmont, gegen den Raab und die Drawe ziehend, strebte, die Vereinigung des Erzherzogs Johann aus Tyrol mit dem Erzherzoge Carl zu verhindern.

Gegen Tyrol drohte von drei Seiten der Angriff, aus Nordost durch die Baiern, aus Norden durch Ney, aus Westen durch Augereau. Die Vertheidigung war hier noch nicht gehörig vorbereitet und auch die Gemüther schienen die Bedeutung des großen Kampfes noch nicht

gehörig erfaßt zu haben. Dennoch war der Widerstand
beträchtlich. Die Baiern, welche unter Deroi den Paß
Strub ohnweit Lofer mit Ungestüm angriffen, wurden
mit ungeheurem Verlust zurückgeschlagen, Deroi selbst verwundet. Die Tyroler fochten muthig mit; besonders wirkten die Scharfschützen, von denen Mancher zehn Büchsen
und acht Ladeknechte mit sich führte. Der Erzherzog
Johann wollte diesen Sieg benutzen und durch einen
Marsch über Hochfilzen, Saalfeld und Radstadt die Communication der Armee in Tyrol und Italien schirmen,
wie auch gegen Salzburg hin dem Feinde in Rücken
und Flanke kommen. Am andern Tage kam jedoch
die Nachricht, daß der Paß Lueg, südwärts von Salzburg, von den Franzosen weggenommen, und ein falsches
Gerücht erzählte, Bernadotte stehe mit 18,000 Mann in
Radstadt. Die Unfälle in Deutschland bewogen den Erzherzog Carl, Italien zu verlassen. Ney's Angriff auf
Scharnitz warde zurückgeschlagen; da aber der Paß Lui-
tasch den Franzosen durch Umgehung in die Hände fiel,
so mußte auch Scharnitz, welches der Oberst Swinburne
auf das Heldenmüthigste vertheidigte, sich ergeben. Doch
hatten auch die Feinde durch die Kugeln der Scharfschützen und durch Felsstücke, die man auf sie herabstürzte,
großen Verlust erlitten. Innsbruck und das Innthal ging
nunmehr an die Franzosen verloren. Die österreichischen
Truppen zogen sich aus dem Innthal südlich auf den
Brenner zurück; ihre Vorposten standen bis Telfs nahe
bei Innsbruck. Dorthin wünschte der Erzherzog Johann
alle in Tyrol stehende Truppen zu vereinigen, daher auch
die Generale Jellalich und Prinz Rohan an sich zu ziehen. Durch schnelle Ausführung dieses Planes würde
es um die in Tyrol befindlichen Feinde geschehen gewesen
seyn; aber des Erzherzogs Befehl wurde nicht befolgt und

Jellalich hob, wie wir schon weiter oben gehört haben,
seine Truppen, mit denen er, in Verbindung mit dem
Erzherzoge, so viel hätte ausrichten können, der französischen Gefangenschaft auf. Der Erzherzog Johann behauptete, jener Verstärkung harrend, den Brenner eine
volle Woche, der Angriff Ney's ward muthig zurückgeschlagen. Da aber Jellalich und Rohan ausblieben, die
Baiern, nach Eroberung des Kuffsteins, gegen den Brenner vordrangen, während vom Norden her General Marmont heranzog, so verließ am 13. November der Erzherzog Johann den Brenner und zog sich mit so vielem
Feldherrnscharfsinne durch das Pusterthal zurück, daß, nach
tausend Gefahren und Hemmnissen, sich die ganze Armee
am 20. November bei Klagenfurt zusammenfand. Ney
folgte der Arrieregarde bis Linz, mußte aber von dort zurück nach Brixen, weil Prinz Rohan gegen Botzen vordrang. Dieses Corps, zusammengeschmolzen auf eine
Handvoll Helden, brach sich mit beispielloser Tapferkeit
Bahn. Auch bei Botzen schlug es, von den Landleuten
der Gegend unterstützt, sich durch. Abgeschnitten von dem
Wege nach Kärnthen, ging Rohan gegen die Brenta
Italien zu und überfiel Bassano. Dennoch mußte er,
nach dem hartnäckigsten Widerstande, sich mit den ihm
gebliebenen Getreuen ergeben. Obgleich Grätz schon seit
dem 14. November in der Gewalt der Franzosen war, so
führte der unerschrockene Erzherzog Johann seine Armee
dennoch glücklich von Klagenfurt nach Feistritz. Der Erzherzog Carl war mit dem Heere von Italien am 27. November in Cilli, einen Tagemarsch von Feistritz, angekommen und so kam, nach einer Masse von Gefahren und
Schwierigkeiten, glücklich diese Vereinigung zu Stande.

Der Rückzug des Erzherzogs Carl aus Italien war
nicht weniger, als jener des Erzherzogs Johann aus Ty-

rol, ein Meisterstück von Feldherrnkunst gewesen. Nach=
dem er in der blutigen Schlacht von Calbiero die unge=
stümen Angriffe der Franzosen unter Massena siegreich zu=
rückgeschlagen und den Feind nach allen Seiten zurück=
gedrängt hatte, waren mehrere österreichische Streifpar=
teien an der untern Etsch auf das gegenseitige Ufer ge=
gangen, hatten bei Benevigo eine Brücke geschlagen und
dadurch den Feind im Rücken bedroht. Massena's wie=
derholter wüthender Angriff wurde von den Oesterreichern
trotz des fürchterlichen Feuers, welches sie aushalten muß=
ten, mit eiserner Tapferkeit zurückgewiesen; die Franzosen
mußten sich zurückziehen. Auf diesen Sieg baute der Erz=
herzog Carl seinen eignen Rückzug aus Italien, den ihm
die bedrängte Lage der Verbündeten in Deutschland, zur
nothwendigen Pflicht machte. Nur das zur Deckung des
Rückzuges zurückgelassene Corps des Generals Hillinger
ging größentheils an den Feind verloren. Der Erzher=
zog Carl aber marschirte, nicht fliehend und eilfertig,
sondern in guter Ordnung über die Piave und den
Tagliamento nach Cilli, zog auf dem Wege alle Besatzun=
gen an sich und täuschte durch kluge Vorsicht den verfol=
genden Feind oder hielt ihn durch tüchtige Gegenwehr von
sich ab, so daß er glücklich die eben so ersehnte, als
mühevolle und gefahrenreiche Vereinigung mit dem Erz=
herzoge Johann bewerkstelligte, wonach er, auf solche
Weise ansehnlich verstärkt, die ungarische Gränze entlang
der Donau zuzog.

Das Mißgeschick dieses Feldzuges ward dadurch be=
deutend erhöht, daß Oesterreichs Bundesgenossen bei wei=
tem nicht den Eifer und die Schnelligkeit zeigten, womit
es selbst agirte und wodurch einzig ein Erfolg herbeige=
führt werden konnte. Die Truppen Rußlands — wel=
ches seinen Beistand so fest zugesagt und Oesterreich er=

muntert hatte, in Hoffnung auf diesen schnellen Beistand muthig den ersten Stoß auszuhalten — schoben sich langsam durch das Mecklenburgische vorwärts und blieben an der Elbe stehen. Die englischen Soldaten, welche schon am 12. October in Deal eingeschifft worden seyn sollten, wurden erst am 2. November eingeschifft, so daß die Franzosen schon in Wien waren, ehe ein englischer Soldat auf deutschem Boden stand. — Preußen begnügte sich — nachdem es seine Armee auf den Kriegsfuß gesetzt hatte — mit einer Einnahme Hannovers, welches bereits von den Franzosen geräumt war. Bei dieser Saumseligkeit der Bundesgenossen Oesterreichs und ihrem unentschlossenen Zögern war freilich nicht gegen einen Feind aufzukommen, dessen Unwiderstehlichkeit eben in der Raschheit seiner Bewegungen lag.

Am 13. November kamen Murat, Lannes, Belliard und zwei Adjutanten nach Wien. Sie hielten sich jedoch in der Stadt nicht weiter auf, sondern eilten sogleich nach der Donaubrücke. Unterstützt von den umherlaufenden Gerüchten und durch kecke Lügen gelang es Murat und Lannes, den Fürsten Auersberg, welcher ein österreichisches Corps und die zur Zertrümmerung der mit brennbaren Materialien angefüllten Brücke bereit stehende österreichische Batterie commandirte, zu überreden, die Brücke stehen zu lassen, über welche die Franzosen hierauf schnell marschirten. Die russische Armee wurde dadurch von der rechten und linken Seite bedroht. Zur rechten Zeit brachte Kaiser Alexanders General-Adjutant, Graf Winzingerode, am 16. November zu Hollabrunn es zu einem Waffenstillstande. Die russische Armee unter Kutusow sollte in Etapenmärschen Deutschland verlassen, dagegen Murat seinen Marsch gegen Mähren einstellen. Napoleon, mit Recht eine Kriegslist ahnend, versagte zwar — als er

selbst sich zu den Vorposten verfügte — diesem Waffen=
stillstande seine Ratification; aber der russische General,
welchem es mit diesem Waffenstillstande ebenfalls nicht
Ernst gewesen war, hatte diesen Zeitgewinn benutzt, um
sich aus seiner gefahrvollen Lage zu ziehen und sich auf
zwei Tagemärsche von dem Feinde zu entfernen. Zur
Täuschung der Franzosen war der Fürst Bagration mit
einem Corps zurückgelassen worden und dieser schlug sich,
von dem gewiß siebenmal stärkeren Feinde angegriffen,
tapfer bis zur Hauptarmee nach Mähren durch, die ihn,
unter den Umständen, wo sie ihn verlassen, bereits in den
Händen des Feindes glauben mußte.

Am 20. November kam Napoleon nach Brünn und
vier Tage später trafen die russischen Garderegimenter un=
ter Anführung des Großfürsten Constantin in Ollmütz
ein. Wischau und Rausnick wurden von der russischen
Cavallerie wieder genommen und die Russen gewannen
neuen Muth; denn Napoleon gab absichtlich seinen Ma=
nocuvers den Anschein der Unentschlossenheit und des Zö=
gerns, um seine Gegner glauben zu machen, er werde,
um Brünn nicht aufzugeben, jede Schlacht vermeiden.
Durch ausgestreute falsche Gerüchte, wie auch durch seine
zuvorkommenden schriftlichen Artigkeiten gegen Kaiser
Alexander, suchte er diesen Wahn zu bestärken. Um die
Stärke seiner Armee zu verdecken, ließ er ihre Glieder
möglichst eng zusammenrücken. Er selbst schwelgte am
Abende vor der Schlacht in stolzen Siegeshoffnungen,
denen sich — gefühlt oder erheuchelt — der Schmerz des
Xerxes beigesellte, daß von den Tapfern, die er heute
führte, morgen schon Viele nicht mehr seyn würden. Er,
der seine ungeheuern Exempel mit dem Blute der Völker
zu schreiben pflegte, hatte wohl Ursache zu dergleichen
Betrachtungen, die vielleicht manchen Entwurf seiner un=

erfättlichen Bruſt ertödtet hätten, wären ſie dauernder
Natur geweſen. — Seine Proclamation an die franzöſiſchen Soldaten war hochtrabend und prahleriſch wie
immer: „Soldaten! ich werde alle eure Bataillons ſelbſt
leiten; ich werde weit vom Feuer bleiben, wenn ihr mit
eurer gewohnten Tapferkeit die feindlichen Glieder in Un-
ordnung bringt. Sollte aber der Sieg nur einen Augenblick zweifelhaft ſeyn, ſo würdet ihr euren Kaiſer ſich
den erſten Streichen ausſetzen ſehen. Jeder ſey durchdrungen von dem großen Gedanken, daß die Söldlinge
Englands, die uns ſo tief haſſen, überwunden werden
müſſen!“ — — Am andern Abend (2. December) war
die große entſcheidende Schlacht bei Auſterlitz geſchlagen.
Napoleons Täuſchungen hatten ihren Zweck erreicht, die
falſchen Nachrichten von ſeiner eigentlichen Stellung und
die vor ſeinen Augen unternommene Bewegung der Gegner gegen ſeinen rechten Flügel — welche ihm ſogleich
die Hoffnung gab, daß ihm dadurch die Flanke der gegne-
riſchen Armee bloßgeſtellt werden würde — machten den
Verbündeten die Schlacht verloren. Die prahleriſchen
Uebertreibungen des Sieges und des feindlichen Verluſtes
blieben in den dadurch berüchtigt gewordenen franzöſiſchen
Bulletins nicht aus. Vergebens hatten die Kaiſer Franz
und Alexander an allen gefährlichen Puncten das Treffen
wieder herzuſtellen geſucht; nach der entſchiedenen Niederlage des Heeres führten ſie daſſelbe in die Stellung von
Hogjeditz und Czeitſch. Die Franzoſen folgten deſſen
rechter Flanke.

Kaiſer Franz und Napoleon trafen ſich am 4. December bei dem Dörfchen Naſedlowitz unter freiem Himmel zu einer Unterredung, nach welcher ein Waffenſtill-
ſtand zu Stande kam, kraft deſſen die Linie der franzöſiſchen Heere die venetianiſche Provinz, Salzburg und

Tyrol, Inner=Oesterreich, die Lande über und unter der
Enns, den größten Theil von Mähren und ein Stück
von Böhmen umfaßte. Alle Insurrectionen und außer=
ordentliche Bewaffnungen in Ungarn und Böhmen sollten
aufhören, keine fremde Armee während dieses Stillstan=
des in die österreichischen Staaten einrücken, die russische
Armee binnen 15 Tagen die österreichischen Staaten,
Mähren und Ungarn, und binnen einem Monate Gallizien
räumen, und zwar mit so bezeichneter Marschroute, daß
man immer genau wisse, wo sie sich eben befinde. Zu
Nikolsburg sollten unverzüglich die Friedensunterhandlun=
gen eröffnet werden. Sie begannen nach wenigen Ta=
gen zu Preßburg zwischen Talleyrand, dem Fürsten Liech=
tenstein, der heldenmüthig und unter dringender Lebens=
gefahr den Rückzug von Austerlitz gedeckt hatte, und dem
Grafen Giulay.

An demselben Tage, wo der Waffenstillstand abge=
schlossen wurde, schlug der Erzherzog Ferdinand die Baiern
unter Wrede von Iglau weg und brachte ihnen starke
Verluste bei. Der Erzherzog Carl stand mit einem Ar=
meecorps, welches noch im besten Zustande war, an der
Drau in Ungarn und beabsichtigte von hier aus Angriffe
auf die Franzosen. Er ließ den Feldmarschall Chasteler
mit einem Corps gegen den General Marmont in Steier=
mark vorrücken, und Chasteler zog am 5. December in
Gräz ein. Der schon so oft rettend erschienene Erzher=
zog Carl dachte auf eine Befreiung Wiens, seine Pa=
trouillen streiften am 7. December schon bis Windpassing,
sechs Meilen von Wien. Noch immer konnte dem Muthe
dieses Helden ein schneller und großer Wirkungskreis er=
öffnet werden. Der Wiener Hof hatte den Frieden noch
nicht förmlich abgeschlossen, die Russen waren noch nahe
genug zu schleunigem Beistande, die ungarische Insur=

rection stand mit neuen Mitteln bereit, Erzherzog Ferdinand hielt Iglau besetzt und Erzherzog Carl war Wien
nahe. Der Großfürst Constantin und der Fürst Dolgo-
ruki, welche einige Tage nach der Schlacht von Austerlitz nach Berlin gekommen waren, boten die ganze russische Heeresmacht zum Beistande an, und der ritterliche
König von Preußen stimmte für hartnäckige Vertheidigung. Noch hing also die Entscheidung eines großen
Kampfes am Himmel. Da kehrte Haugwitz — den man
in der Mitte November in das französische Hauptquartier
nach Wien gesendet hatte, um dem Kaiser Napoleon die
mit Rußland verabredeten Vorschläge vorzulegen — zurück. Der von ihm eilfertigst abgeschlossene Waffenstillstand vernichtete mit einem Schlage die Plane und Erwartungen der Verbündeten. Ganz Deutschland murrte;
aber Haugwitz, von einer wahren Affenliebe für seine
Werke beseelt, glaubte steif und fest den Lohn des Be-
wußtseyns davon zu tragen.

Am 26. December ward zu Preßburg das aus 24
Artikeln bestehende Friedensinstrument von dem Fürsten
Liechtenstein und dem Grafen Giulay, als Bevollmächtigten des Kaisers von Oesterreich und Deutschland, und
von Talleyrand unterzeichnet. Frankreich fuhr fort, in
gänzlicher Souverainität zu besitzen die jenseit der Alpen
gelegenen Länder, welche vor dem Tractate mit dem französischen Reiche vereinigt, oder durch französische Gesetze
regiert waren. Oesterreich erkannte die von Napoleon
über die Fürstenthümer Lucca und Piombino verhängten
Anordnungen an und verzichtete auf die, im Frieden von
Lüneville von ihm abgetretenen Theile der Republik Venedig, welche nunmehr dem Königreich Italien einverleibt
wurden. Es erkannte Napoleon als König von Italien
an und verpflichtete sich, auf den Fall einer künftigen

Trennung der beiden Kronen, Frankreich und Italien, auch denjenigen als König von Italien anzuerkennen, welchen Napoleon sich zum Nachfolger geben würde. Baiern und Würtemberg erhielten den königlichen Titel zuerkannt. Baiern erhielt die Stadt Augsburg, ferner von Oesterreich die Markgrafschaft Burgau, das Fürstenthum Eichstädt, den chursalzburgischen Antheil an Passau, die Grafschaft Tyrol, die Fürstenthümer Brixen und Trident, die sieben Vorarlbergischen Herrschaften, die Grafschaften Hohenems und Königsegg-Rothenfels, die Herrschaften Tettnang und Argen und die Stadt Lindau. Würtemberg erhielt die fünf Donaustädte, die obere und niedere Grafschaft Hohenberg, die Landgrafschaft Nellenburg, die Landvoigtei Altdorf, den östlich von einer Linie zwischen dem Schlegelberg und der Molbach liegenden Theil des Breisgaues. Baden erhielt das Breisgau mit Ausnahme des an Würtemberg gefallenen Theiles, die Ortenau, die Stadt Constanz und die Commende Meinau. Salzburg und Berchtoldsgaden wurden als souveraines Herzogthum dem österreichischen Kaiserstaate einverleibt. Oesterreich leistete Verzicht auf alle ober- und lehnsherrliche Rechte und sonstige Ansprüche an Baiern, Würtemberg und Baden, so wie überhaupt an alle, zum bairischen, fränkischen und schwäbischen Kreise gehörigen Länder. Die Contrahenten erkannten die Unabhängigkeit der durch die Mediationsacte regierten, helvetischen Republik an, so wie die Unabhängigkeit der batavischen Republik, welche Napoleon fünf Monate später in ein Königreich für seinen Bruder Ludwig verwandelte. Die von der französischen Armee besetzten österreichischen Provinzen sollten binnen zwei Monaten, Braunau binnen drei Monaten geräumt werden. Die Würde eines Hochmeisters des deutschen Ordens, des größten Theiles seines Einflußſes, ſeiner Bedeutſamkeit, wie ſeiner Beſitzthümer beraubt, ſollte demjenigen Prinzen vom öſterreichiſchen Hauſe erblich zufallen, welchen der Kaiſer von Oeſterreich hierzu ernennen würde.

Napoleon, den in dem lebensheiteren Wien eine ſeltſame Unruhe umhertrieb und die Oeffentlichkeit fliehen ließ, hatte hier gar nichts von jener leuchtenden Siegesfreude gezeigt, die ſonſt die Begleiterin des Glückes iſt. Ein Geiſt dunkler Ahnung erfüllte ihn mit unbehaglicher Scheu in der reizenden Kaiſerſtadt, und die Proclamation, welche er — als er, nach Unterzeichnung des Friedens, von Wien mit aufathmender Haſtigkeit ſchied — an die Bewohner dieſer Reſidenz erließ, haſchte nach einer verunglückten Beſchönigung ſeines unſtäten Benehmens: „Bewohner Wiens! Ich habe Mich wenig unter Euch gezeigt; nicht aus Geringſchätzung, oder aus eitlem Stolze, ſondern Ich habe Euch von keinem der Gefühle abwenden wollen, die Ihr einem Fürſten ſchuldig waret, mit dem Ich die Abſicht hatte, einen ſchnellen Frieden zu ſchließen." Wahrlich eine Vorſicht, die ſich ein Bonaparte einem Franz I. gegenüber, zumal in der Mitte öſterreichiſcher Unterthanen, hätte erſparen können!

Der finſtere, kriegseiſerne Prunk, womit ſich Napoleon umgab, hatte die Herzen der gemüthreichen Wiener nie erwärmen können. Er verſtand nur Geiſter zu berauſchen, nicht Herzen zu rühren. Sein ganzes Weſen trug das Eiſige, Erſtarrende des erbarmungsloſen Krieges an ſich. Wie grundverſchieden von Napoleons unruhiger, haſtiger Erſcheinung als Sieger, war die Rückkehr des Kaiſers Franz in die Mitte ſeiner Kinder. Schwergebeugt und frech beraubt, kehrte er zurück aus dem treuloſen Kampfe mit dem Kriegsglück. Aber er bedurfte auch nicht — wie Napoleon, der Alles nur durch sein Glück und ohne dasselbe Nichts war — des äußern Glückes, um derselbe zu bleiben, der er war. Er brachte sich selbst zurück, es waren die unzerreißbaren Bande der Natur, nicht des wandelbaren Glückes, die ihn mit seinem Volke vereinigten, und die durch des Unglücks heilige Weihe nur noch fester geschlungen wurden. Durch keinen Schlag des Mißgeschicks konnte er aufhören, der Vater seiner Völker zu seyn, während nur zu bald ein jäher Stoß den kühnen Sohn des Krieges von dem geraubten Throne stürzte und, mit dem allmächtigen Talisman des Glückes, er plötzlich Herrscher nicht nur zu seyn, sondern gleichsam auch es gewesen zu seyn aufhörte. —

Am 16. Januar 1806 kehrte Kaiser Franz in das gerettete Wien zurück, unter dem Jubel der Einwohner, die treu den schweren Kampf bestanden, und sein großes Herz mochte es in diesem Augenblicke fühlen: es sey schön, von einem jauchzenden Volke Herrscher, aber schöner noch, von einem weinenden Volke Vater genannt zu werden. Der schöne Kreis, der die Völker des österreichischen Staatenbundes zu einer Familie umfaßt, hatte seinen Vereinigungspunct wieder gefunden. Aber dies waren auch nur einzelne, irrende Sonnenblicke in der tiefen Nacht, welche über Europa herabgestiegen war. Der Feind lag lauernd auf dem Nacken ?.s niedergeworfenen Deutschlands, bei jeder krampfigen Zuckung des Hingeschmetterten den Dolch über ihm schwingend, um den Rest von Scheinleben, den er ihm gelassen, noch zu ertödten; denn das Friedensgeläute von Preßburg war das Sterbelied der deutschen Unabhängigkeit gewesen und auch Oesterreich schien sich in diesem letzten Freiheitskampfe verblutet zu haben! —

10

Fünfter Abschnitt.

Vom Frieden zu Preßburg bis zum Frieden von Tilsit.

Wie weit auch Deutschlands Genius hinweggeflohen schien, so lag in den Worten, womit Kaiser Franz seinen Völkern den Frieden verkündete, dennoch die Gewähr einer lichtern Zukunft und einer dauernden Genesung, welcher, mitten unter drohenden Sturmzeichen, Oesterreich entgegenreifen solle: „Ich habe Meinen guten und treuen Völkern den Frieden gegeben. Meine Entschlüsse vereinten sich mit ihren Wünschen. Ich entsagte den Hoffnungen auf den Wechsel des Glückes, um mit Schnelligkeit die Gefahren und die Leiden zu entfernen, welchen Meine blühendsten Staaten und selbst das Herz der Monarchie, Meine Haupt- und Residenzstadt, preisgegeben waren. Die Opfer sind groß, schwer rissen sie sich von Meinem Herzen los; aber es galt das Wohl, das häusliche und bürgerliche Glück von Millionen, und Ich brachte diese Opfer. Die Segnungen, welche die Rückkehr der Ruhe Meinen Völkern verspricht, sind Mein Ersatz. Ich kenne kein anderes Glück, als das Glück dieser Völker, keinen höhern Ruhm, als Vater dieser Völker zu seyn, die an Biedersinn, an fester, unerschütterlicher Treue, an reiner Liebe zu ihrem Monarchen und zu ihrem Vaterlande, keiner Nation Europa's nachstehen. Sie haben durch diesen schönen National-Charakter selbst dem Feinde eine unwillkührliche Achtung abgezwungen, in Meinem Herzen aber haben sie ein Denkmal sich gestiftet, welches keine Zeit zerstören wird. Mit Rührung bin Ich in Meine Residenz, in den Kreis der biederherzigen, achtungswürdigen Bürger und Bewohner derselben und zu den Geschäften Meiner Bestimmung zurückgekehrt. Die Wunden, welche der Krieg schlug, sind tief; nur Jahre können hinreichen, sie ganz zu heilen und den Druck von Leiden zu verwischen, welche aus diesem unglücklichen Zeitraume hervorgingen. Die Staatsverwaltung hat mehr, als jemals, große, schwere Pflichten zu erfüllen und sie wird sie erfüllen. Aber sie hat auch mehr als jemals die höchsten Rechte auf die Mitwirkung aller Volksclassen zu dem wohlthätigen Zwecke: die innern Staatskräfte durch Verbreitung der wahren Geistescultur, durch Belebung der National-Industrie in allen ihren Zweigen, durch Wiederherstellung des öffentlichen Credits zu erhöben und dadurch die Monarchie auf jener Stufe zu erhalten, welche sie bisher, selbst bei wechselnden Schicksalen, unter den Staaten Europa's behauptete. Jeder Augenblick Meines Lebens sey diesem Zwecke, sey der Erhöhung der Wohlfahrt der edlen und guten Völker geweiht, welche Mir theuer sind, wie Kinder Meines Herzens. Durch das wechselseitige Band des festesten Vertrauens und der innigsten Liebe mit Meinen Unterthanen verbunden, werde ich nur dann erst glauben, Meinem Herzen als Fürst und Vater genug gethan zu haben, wenn Oesterreichs Flor fest begründet, wenn vergessen ist, was seine Bürger litten, und nur das Andenken an Meine Opfer, an ihre Treue und an ihre hohe unerschütterliche Vaterlandsliebe noch lebt."

Des übermüthigen Siegers Willkühr, zu ungeduldig, um sich auch nur kurze Zeit hinter der Maske der Mäßigung zu gefallen, brach schnell mit voller Gewalt aus. Ueber Neapel, welches nach dem Unfalle von Ulm, wodurch der Kampf schon beendigt schien, eine englisch-russische Armee aufgenommen hatte, ballte sich, mit dem

angenommenen Scheine der Entrüstung, zuerst Napoleons
habgierige Hand, und schon am 27. December 1805 ver=
kündigte er mit seiner, in solchen Fällen beliebten Kürze
und Bündigkeit: „Die Dynastie von Neapel habe zu re=
gieren aufgehört." Diesen Ausspruch zu verwirklichen,
zog unter Joseph Bonaparte und Massena eine Armee
gegen Neapel, und rückte, nachdem der König und die
Königin entflohen, am 14. Februar 1806 in Neapel ein.
Die Ruhe ward aufrecht erhalten und Napoleon, der be=
reits bei Eröffnung des gesetzgebenden Corps ganz Italien
als einen Theil seines großen Reiches erklärt hatte, er=
nannte durch ein Decret vom 31. März seinen Bruder
Joseph zum Könige beider Sicilien. Die Krone sollte
erblich in Josephs männlicher Nachkommenschaft bleiben,
und, nach dem Erlöschen, auf Louis Bonaparte's Nach=
kommen übergehen. Im Falle Joseph bei Lebzeiten Na=
poleons, ohne Hinterlassung männlicher Erben, stürbe,
hatte Letzterer einen Prinzen seines Hauses, oder auch
einen adoptirten zum Nachfolger zu ernennen. Die Würde
eines Großwahlherrn des französischen Reichs ward auf
immer dem Könige von Neapel übertragen, auch blieb
ihm das Erbrecht auf den französischen Thron; nur soll=
ten beide Kronen nie auf einem Haupte vereinigt wer=
den. — Durch Entwaffnung, Gensd'armerie und Mili=
taircommissionen wurden die Mißvergnügten unterdrückt,
die der vorigen Regierung getreue Armee nebst den dazu
gestoßenen Insurgenten durch Regnier geschlagen, Gaeta
nach muthigem Widerstande von den Franzosen genom=
men, und so nach und nach die zahlreichen Empörungen
durch blutige Maßregeln unterdrückt. Einzelne Unruhen
währten noch fort, und von beiden Seiten rächte man
sich durch unmenschliche Grausamkeiten an einander. Der
furchtbare Fra Diavolo stand an der Spitze der Anhän=

ger .des vertriebenen Königs und fachte den Haß der Insurgenten gegen die Franzosen zu wüthendem Ingrimme an.

Der Friede von Preßburg hatte, wie früher der von Lüneville, nochmals die Unabhängigkeit der batavischen Republik anerkannt. Durch französische Anregungen erhoben sich in Holland Stimmen, die den sehnlichen Wunsch nach einer bleibenderen und festeren Ordnung der Dinge aussprachen, wie sie nur durch Napoleons Kraft und Weisheit herbeigeführt werden könne. Die französischen Armeen, von denen das Land überschwemmt war, verstanden diesem Wunsche noch mehr Feuer zu verleihen und allen dagegen sich auflehnenden Meinungen Stillschweigen aufzuerlegen. Es war daher kein Wunder, daß schon am 24. Mai 1806 zwischen Talleyrand und der batavischen Commission ein Vertrag abgeschlossen wurde, in welchem Napoleon — eine schon gewöhnte Formel — die Garantie der Unabhängigkeit, der Integrität und der bestehenden Gesetze Hollands übernahm und seinem Bruder Louis die erbliche Krone von Holland anzunehmen gestattete. Nach diesen Vorläufigkeiten, die eigentlich schon die Sache selbst ausmachten, bat am 5. Juni die batavische Commission den Kaiser in feierlicher Audienz, ihnen nach dem einstimmigen Wunsche der Repräsentanten des Volks — das Volk selbst zu befragen hatte man aus gutem Grunde unterlassen — seinen Bruder Louis zum Könige zu geben. Daß Napoleon nicht zögerte, diesen billigen Wunsch, der durch ihn anbefohlen worden war, zu gewähren, versteht sich von selbst. Man eilte sofort, die neue Verfassung von Holland bekannt zu machen, eine Nachahmung der französischen mit einigen unwesentlichen Variationen. Die Unzufriedenheit des Volkes wurde durch strenge Polizeimaß-

regeln niedergehalten und am 23. Juni hielt Louis sei=
nen feierlichen Einzug in Amsterdam.

So stampfte Napoleon, mit leichtem Schritte über
urheilige Rechte weggaukelnd und weltumstürzende Macht=
sprüche in der Zuversichtlichkeit seines Glückes gleichsam
nur so hinträllernd, neue Dynastien aus dem Boden und
umgab Frankreich nach allen Seiten hin mit verbündeten
Staaten, welche, den Spottnamen der Unabhängigkeit
führend, willenlose Creaturen Frankreichs und stets bereite
Waffen in den Händen des kecken Ueberwinders waren.
Mit einem gierigen Föderativsysteme wollte er, wie mit
den erdrückenden Ringen einer Schlange, Deutschlands
Mark und Sehnen umspinnen; Familienverbindungen und
die allwärtige Nähe französischer Bajonette gaben alle die
Staaten in seine Hand, welche Verbündete hießen und
Unterjochte waren, und so durchschlang der Riesenpolyp
Frankreich, Deutschland und Europa mit tausend mehr
oder weniger sichtbaren Fäden, die alle dem willkührli=
chen Rucke ihres Schöpfers gehorchten und jeder freien
Bewegung ein gebieterisches Halt entgegensetzten.

Die Gründung des Rheinbundes (12. Juli 1806.)
zu Paris brachte Napoleons Streiche gegen Deutschlands
Freiheit zum höchsten Ziele. Sechszehn süddeutsche Für=
sten — unter ihnen Baiern, Würtemberg, der Kurerz=
kanzler, Baden ꝛc. — schlossen, ohne dem Reichsober=
haupte oder der Reichsversammlung vorher die geringste
Eröffnung zu machen, diesen Bund, welchem Napoleon,
unter dem Titel eines Protectors, vorstand °). Mit die=
sem Schritte war der Anlauf für fernere Umwälzungen ge=

°) Die Abdicationsurkunde der rheinischen Conföderirten wird
treffend genug eine „Grabschrift auf den Leichenstein der weiland
deutschen Staatsconstitution" genannt. S. Possell's Europäische
Annalen, Jahrg. 1806. Bd. III.

nommen. Die Contrahenten riſſen ſich gänzlich von
Deutſchland los, ſie zerſtörten die ehrwürdige, durch Jahrhunderte geheiligte Einheit des deutſchen Reichskörpers
und hoben ſein Daſeyn völlig auf, um ſich in die Arme
eines glückverwöhnten Machthabers zu werfen, der, ſich
gegenüber, Alles — Welt und Menſchheit — außer dem
Geſetze glaubte, der überall Verpflichtungen forderte, ohne
ſelbſt welche zu üben. Somit war Deutſchland eine gal-
liſche Provinz geworden; die kleineren deutſchen Fürſten
gingen in dieſem Bunde gänzlich unter, die größeren erhielten Souverainetät zugeſichert, mußten aber, in Folge
dieſer garantirten Souverainetät, ſich in eine vollkommene Allianz mit Frankreich, in jedem Continentalkriege
mit beſtimmten Contingenten fügen, ſo daß jeder einzelne
Staat eben ſo gut zu franzöſiſchen Waffenplätzen wurde,
wie die förmlich hierzu beſtimmten und ernannten Orte:
Augsburg und Lindau. — Erſt nachdem dieſes Todesurtheil Deutſchlands von ſeinen eignen Fürſten in beſter
Form unterzeichnet war, bequemte man ſich, dem deutſchen und öſterreichiſchen Kaiſer Mittheilung davon zu
machen, und zwar auf eine Weiſe, welche die geſtürzte
ehrwürdige deutſche Form noch über ihr Beſtehen hinaus
beleidigte: „der Kaiſer von Frankreich werde in Zukunft
von dem Daſeyn eines deutſchen Kaiſers und einer deutſchen Reichsverfaſſung keine Kenntniß mehr nehmen.“
Keine Widerrede, nicht einmal eine Klage wagte ſich für
die zerriſſene tauſendjährige Verfaſſung zu erheben; Deutſchland ſah ſtumpfſinnig in ſeinen eignen Todeskampf hinein.
Würdevoll legte Franz I. die Krone Deutſchlands, für
welches er ſo oft das Schwert gezogen, für welches ſeine
Kinder geblutet, nieder. Deutſchland war ſo muthlos
geworden, daß es nicht einmal einen Vertheidiger mehr
verlangte; es wollte, nachdem es ſich ſelbſt aufgegeben,

auch von seinen muthigsten Rittern aufgegeben seyn, da=
mit es auch nicht einmal durch fremde Vertheidigung den
Grimm des fränkischen Zwingherrn reize, und so fand
Oesterreichs Kaiser mit Recht, daß es würdiger sey, die
deutsche Krone von sich zu legen, als sie, unter solchen
Umständen, zu verkämpfen. Ernst und gefühlt waren
die Worte, womit er (6. August 1806.) Deutschland von
dieser Handlung in Kenntniß setzte: „Nach dem Ab=
schlusse des Preßburger Friedens war Unsere ganze Auf=
merksamkeit und Sorgfalt dahin gerichtet, allen Verpflich=
tungen, die Wir dadurch eingegangen hatten, mit gewohn=
ter Treue und Gewissenhaftigkeit das vollkommenste Ge=
nüge zu leisten, und die Segnungen des Friedens Unsern
Völkern zu erhalten, die glücklich wieder hergestellten
friedlichen Verhältnisse allenthalben zu befestigen und zu
erwarten, ob die durch diesen Frieden herbeigeführten we=
sentlichen Veränderungen im deutschen Reiche es Uns fer=
ner möglich machen würden, den nach der kaiserlichen
Wahlcapitulation Uns als Reichsoberhaupt obliegenden
schweren Pflichten genug zu thun. Die Folgerungen,
welche mehreren Artikeln des Preßburger Friedens gleich
nach dessen Bekanntmachung und bis jetzt gegeben wor=
den, und die allgemein bekannten Ereignisse, welche darauf
im deutschen Reiche statt hatten, haben Uns aber die
Ueberzeugung gewährt, daß es unter den eingetretenen
Umständen unmöglich seyn werde, die durch den Wahl=
vertrag eingegangenen Verpflichtungen ferner zu erfüllen:
und wenn noch der Fall übrig blieb, daß sich nach för=
dersamer Beseitigung eingetretener politischer Verwicklun=
gen ein veränderter Stand ergeben dürfte, so hat gleich=
wohl die am 12. Juli zu Paris unterzeichnete und seit=
dem von den betreffenden Theilen begnehmigte Ueberein=
kunft mehrerer vorzüglichen Stände zu ihrer gänzlichen

Trennung von dem Reiche und ihrer besondern Vereini=
gung zu einer besonderen Conföderation, die gehegte Er=
wartung vollends vernichtet. Bei der hierdurch vollende=
ten Ueberzeugung von der gänzlichen Unmöglichkeit, die
Pflichten Unseres kaiserlichen Amtes länger zu erfüllen,
sind Wir es Unsern Grundsätzen und Unserer Würde
schuldig, auf eine Krone zu verzichten, welche nur so
lange Werth in Unsern Augen haben konnte, als Wir
dem, von Churfürsten, Fürsten und Ständen und übri=
gen Angehörigen des deutschen Reiches Uns bezeigten Zu=
trauen zu entsprechen und den übernommenen Oblliegen=
heiten ein Genüge zu leisten im Stande waren. Wir
erklären demnach durch Gegenwärtiges, daß wir das Band,
welches Uns bis jetzt an den Staatskörper des deutschen
Reiches gebunden hat, als gelöset ansehen, daß Wir das
reichsoberhauptliche Amt und Würde durch die Vereini=
gung der conföderirten rheinischen Stände als erloschen
und Uns dadurch von allen übernommenen Pflichten
gegen das deutsche Reich losgezählt betrachten, und
die von wegen desselben bis jetzt getragene Kaiserkrone
und geführte kaiserliche Regierung, wie hiermit geschieht,
niederlegen. Wir entbinden zugleich Churfürsten, Fürsten
und Stände und alle Reichsangehörigen, insonderheit
auch die Mitglieder der höchsten Reichsgerichte und die
übrige Reichsdienerschaft, von ihren Pflichten, womit sie
an Uns, als das gesetzliche Oberhaupt des Reiches, durch
die Constitution gebunden waren. Unsere sämmtlichen
deutschen Provinzen und Reichsländer zählen Wir dage=
gen wechselseitig von allen Verpflichtungen, die sie bis
jetzt unter was immer für einem Titel gegen das deut=
sche Reich getragen haben, los, und Wir werden selbige
in ihrer Vereinigung mit dem ganzen österreichischen
Staatskörper, als Kaiser von Oesterreich, unter den wie=

der hergestellten und bestehenden friedlichen Verhältnissen mit allen Mächten und benachbarten Staaten zu jener Stufe des Glücks und Wohlstandes zu bringen beflissen seyn, welche das Ziel aller Unserer Wünsche, der Zweck Unserer angelegensten Sorgfalt stets seyn wird." — Welche schwere, aber so gerechte Anklage gegen Deutschland lag in diesen übrigens so milden Worten, in denen das Kaiserthum, diese edelste und schönste Perle in Deutschlands alter Verfassung, trauernd Abschied nahm! Der neue Schutzherr, welchem sich das bethörte und zusammengeschreckte Deutschland in die Arme warf, hatte schon vielfach bewiesen, wie gut er es mit dessen Unabhängigkeit und Recht meine, wie heilig er die Neutralität deutschen Gebietes halte, wie sehr er das gemeinsame Band zwischen Fürst und Volk ehre! Der Durchmarsch der Franzosen durch neutrales preußisches Gebiet, das Blut Enghiens und des unglücklichen Palm wußte fürchterlich von Napoleons Gerechtigkeit und Achtung für deutsche Unabhängigkeit zu erzählen. Aber Deutschland brachte es damals nicht weiter, als zu einem stumpfen Mitleiden für die gesetz- und völkerwidrig Hingemordeten; und einzelne Deutsche priesen sogar die Gnade des Corsen, daß er sich mit einem Schlachtopfer (vier mit Palm zugleich verurtheilte Deutsche begnadigte Napoleon) begnügt habe *).

Um den Schein einer gewissen Harmlosigkeit zu gewinnen, forderte Napoleon Preußen auf, in Norddeutschland eine ähnliche Conföderation, wie die rheinische, zu gründen, und während in Regensburg feierlich erklärt wurde: „daß Frankreich seine Gränzen nie über den Rhein ausdehnen wolle," schlug es Wesel willkührlich zur 25sten Militairdivision. Der Vorbehalt, daß auch

---

*) Saalfeld: Geschichte Napoleon Bonaparte's. Leipz. 1815.

andere deutsche Fürsten zum rheinischen Bunde zuge-
lassen werden sollten, zeigte am besten, wie Frankreich
sich auch im Norden Deutschlands rheinische Verbündete
gut oder böse anzuwerben versiehen werde. Preußen hatte
freilich, weder zu schrecken, noch zu locken, solche Mittel
in den Händen, wie Frankreich; daher kam, wie vorauszusehen, die von Ersterem versuchte norddeutsche Conföderation nicht zu Stande. Wohl aber war von Napoleon bereits Preußens Verderben beschlossen und er ließ
sich daher angelegen seyn, durch wiederholte Demüthigung
Letzteres zum Widerstande zu reizen, der ihm dann sogleich den Vorwand gegeben hätte, über Preußens Treu-
losigkeit laute Klage zu führen und sich Hilfe zu schaffen.
Um sich dieses zum Opfer ausersehenen Staates um so
schneller zu versichern, strebte Napoleon vorläufig, diejenigen beiden Mächte unthätig zu machen, welche seinen
Streich hätten hindern oder wenigstens erschweren können. Er suchte daher mit Rußland und England Frieden zu schließen. Der treulose Eifer, womit er Preußen
zur Besitznahme von Hannover gedrängt und welcher Verlockung Preußen leider nur zu bereitwillig nachgekommen
war, hatte Letzteres mit England in ein feindseliges Verhältniß gebracht, demzufolge England Embargo auf alle
preußische Schiffe legte und diesem Staate den Krieg
erklärte. Napoleons sichtbares Streben, Preußen mit
allen Mächten zu entzweien, war daher wenigstens auf
einer Seite gelungen; dagegen scheiterte es auf einer andern. Wie zur Besitznahme Hannovers, so hatte Napoleon Preußen auch seit geraumer Zeit dringend ermuntert, die deutschen Staaten des Königs von Schweden
in Besitz zu nehmen. Dagegen erbot sich, treuloser Weise,
Frankreich in dem mit dem russischen Gesandten, Staatsrath Dubril, eingegangenen Präliminarfriedenstractate, in

Gemeinschaft mit Rußland zu verhindern, daß Preußen
dem Könige von Schweden seine deutschen Staaten ent=
risse! — Rußlands edelmüthiger Herrscher versagte diesem
Vertrage seine Ratification und so zerschlugen sich die
Friedensverhandlungen mit Frankreich gänzlich. Napo=
leon schob, wie gewöhnlich, diesen Abbruch der Unterhand=
lungen auf Englands Intriguen. Die Schritte zu einer
gegenseitigen Annäherung Frankreichs und Englands aber,
die schon ziemlich weit gediehen waren, kamen durch Fox's
Tod (13. September 1806.) plötzlich sehr in's Stecken
und kurz darauf wurden auch diese Friedensunterhand=
lungen gänzlich abgebrochen. Preußen aber konnte aus
der Art und Weise dieser auswärtigen Verhandlungen
Frankreichs — welches überdies die Hansastädte mit Ge=
walt vom Beitritte zu der beabsichtigten nordischen Con=
föderation abhielt — am besten ersehen, welches Spiel
diese trugvolle Regierung mit ihm vorhatte, und so blieb
ihm nur die Wahl zwischen feiger Biegsamkeit oder ehren=
vollem Widerstande, wie ihn die Stimme der Nation
sehnend forderte, zwischen einer knechtischen, ewig bedroh=
ten Stellung oder muthigem Wagen. Ganz Preußen
erglühte vor Ungestüm, sich des treulosen Freundes, dem
es so viel, ja sogar einen Theil seines deutschen Ruhmes
zum Opfer gebracht hatte, zu erwehren. Rußland sagte
seine Hilfe zu, und seine Heere rückten in Preußen ein;
Sachsen konnte, bei seiner eingeklemmten Lage, sich von
der Theilnahme nicht ausschließen, nur das kleine Hessen
verharrte in bewaffneter Neutralität, wie viel es auch da=
bei wagte. Auch mit England kehrten die früheren gu=
ten Verhältnisse bald zurück; eben so mit Schweden. Wie
unendlich viel hätte ausgerichtet werden können, wäre Preu=
ßen ein Jahr früher von denselben Gesinnungen beseelt
gewesen, damals, wo Oesterreich, durch die Ankunft des

siegreichen Erzherzogs Carl neu ermuthigt, noch entschlof=
fen auf dem Kampfplatze stand und Rußland noch mit
dem Vertrauen und der Kraft des erften Angriffs sein
Schwert gezückt hielt. Jetzt begann Preußen den Krieg
ruhmvoll, aber unter wenig günstigen Aussichten; es hatte
durch Zögern den Streit, der ein Jahr früher ein Kampf
mächtiger Vertheidigung gewesen wäre, in einen Kampf
der Verzweiflung ausarten lassen und verhängnißvoll=tra=
gisch wurde jetzt, was, zur rechten Zeit begonnen, hoff=
nungsreich und ersprießlich gewesen wäre. Ein einsamer,
durch eigene Schuld verspäteter Kämpfer, trat Preu=
ßen — welches ein Jahr früher Oesterreich und Deutsch=
land zu Kampfgenossen gehabt hätte — jetzt der frän=
kischen Uebermacht entgegen; eine lange friedliche Epoche
hatte Preußen des Krieges entwöhnt, und selbst die Be=
geisterung des Augenblicks konnte ihm das nicht ersetzen,
was Jahre versäumt hatten; während Frankreich, durch
stetes Kriegen gestählt, durch Siege ermuthigt ihm ge=
genüberstand. Der 72jährige Herzog von Braunschweig,
ein Greis von mehr Ruhm, als Thatkraft, ein guter
Soldat, aber durch Alter und Erschöpfung ein mangel=
hafter Held, erhielt den Oberbefehl über das preußische Heer.
Altersschwach zitternd in seinen Entschlüssen, sollte er der
Führer des bevorstehenden Weltkampfes seyn; greisenhaft
schwankend, statt jugendlich ungestüm, sollte er einem Feinde
begegnen, der durch Schnelligkeit zu siegen pflegte. Der
Feldzug ward für Preußen ein zusammengedrängtes Gewirr
reißenden Mißgeschicks, das des preußischen Prinzen Lud=
wig Ferdinand's Heldentod bei Saalfeld eröffnete. Dieser
erste Sieg machte Napoleon zum Herrn von Sachsen; das
preußische Heer war auf seinem linken Flügel umgangen.
Napoleon, im Insurgiren Meister, unterließ nicht, auch
an die Sachsen seine großmüthigen Aufrufe ergehen zu

laſſen. Er ermunterte ſie: „nicht für ein fremdes, dem
ihrigen durchaus widerſtrebendes Intereſſe zu kämpfen.
Die franzöſiſchen Heere ſeyen bereits im Rückmarſche aus
Deutſchland begriffen geweſen; da habe Preußen das
ſächſiſche Gebiet verletzt. Frankreich könne nun nicht eher
vom Kampfplatze treten, als bis Preußen Sachſens Unabhängigkeit anerkannt habe.‟ Zu ſeinem und ſeines Landes ſchmerzlichſtem Verluſte ſchenkte der Churfürſt von
Sachſen, Friedrich Auguſt — ein Fürſt von vielfachen
trefflichen Anlagen, aber den Geiſt ſeiner Zeit nie recht
begreifend und immer durch denſelben überflügelt — der
Stimme des fränkiſchen Verführers nur zu willig das
Ohr! Ein von Napoleon an den König von Preußen
geſendeter Brief vom 12. October, hohe Phraſen von
Friedensgeneigtheit enthaltend, verſpätete ſich an den Hohenlohe’ſchen Vorpoſten. Die Schlacht bei Jena und
Auerſtädt (14. October) entſchied Preußens Schickſal auf
eine herzerſchütternde Weiſe. Sein Heer wurde vernichtet
und zerſtreuet; die Tapferkeit der preußiſchen Krieger
konnte nicht die Fehler der Operationen, die ſelbſt von
franzöſiſcher Seite einzig dem Herzog von Braunſchweig
Schuld gegeben wurden, einbringen. Der König ſelbſt
hatte ſein Leben mit heldenmüthiger Entſchloſſenheit vielfach gewagt, leider, ohne die fürchterliche Niederlage verhindern zu können; der Herzog von Braunſchweig, töbt-
lich verwundet, mußte, aus ſeinem väterlichen Erbe vertrieben, auf fremdem Gebiete und mit der Ausſicht auf
den Untergang ſeines Landes ſterben. Schwer mußte der
Greis, nach einer nicht ruhmloſen Jugend, dafür büßen,
daß er Deutſchlands Schickſal auf ſeine ſchon alterſchwa-
chen Schultern zu laden ſich vermeſſen hatte. Die Commandanten der preußiſchen Feſtungen wußten nichts von
der, ihren Waffenbrüdern eigenen und blutig von ihnen

bewährten Tapferkeit; daher fielen die meisten festen Plätze,
die zum Theil den hartnäckigsten Widerstand hätten lei=
sten und dadurch das Vordringen des Feindes unendlich
erschweren können, ohne allen Versuch der Vertheidigung.
Von Berlin aus decretirte Napoleon den Blokadezustand
der brittischen Inseln; sein Continentalsystem sollte, wie
er hoffte, England aushungern und vernichten. Die
Aussicht auf eine entsetzliche Zukunft für Preußen ge=
währte es, daß Napoleon diesen Staat als Geisel für
Englands und Rußlands Gesinnungen anzusehen Miene
machte und daher, nachdem er einen Waffenstillstand ver=
worfen und vielmehr durch Düroc seine Bereitwilligkeit
zu einem förmlichen Frieden erklärt hatte, diesen Frieden
zu geben verweigerte, mit der Aeußerung: er müsse die
Lage Preußens dazu benutzen, um mit England und Ruß=
land Frieden zu schließen. Ein Aufruf zur Insurrection
an die Polen, durch Verheißungen und sonstige Maßre=
geln unterstützt, war ein neuer Feuerbrand, den Napoleon
gegen Preußen schleuderte. Der von dem übermüthigen
Sieger dem Könige von Preußen bewilligte Waffenstill=
stand — nach welchem, unter andern schmählichen Bedin=
gungen, keine russischen Truppen in den preußischen Staa=
ten geduldet werden sollten, wodurch Preußen auf ein=
mal mit seinem Bundesgenossen, Rußland, entzweit wor=
den wäre — ward von Friedrich Wilhelm mit großher=
ziger Entschiedenheit abgelehnt, und derselbe verkündigte
am 1. December seiner Nation die Fortsetzung des Kam=
pfes. Ein strenges Gericht ließ er über die feigen Be=
fehlshaber der ohne Widerstand übergebenen preußischen
Festungen ergehen und den aufrührerischen Polen — die
Napoleon durch einen, fälschlicherweise unter Kosciusko's
Namen verbreiteten Aufruf zur Empörung anfeuern ließ —
mit Ernst Ruhe und Unterwerfung gebieten. Die Po=

len — ein Volk, welches, heldenmüthig und aufopfernd, fortwährend von einem unklaren Traume von Freiheit befangen zu seyn pflegte, ohne jemals recht in die wahre Bedeutung derselben einzudringen, und daher mehr bereit und geeignet, für die Freiheit zu sterben, als für sie zu leben — ließen sich ziemlich leicht durch diese Vorspiegelungen verführen und gaben sich verblendet dem Befreier hin, der sie nur zu Werkzeugen seiner nimmer satten Herrschsucht zu verwenden gedachte. Wie hätte er, der, sich gegenüber, die ganze Welt als außer dem Gesetze ansah, gerade gegen die polnische Nation wahr seyn können?

Das Kriegsmanifest Rußlands gegen Frankreich vom 28. November eröffnete die Aussicht auf einen neuen Riesenkampf. Nicht ohne Schwerfälligkeit, aber mit einem außerordentlichen Aufwande von Muth und eiserner Ausdauer, schleppte sich der russische Coloß zum Kampfe gegen den verwöhnten Sieger heran. Das Mißgeschick der großen preußischen Armee hatte dem Operationsplane des russischen Feldherrn Bennigsen, über dessen Talente sich die Ansichten und Erwartungen sehr theilten, eine Aenderung aufgedrungen, und er mußte sich, ehe die aus dem Innern Rußlands zu seiner Verstärkung aufbrechenden Truppen da waren, statt auf den Angriff, auf die Vertheidigung beschränken. Die Trümmer der preußischen Armee — durch das Unglück nicht entmuthigt, sondern zu Helden gebildet — gesellten sich zu ihm, und zu ihrem Erstaunen stießen die Franzosen, die den Sieg endlich mit Tänzerleichtigkeit überall zu erhaschen glaubten, auf einen Widerstand, an welchem Napoleons Plan, die Russen zwischen Pultusk, Sieroc und Ostrolenka einzukeilen und zu erdrücken, unerwartet scheiterte. Natürlich schob er auch diesmal die Schuld auf die Elemente. Dagegen bahnte ihm der Fall Breslaus den Weg in die meisten festen Plätze Schlesiens. Die einzelnen glücklichen Unternehmungen kühner Männer — unter ihnen der muthvolle Schill, welcher in Pommern den Feind beunruhigte — brachten freilich kein Hauptresultat zuwege. Der Churfürst von Sachsen — der, sonst so ernst und vorsichtig, dennoch eine unbedingte Verehrung für des Corsen überwiegenden Geist und ein unerschöpfliches Vertrauen für dessen verheißene Luftschlösser hegte — trat, in Folge eines zu Posen zwischen ihm und Bonaparte geschlossenen Friedens, als nunmehriger König, dem Rheinbunde bei, unter Zusage eines Bundes-Contingents von 20,000 Mann. Sachsen erhielt als Imbiß zu dieser Ehre die Napoleon'sche Phrase: „es habe am 24. October 1756 seine Unabhängigkeit verloren, aber am 14. Oct. 1806 dieselbe wiedergefunden; erst jetzt habe Sachsen, durch den Posener Frieden gesichert, aufgehört, eine preußische Provinz zu seyn."

Blutig war das Jahr 1806 geschieden, blutig sollte das neue aufgehen, mit welchem der Kampf in Polen begann. Bennigsen, in der Absicht, die Franzosen zwischen der untern Weichsel und Narew zu umgehen, bis an jenen Strom und die Oder vorzudringen, und dadurch die Festungen Graudenz, Danzig und Kolberg zu entsetzen, kam bei Mohrungen mit Bernadotte in's Gefecht, in welchem Letzterer zwar sich zurückziehen mußte, dennoch aber, mit Ney vereinigt, die Russen so lange aufhielt, bis Napoleon mit einem großen Theile seines Heeres von Warschau nach Ostpreußen herbeikam. Unter heftigen Gefechten drang die französische Armee gegen die Russen bis Preußisch-Eylau (bei Königsberg), wo es am 7. und 8. Februar zu jener furchtbarsten und blutigsten Schlacht des ganzen Feldzuges kam. Die Russen

11

---

fochten mit eiserner Tapferkeit, von beiden Seiten war der Verlust an Todten und Verwundeten außerordentlich, obschon auf französischer Seite überwiegend, namentlich an Generalen. Beide Theile maßten sich den Sieg an; doch wurde selbst von denen, die im französischen Heere mitgefochten, gestanden: „daß, hätte nach der Schlacht bei Eylau ein Napoleon an der Spitze der Russen gestanden, die französische Armee, auch unter Leitung eines Napoleon, wahrscheinlich aufgerieben worden wäre*). Im Ganzen war der Erfolg dieser Mordschlacht für beide Theile hemmend und der Sieg „beiderseits nur negativ, nur ein parirter Stoß"**). — Napoleon getraute sich nicht, den gewünschten Angriff auf Königsberg zu bewerkstelligen; doch gelang es auch Bennigsen nicht, sich mit Graudenz und Danzig in Verbindung zu setzen und den Feind aus seinen Stellungen bei Warschau und Ostrolenka herauszunöthigen. Dem Schreckenskampfe von Eylau folgte eine viermonatliche Waffenruhe. Ein Versuch zur Friedensvermittelung, den Oesterreichs Kaiser damals ohne Berücksichtigung seiner selbst, für die Ruhe Europa's unternahm, blieb ohne Erfolg, da Napoleon die besorgliche Miene annahm, als fürchte er auf einem deshalb zu haltenden Congresse neuen Anlaß zu Zwist und Bitterkeiten. Danzig — dessen Besitz für Napoleon äußerst wichtig war, um sich im Rücken frei zu wissen — ward, nach Kalkreuth's tapferer Vertheidigung, zuletzt von Lefebre, der sich dadurch von Napoleon den Titel eines Herzogs von Danzig erwarb, genommen. Glücklichern Widerstand leistete der Greis Courbiere in dem, von den Franzosen belagerten Graudenz; desgleichen Gneisenau, rühmlich unterstützt

*) Venturini: Chronik des neunzehnten Jahrhunderts. 1807.
**) Hormayr: Geschichte der neuesten Zeit. 3r Bd.

von Schill und dem Bürger Nettelbeck, in dem ebenfalls
vergeblich berannten Kolberg. Der Fall Danzigs gab
die Losung zu einem allgemeinen Angriffe der Russen und
Preußen auf die von den Franzosen angelegten Brücken=
köpfe; doch wurden diese Angriffe bei Spanden durch Ber=
nadotte, bei Lomitten durch Soult zurückgeschlagen, Ney
dagegen ward zu einem Rückzuge nach Ankendorf gezwun=
gen. Dem bevorstehenden Hauptschlage gingen vielfache
Gefechte voran. Am 12. Juni ließ Napoleon die ge=
sammte französische Armee aufbrechen, um die Russen zu
überflügeln und von Königsberg abzuschneiden, ein Plan,
welcher durch die am 14. Juni gelieferte große Schlacht
bei Friedland, die den Russen 10,000 Todte und Ver=
wundete kostete, vollkommen gelang. Königsberg fiel in
die Hände der Franzosen, und am 19. war Napoleon
in Tilsit am Niemen, der Gränze des russischen Reiches.
Am 21. Juni ward von französischer und russischer Seite
ein Waffenstillstand abgeschlossen, welcher beiden Heeren
eine Scheidungslinie feststellte und nur nach vorhergegan=
gener vierwöchentlicher Aufkündigung neue Feindseligkeiten
zuließ. Am 25. kam ein beinahe gleichlautender Waffen=
stillstand mit Preußen zu Stande, und am nämlichen
Tage kam Kaiser Alexander auf dem Niemen mit Napo=
leon zusammen. Bei der am folgenden Tage wiederhol=
ten Zusammenkunft erschien auch der König Friedrich
Wilhelm. Auch Preußens edle und schöne Königin, die
zu früh dahin gegangene Luise, gewann es über sich,
dem übermüthigen Sieger sich zu nahen, der sie haßte.
Er empfing sie zwar mit französischer Galanterie und so,
wie er es der Würde der Königin schuldig war; aber
sein Groll bäumte sich in seinem Innern um so hef=
tiger unter der Maske äußerer Courtoisie, und es ge=
währte ihm eine hämische Befriedigung, die Bitten der

11 *

hohen Leidenden mit froſtiger Höflichkeit abſchlagen zu
können. Am 7. Juli ward durch Talleyrand und durch
die Fürſten Kurakin und Labanow der Friede zwiſchen
Frankreich und Rußland abgeſchloſſen; zwei Tage ſpäter
wurde derſelbe auch mit Preußen unterzeichnet. Rußland
erkannte den rheiniſchen Bund, wie Joſeph und Ludwig
Bonaparte, als Könige von Neapel und Holland an.
Die von Preußen ſeit 1772 beſeſſenen polniſchen Provinzen ſollten unter dem Namen eines Herzogthums Warſchau an den König von Sachſen fallen und ihm eine
freie Militairſtraße durch die preußiſchen Staaten nach
Warſchau verbleiben. Rußland erhielt das von Preußen
abgeriſſene Gebiet von Bialyſtock, und trat die Herrſchaft
Jever an Holland ab. Hieronymus Bonaparte wurde
als König von Weſtphalen anerkannt. — Eine Maſſe
von Opfern und Verluſten ſprach der Friede aus, den das
unglückliche Preußen eingehen mußte. Es trat durch denſelben vor der Hand aus der Reihe der größeren europäiſchen Mächte heraus, indem ihm beinahe die Hälfte
ſeines Gebietes und fünf Millionen Seelen entriſſen wurden. Alles beim Ausbruche des Krieges von ihm beſeſ-
ſene Gebiet zwiſchen dem Rhein und der Elbe trat es
ab, und aus dieſem Raube bildete ſich größtentheils das
neue Königreich Weſtphalen. Den Cottbuſſer Kreis trat
es an Sachſen ab und entſagte, mit wenigen Ausnahmen,
allen Provinzen des vormaligen Königreichs Polen. Bis
zur Auswechſelung der Ratificationen des künftigen De-
finitivfriedens zwiſchen England und Frankreich ſollten
alle preußiſche Länder dem Handel und der Schifffahrt der
Engländer verſchloſſen bleiben und weder aus den preußiſchen Häfen eine Abſendung nach den brittiſchen Inſeln
geſchehen, noch ein aus England oder deſſen Colonieen
kommendes Schiff zugelaſſen werden. Die Kriegsgefan-

genen sollten in Masse ausgewechselt werden. Am 12.
Juli erhielt dieser Friede die Ratification.

Am 12. Juli wurde zu Königsberg zwischen Kalk=
reuth und Berthier noch eine besondere Uebereinkunft un=
terzeichnet, welche die Räumung Preußens von französi=
schen Soldaten betraf. Allein dieser Uebereinkunft zu=
folge hätte diese Räumung beinahe nie geschehen können,
weil sie erst dann erfolgen sollte, wenn die auferlegten
(im damaligen Zustande von Preußen unmöglich zu lei=
stenden) Contributionen vollständig abgeführt, oder die
äußerste Sicherheit (die dann immer von französischer
Schätzung abhing) dafür gestellt wäre. So geschah es,
daß — statt der bis zum 1. October festgesetzten gänzli=
chen Räumung — die preußischen Provinzen, mit Aus=
nahme Altpreußens, noch Jahre lang besetzt blieben. —

Sechster Abschnitt.

Vom Frieden von Tilsit bis zum Frieden von Wien.

Deutschland hatte sich daran gewöhnen können, in
jedem neugeschlossenen Frieden härteres Unglück für sich
zu erblicken, als in den Schrecknissen des Krieges selbst.
Der Friede von Tilsit hatte Deutschlands Feind dem höch=
sten Gipfel zugeführt, und die noch folgenden Mißgeschicke
können dennoch mittelbar als vorbereitende Uebergänge
zum Besseren gelten. Mit einem einzigen entscheidenden
Schlage war Preußen niedergeschmettert und aus der
Reihe der ersten Mächte herausgedrängt worden. Nicht
ohne Zuversicht konnte sich Napoleon die eben so freche,

als grauſame Bemerkung verſagen, daß er, einzig um
dem Kaiſer Alexander ſeine Achtung zu bezeigen, Preußen
einen Theil der eroberten Länder wieder herausgebe, ja
daß er, ebenfalls nur aus Gefälligkeit für jenen Souve=
rain, das Haus Brandenburg nicht ganz zu regieren auf=
hören laſſen wolle. Die Exiſtenz, welche Preußen müh=
ſam genug dem Tilſiter Frieden für ſich noch abgerun=
gen hatte, war nicht mehr, als ein politiſches Scheinleben
zu nennen, welches, fortwährend bewacht von dem arg=
wöhniſchen Tigerblicke des Ueberwinders, von jeder freien
Bewegung zurückgeſchreckt blieb und ängſtlich ſein Leben
an der tyranniſchen Laune ſeines Würgers vorbeiſtehlen
mußte. Dieß hieß kein Daſeyn, ſondern ein verlängertes
Sterben, welches man ſelbſtſtändig zu machen ſtrebte.
Daß der ſonſt edelmüthige Kaiſer Alexander gleichwohl
nicht anſtand, ſich mit dem, ſeinem unglücklichen Bundes=
genoſſen abgepreßten Gebiete bereichern zu laſſen, erregte
Europa's Mißfallen und ließ es ſchmerzlich fühlen, daß,
ſeit Oeſterreich den Kampfplatz geräumt, doch kein deut=
ſcher Verfechter mehr an Deutſchlands Spitze ſtand. —
Schwer hatte Preußen für ſeine lange Unentſchloſſenheit
gebüßt, durch welche es früher dem übrigen kämpfenden
Deutſchland die Hände gebunden und die Zeit, wo es
Mitkämpfer gehabt hätte, verſäumt hatte. Aber aus Preu=
ßens verblutendem Todeskampfe ſtieg ein Rachegeiſt herauf,
der mit furchtbar mahnendem Rufe das ſchlummernde
Deutſchland weckte. Dieſes ſollte zuerſt einſehen, daß
nicht in ſelbſtſüchtiger Zerſplitterung der Intereſſen, nicht
in luftigen, an die Entwürfe des corſiſchen Abentheurers
geketteten Entwürfen, noch in leichenhafter neutraler
Ruhe, ſondern nur in mächtiger Einheit dem ſchmählichen
Drucke zu begegnen ſey, der ſeinen Nacken immer tiefer
beugte, immer frecher ſeine Willkühr mit ihm trieb.

Frankreich hatte es nunmehr so weit gebracht, daß es nicht lange mehr der Listen und Verstellungen bedurfte, sondern bald aus offener Karte spielen konnte. Der Rheinbund hatte ganz Deutschland zu einer französischen Mine gemacht, welche ihr Schöpfer jeden Augenblick zur selbstvernichtenden Explosion bringen durfte. Durch die feindselige Behandlung Englands, welche Napoleon jedem Bundesgliede zur Pflicht machte, war jedes derselben in Schach gestellt und steten Behinderungen und Hemmnissen, wenn nicht offenen Gefahren, hingegeben. Durch den von ihm unterstützten Aufstand in Polen wußte er ebenfalls den europäischen Hauptmächten eine fortwährende Beschäftigung zu geben und sie in Unruhe zu erhalten. Durch die seinem Bundesgenossen, Sachsen, vorbehaltene Militairstraße nach Warschau durch die preußischen Länder, hielt er den überwundenen Staat an einer, dessen Inneres durchschlingenden Kette fest, und rings um sich hatte er Königreiche gebildet, in welchen er durch seine Geschöpfe herrschte, bloße Wortspiele von Staaten, durch Napoleon'schen Witz improvisirt und durch ein neues Wortspiel von ihm eben so schnell wieder aufzulösen. Ein neues Exemplar dieser Art war das neugebildete Königreich Westphalen, ein zusammengestohlenes und durch einige französische Zuthat leidlich abgerundetes Ländergebiet, einem schwächlichen Jünglinge zu angeblichem Eigenthume überlassen, den Napoleon, aus brüderlicher Großmuthslaune, zum Könige bonmotisirt hatte.

Von keiner Ueberzeugung beseelt, als von der seines Ichs und seines Willens, hatte Bonaparte auch nur Begriffe von den Verhältnissen der physischen, nicht von dem Vermögen der moralischen Kraft, und er, der die Menschheit und die ganze Weltordnung wie ein mechanisches Räderwerk an gewissen Fäden leiten wollte, suchte auch

nur Mechanismus, nicht aber eine Seele, einen höhern
lenkenden Willen darin. Daß diese lückenhafte Rechnung
ihn täuschen und verlassen mußte, sollte er nur zu bald
erfahren. Die heimtückische und trügerische Weise, wie
er die Dynastien von Portugal und Spanien von dem
angeerbten Throne stieß, zündete in diesen Ländern die
Flamme des Aufruhrs an. Am fürchterlichsten wüthete
sie in Spanien, und Napoleon, der seinen Feind nur
nach dem Bestande und der Kopfzahl der Heere anzu=
schlagen pflegte, erstaunte nicht wenig, als er sah, daß
diesmal sein Exempel gänzlich fehl schlug, indem nicht
berufsmäßige Heere und Soldaten, sondern die Nation in
Masse gegen ihn in den Kampf trat, nicht vom Solde
getrieben, sondern von dem Geiste der Rache beseelt gegen
den frech eingedrungenen Kronenräuber und Unterdrücker.
Er hatte, bei einem solchen Kriege, seinen Feind nicht
allein im Lager und auf offenem Schlachtfelde zu suchen,
nein, hinter jeder Schlucht, in jeder Hütte erwuchs ihm
ein Feind; er konnte ihn nirgend aufsuchen, aber er
mußte ihn überall fürchten. Spanien ward für Frank=
reichs Krieger das furchtbare Vorspiel zu den Winterquar=
tieren von Moskau, und jene düstern Söhne des Südens,
in denen Napoleon ein abgespanntes, zu Thaten unfähi=
ges Volk vermuthet hatte, rissen, ohne studirte Kriegs=
kunst, oft ohne Feldherren, aber gestählt durch den Glau=
ben an ihr gutes Recht, den Glanz der Unüberwindlich=
keit von den französischen Adlern herab. Sie riefen durch
ihr kühnes Beispiel dem schwankenden Norden die ermu=
thigende Losung zu, und verderblicher noch, als die poli=
tischen, sollten die moralischen Folgen dieses Kampfes für
Napoleon werden. Vergebens mochte, nachdem französi=
sche Kriegskunst die Kräfte der tapfern spanischen Insur=
genten niedergeschmettert zu haben schien, Napoleon die

prahlerische Siegesnachricht bringen: „daß alle die elenden Banden, die gegen ihren (von Napoleon eingesetzten) rechtmäßigen König Joseph sich empört, zerstreut worden, daß die Meuterer keinen zweiten Krieg mehr wagen und ein französischer Lieutenant jetzt die Unterwerfung Spaniens vollenden könne." Wo es den Kampf gegen ein Volk galt, konnte ein Sieg für die Dauer nichts entscheiden. —

Inzwischen mußte Napoleon die Blicke wieder auf Deutschland richten, wo Oesterreich, eine Macht, die wiederholt und mit unendlichen Opfern für Deutschlands Rechte gestritten, aber dann auch den durch die Uebermacht ihr aufgedrungenen Frieden unverletzbar heilig gehalten hatte, sich zu dem neuen Kampfe rüstete, den der alte Feind ihr trotzig bot. Hatte eine Macht jemals gerechte Ursache zum Kriege, so war es Oesterreich, welches, nachdem der unersättliche Eroberer das gesammte Italien immer mehr seiner unmittelbaren Zwingherrschaft unterwarf, und über Spanien und Portugal drohender und drohender die gierige Hand ausstreckte, die stets gewisser werdende Aussicht auf ein gleiches Schicksal gewann. Nachdem Frankreich fast jede Bedingung des Preßburger Friedens mehr oder minder verletzt hatte, wollte Oesterreich wenigstens der drohenden Gefahr eigner Unterjochung kräftig vorbauen. Napoleon, der in jeder Vorsichtsmaßregel einer fremden Macht eine Feindseligkeit gegen sich erblickte (nicht ohne allen Grund, indem er für Deutschland und Europa zur fixirten Gefahr geworden und daher jede fremde Vorsicht ihm drohend erscheinen mußte), säumte nicht, über Oesterreichs Rüstungen, die zur Zeit durchaus keinen offensiven Charakter hatten, sofort nach seiner Weise Lärm zu schlagen, und die französischen Blätter, stets geöffnet der beschönigenden Willführ ihres

Zwingherrn, ließen sich bereits in der gewohnten Sprache vernehmen: „der Kaiser Franz dürfe das edle Benehmen seines Ueberwinders nach der Schlacht bei Austerlitz nicht aus dem Gedächtnisse verlieren. Er wisse, wie sehr er der Großmuth Napoleons vertrauen könne und wie heilig dieser die von ihm geschlossenen Verträge zu halten gewohnt sey (!). Neapel, Preußen und Spanien würden noch aufrecht stehen, wenn ihre Beherrscher der eignen Einsicht vertraut hätten, statt dem Einflusse von Weibern, Höflingen und jungen Leuten zu folgen, wodurch ihr Thron zusammengestürzt. Der Prinz Ludwig Ferdinand sey als das erste Opfer dieses Wahnsinns gefallen; sein Schicksal muntere wohl eigentlich nicht zur Nachahmung auf. Zähle man vielleicht auf die Milizen, die Insurrectionen und den Aufstand in Masse? Elende Mittel, die Spaniens Fall befördert, nicht aber aufgehalten! Hätten wohl gar Englands Einflüsterungen (das Gespenst, welches Napoleon überall beschwor) Oesterreich zu Rüstungen verführt ꝛc.?" — Es waren, nebst den üblichen Prahlereien von bewiesener Großmuth, die gewöhnlichen politischen Zierereien und das äußerliche spröde Sträuben gegen neuen Krieg, die Napoleon auch diesmal erschöpfte. Daß er in der That schon längst begierig auf einen Bruch mit Oesterreich gewartet hatte, um einen Vernichtungsstreich gegen dasselbe ausführen zu können und dadurch den letzten Pfeiler umzustürzen, auf welchen Deutschlands Hoffnungen sich noch stützten, und durch welchen allein Deutschland überhaupt noch repräsentirt wurde, zeigten nicht nur seine frechen Verletzungen aller, Oesterreich schuldigen Verträge, sondern auch die schnellen Maßregeln, welche er zu Eröffnung neuer Feindseligkeiten ergriff, obschon er sich das Ansehen gab, als ob er die Truppen des Rheinbundes entlasse. Daß er von Oester-

reich auf drohende Art die Anerkennung seines Bruders
Joseph als König von Spanien verlangte — obschon
diese Wahl gänzlich gegen den Willen des spanischen
Volkes, gegen die Ansprüche der Bourbons, gegen Sardi-
niens Anwartschaft und gegen Österreichs ältere Rechte
stritt — war eben kein Schritt zu freundlicher Annäherung, und Oesterreich weigerte sich mit Ruhe, aber mit
Entschiedenheit dieser Anerkennung. Mit seinem schnellen mathematischen Blicke glaubte Napoleon aus den
Streitkräften der österreichischen Monarchie eine ihn be-
günstigende beschränkte Zahl herausgebracht zu haben.
Aber er verwechselte auch hier die meßbare physische Kraft
eines Landes mit der ungemessenen moralischen eines Volkes. Das Mißgeschick langer, standhafter Kämpfe für
Deutschlands Befreiung hatte Oesterreichs Finanzen erschüttern, seine Heere schwächen, aber die moralische Kraft
des Volkes, gestützt auf eine unwandelbare Liebe zu einem
Herrscher, welcher es zu beglücken strebte und seinen Unterthanen muthig in Opfern voranging, auch nicht auf
einen Augenblick fesseln können. Jetzt, wo Oesterreich —
durch unzählige Beleidigungen und freche Verletzungen
ihm zugestandener Verträge herausgefordert — aufs neue
den Kampfplatz betreten sollte, zeigte sich am glänzendsten, wie stark selbst unter übrigens ungünstigen Verhältnissen ein Volk ist, das sich in seinen Nationalgefühlen
treu geblieben und die heiligen Empfindungen, welche es
von Vätern und Vorwelt erbte, rein in sich erhalten hat.
Ganz Oesterreich, von dem Rufe der großen Pflicht ge-
weckt, verwandelte sich in ein Lager, allenthalben ström-
ten Freiwillige herbei und drängten sich in kampflustiger
Ungeduld unter die Fahnen des großen, siegbewährten
Anführers, des Erzherzogs Carl, dem, als dem Sieger
von Amberg und Würzburg, von Ostrach und Stockach,

von Zürich und Calbiero, am würdigsten der hohe Beruf
eines Generalissimus in dem bevorstehenden Befreiungs=
kampfe zu Theil ward.   Die Begeisterung für Fürst und
Vaterland regte sich allgewaltig in dem Herzen der gro=
ßen Monarchie, Alles griff begierig zu den Waffen, und
der Eifer, für so heilige Pflichten Blut und Leben zu
wagen, ging so weit, daß ein Wiener Bürger, den das
Loos traf, zu Werbung und Depots in Wien zurückzublei=
ben, sich aus Unmuth über diese vermeinte Zurücksetzung
erschoß *).   Betroffen mochte der kecke Herausforderer
wahrnehmen, wie, nach zwei Jahrzehnten fortwährenden
Krieges, Oesterreich, ohne krampfige Anstrengungen und
einzig in einem muthigen Empfinden seiner physischen und
moralischen Kräfte, auf ein ermunterndes Wort seines
Kaisers plötzlich mit Inschluß der Reserven, der Landweh=
ren und der ungarischen Insurrection, eine Macht von
725,000 Mann aufstellte, die zum größten Theile nicht
nur mit ihrem Arme, sondern mit ihrer Seele, mit ihrer
vollen Ueberzeugung und ihrem Menschenglauben für ihr
gutes Recht zu streiten bereit waren.   Die Worte des
Erzherzogs Carl an die Freiwilligen Wiens waren eines
Helden würdig und geeignet, die dunkle Begeisterung de=
rer, die ihm folgten, in warmer Ueberzeugung zu befe=
stigen: „Die hohe Begeisterung, mit der Ihr Euch heute
dem Dienste unsers geliebten Monarchen und dem Schutze
unsers theuren Vaterlands geweihet habt, ist ein herzer=
hebender Zug in der Geschichte Oesterreichs! — er knüpft
unauflöslich das Band der Liebe und des Zutrauens zwi=
schen dem Monarchen und Euch.   Wenn dem Vaterlande
Gefahr droht, so zähle ich auf Euern Arm.   Keiner von

---

*) Wien, seine Geschicke und Denkwürdigkeiten. Wien, 1823.
5r Band.

Euch will fremden Hohn und fremde Feſſeln tragen. Dieſer erſte patriotiſche Entſchluß erzeugt Helden und verbürgt den Sieg. Wo uns die Ehre und das Vaterland hinrufen, da finde ich Euch wieder; — da findet jeder von Euch auch Mich.“ —

Am 6. April 1809 verkündigte ein Tagesbefehl des Erzherzogs Carl der Armee die Erneuerung des Krieges: „Fruchtlos ſeyen alle Verſuche geweſen, die Selbſtſtändigkeit Oeſterreichs gegen den unerſättlichen Ehrgeiz des fremden Eroberers zu bewahren; rund umher fielen Nationen, und rechtmäßige Regenten würden losgeriſſen von dem Herzen ihrer Völker; auch Oeſterreichs Monarchie werde mit der Gefahr allgemeiner Unterjochung bedroht. Nicht um Andere zu unterdrücken, nicht aus Ehrgeiz unternehme Oeſterreich den Krieg und nicht ſolle ſeine Krieger der Fluch treffen, ſchuldloſe Völker zu vernichten und auf den Leichen erſchlagener Vaterlandsvertheidiger dem Fremdlinge den Weg zum geraubten Throne zu bahnen. — Die Freiheit Europa’s hat ſich unter Oeſterreichs Fahnen geflüchtet; Eure Siege werden ihre Feſſeln löſen; Ihr geht in einen rechtlichen Kampf; ſonſt ſtände ich nicht an Eurer Spitze!“ — So ſprach, einem vom Glück verwöhnten, von Uebermacht begünſtigten Feinde gegenüber, ein öſterreichiſcher Held, während Deutſchland, dem der Befreiungskampf galt, ſeine Contingente zum Rheinbunde ſtellte, um für den Zwingherrn gegen den angeſtammten Kaiſer zu ſtreiten und die ſeltſame Wahrheit zu erfüllen: daß Deutſchland durch Deutſchland fallen ſollte, und während Rußland’s Herrſcher, verblendet durch Napoleons Thatengröße und verführt durch deſſen ſchmeicheriſche Höflichkeit, erklärte: „daß Rußland für Krieg und Frieden auf’s Innigſte mit Frankreich verbunden ſey,“ und zugleich ein ruſſiſches Heer ſich zu Dubno verſammelte. Nachdem Napoleon, wie auch das österreichische Manifest erwähnte, alle Bedingungen des Preßburger Friedens auf's Frechste verletzt, den Churfürsten von Salzburg und den Großmeister des deutschen Ordens nur kümmerlich, den Erzherzog Ferdinand aber, als vormaligen Besitzer des Breisgaues, gar nicht entschädigt, nachdem, auch nach dem Friedensschlusse, Napoleons Armee noch immer Leistungen und Lieferungen in den österreichischen Staaten verlangt, nachdem er drohend eine Militairstraße zwischen Venedig und Dalmatien durch das österreichische Gebiet gefordert, ingleichen, als angebliche Repressalie für die unverschuldete Uebergabe von Cattaro an die Russen, Braunau und die österreichischen Besitzungen am rechten Ufer des Isonzo lange rechtwidrig besetzt gehalten, nachdem er die deutsche Verfassung gestürzt und willkührlich den Rheinbund gestiftet, dadurch Deutschland unterjocht und den Kaiser zu Niederlegung der deutschen Krone gezwungen, 'die Regierungen von Holland und Neapel eigenmächtig umgestaltet, das portugiesische Königshaus vertrieben, Oesterreich zwischen Beitritt zum Continentalsysteme oder einem neuen Kriege wählen lassen, und durch den frechen Raub der spanischen Krone seinen weltzerstörenden Gewaltstreichen die Krone aufgesetzt, kurz, nachdem Napoleon auf allerlei Weise seinen räuberischen Willen als Welt, ja als moralisches Gesetz hingestellt hatte, war es wunderbar genug, daß es ihm gleichwohl noch gelang, durch Höflichkeiten und Redensarten einzelne Gemüther zu verführen, und daß man Oesterreichs Bemühungen, den von so tiefem Schlafe befangenen Nationalsinn Deutschlands wieder zu erwecken, auf tölpische oder boshafte Weise mißdeuten konnte! Eine bis zum Komischen widerspruchsvolle Zusammenstellung war es, daß Napoleon seiner offiziellen Erklärung vom 30. Juli 1808: —

„der Krieg sey unvermeidlich, wenn Oesterreich seine krie=
gerischen Rüstungen nicht durch Maßregeln von entge=
gengesetzter Art rückgängig mache" — den drohenden Zu=
satz folgen ließ: „die französischen Heere in Italien und
Deutschland seyen, ohne die Truppen der Bundesgenossen
mitzuzählen, gegenwärtig doppelt so stark, als sie es im
Jahre 1805 gewesen." Zu Aufmunterung des Ver=
trauens hatte er die österreichische Monarchie auf allen
Puncten mit französischen Heeren umgeben, die nur, wenn
Oesterreich den neugeschaffenen spanischen König aner=
kenne, sich entfernen sollten.

Am 8. April 1809 ging Kaiser Franz selbst zur Ar=
mee, die Gerechtigkeit des gegenwärtigen Krieges seinen
Völkern und der Welt darlegend: „Nur Selbstvertheidi=
gung sey Oesterreichs Absicht gewesen; aber der Eroberer
könne es nicht ertragen, daß Fürst und Volk, durch wech=
selseitiges Vertrauen vereint, stark genug seyen, seinen
Anmaßungen zu widerstehen." Ein Aufruf des Erzherzogs
Carl an die deutsche Nation, die wohl Ursache gehabt
hätte, den Worten ihres mehrmaligen Retters ein willi=
geres Ohr zu leihen, brach sich an Deutschlands stumpfer
Unentschlossenheit, wie einfach und eindringlich auch die
Sprache des Helden war: „Nicht als Eroberer, nicht als
Feinde Deutschlands, nicht um deutsche Verfassung, Sit=
ten und Gebräuche zu vernichten, nicht um Throne zu
stürzen und damit nach Willkühr zu schalten, nicht um
Deutschlands Habe anzutasten und deutsche Männer in
ausländischen Unterjochungskriegen aufzuopfern, überschreite
er mit seinen Kriegern die Gränze. Der Kampf ge=
schehe, um die Selbstständigkeit der österreichischen Mo=
narchie zu behaupten und Deutschland die Unabhängigkeit
und Nationalehre wieder zu gewinnen, die ihm gebühre.
Dieser Widerstand sey Deutschlands letzte Stütze zu sei=

ner Rettung, und nur der Deutsche, der sich selbst ver-
gesse, sey Oesterreichs Feind." — Baiern, welchem dieser
Aufruf zunächst galt, theilte noch zu sehr den Winter-
schlaf Deutschlands, als daß dergleichen Worte, wenn sie
auch in dem Herzen manches Braven wiederklangen, zur
Zeit die Gesammtheit des Volkes und die Politik des
Ministeriums hätten durchdringen können.

Am 10. April überschritt das österreichische Hauptheer
bei Braunau, Scharding und Wasserburg den Inn und
zu gleicher Zeit drangen zwei österreichische Corps unter
Bellegarde und Kollowrath aus Böhmen in die Oberpfalz. Am 16. erzwang der Erzherzog Carl den von
den Baiern streitig gemachten Uebergang über die Isar
bei Landshut, und am nämlichen Tage rückte General
Jellalich in München ein, welche Hauptstadt der König
von Baiern schon am 11. verlassen hatte. Er traf am
16. mit Napoleon, welcher drei Tage früher von Paris
aufgebrochen war, in Dillingen zusammen, der ihn nicht
ohne prahlerischen Trost ließ und ihn größer zu machen
versprach, „als je einer seiner Vorfahren gewesen." —
Wie glücklich sich auch dieser neue Kampf für Oesterreich
anließ, so sollten diesem erfreulichen Anfange doch nur
zu schnell ungünstige Ereignisse folgen, die wohl darin
einen Hauptgrund hatten, daß die Oesterreicher nirgend
zuverlässige Nachrichten von den Bewegungen der Feinde
hatten, und daher dieselben zu lange hinter dem Lech
glaubten. Die Folge war, daß die Hauptkraft der Oesterreicher nicht auf die Puncte hingelenkt wurde, wo sie
am wirksamsten gewesen wäre, und daß sie daher, ohngeachtet ihrer Stärke im Allgemeinen, auf den angegriffenen Puncten immer die Schwächeren waren. Nachdem
bereits die tapferen Bewohner Tyrols, erglühend in all-
gewaltiger Liebe für ihr österreichisches Fürstenhaus und

für die Freiheit ihrer Berge, unter den Waffen standen und ein ganzes baierisches Corps durch sie gefangen genommen worden, nachdem der Erzherzog Ferdinand glücklich in das Herzogthum Warschau eingedrungen und der Erzherzog Johann durch kühne und listige Bewegungen den Feind irregeleitet, den Vicekönig von Italien zwischen Sarcile und Pardenone mit großem Verlust geschlagen und ihn zum Rückzuge über die Piave gegen die Etsch genöthigt; veranlaßte gleichwohl das Mißgeschick der deutschen Waffen auf einem andern Theile des Kriegsschauplatzes den siegreichen Johann, nicht weiter vorzudringen, sondern in das Innere des Reichs zurückzugehen.

Es sollte der Tapferkeit der Oesterreicher nicht gelingen, die Vereinigung Davoust's, der bei Hausen sich mit ihnen schlug, mit den vom Herzog von Danzig angeführten Baiern zu vereiteln. Von üblen Folgen war auch die Niederlage Thierry's bei Arnhofen und Kirchdorf, da dieser General den linken Flügel des Generalissimus decken und die Verbindung mit dem Erzherzog Ludwig bei Siegenburg erhalten sollte. Durch den Ausgang dieser Gefechte gelang dem Feinde die ihm streitig gemachte Vereinigung; die Oesterreicher kamen dadurch aus dem Angriffe in die Vertheidigung. Der Erzherzog Ludwig ward durch die Treffen bei Rohr und Rottenburg gänzlich von der Hauptarmee abgeschnitten und nur durch tapfere Anstrengungen bewerkstelligte er seine Vereinigung mit Hiller. Der Verlust von Landshut, obschon die Oesterreicher es hartnäckig vertheidigt hatten, nöthigte dieselben zum Rückzuge gegen den Inn. Am 20. April nahm der Fürst Johann Liechtenstein Regensburg ein und machte das darin gelegene französische Regiment zu Gefangenen. Durch die Besetzung dieses wichtigen Uebergangspunctes war die Verbindung mit dem Heere jenseits der Donau

wieder hergestellt und die Bewegungen der Oesterreicher
erhielten mehr Freiheit. Ihr rechter Flügel machte sich
schon bereit, angriffsweise gegen Davoust bei Abach vorzudringen, aber Napoleon, der durch Hiller's Rückzug
auf Braunau freiere Hand gewonnen, warf sich mit voller Macht diesem Flügel entgegen und drängte ihn über
die Donau zurück. Heldenmüthig hielt bei Eckmühl ein
österreichisches Corps, freilich nicht ohne harten Verlust,
das ganze französische Hauptheer auf; die Anhöhen um
Regensburg kamen in französische Gewalt, die Stadt
ward heftig beschossen, die Oesterreicher schlugen sich, nachdem der Feind bereits in die Stadt gedrungen, noch in
den Straßen mit hartnäckigem Muthe. Endlich mußte
sich die übrig gebliebene Besatzung an die Franzosen ergeben. Am 24. schlug Hiller bei Neumarkt die Baiern
unter Wrede und warf sie nach Landshut zurück. Aber
die Botschaft der Unfälle von Eckmühl und Regensburg
nöthigte ihn, sich hinter den Inn zu ziehen, um die Heer-
straße nach Wien zu decken, wohin Napoleon, nachdem
er durch Aufhebung des deutschen Ordens seinen innern
Widerwillen gegen den, ihm ominösen deutschen Namen
auf's neue bewährt hatte, seine Soldaten binnen Mo-
natsfrist zu führen versprach.

Um diese Zeit, wo Oesterreich, verlassen von allen
Bundesgenossen, für Deutschlands Sache blutete, trat
auch Rußland zu seinen Feinden über, indem es, angeblich in Folge inniger Verträge mit Frankreich, eine Armee
in Galizien einrücken ließ. Zum Glück manoeuvrirte diese
mit sichtlichem Widerwillen, daher ziemlich langsam, vielleicht absichtlich, um sich erst des Ausganges der Dinge
in etwas zu versichern und danach ihre fernern Maßregeln zu nehmen. Oesterreich sah sich jetzt nach allen
Seiten hin von Feinden umringt und angegriffen. Den

kühnen Plan des Erzherzogs Johann — sich so lange als möglich in der Gegend von Gräß zu halten, Chasteler und Jellalich an sich zu ziehen, die französischen Abtheilungen einzeln zu schlagen, Innerösterreich zu befreien und die Verbindung mit Tyrol zu vollbringen — vereitelte die Niederlage Jellalichs vor St. Michael bei Leoben. Furchtbar blutig ging es in Tyrol her. Die muthigen Söhne der Gebirge schlugen sich mit ungeheurer Tapferkeit gegen die eindringenden Baiern. Vertraut mit jeder Schlucht, verwandelten sie ihre Berge in Lager und Bollwerke und führten auf dem nur ihnen zugänglichen Terrain den Krieg mit gutem Glücke gegen einen Feind, der sie von dem Herzen des geliebten Kaisers reißen wollte. Je mehr sich die französischen Schaaren Wien näherten, desto unmenschlicher ward der Krieg von ihnen geführt und mit Brand und Raub der Weg bezeichnet, den sie zogen. Durch das blutige Gefecht bei Ebersberg, in welchem die Wiener Freiwilligen mit einer Tapferkeit kämpften, die der erprobtesten Helden würdig, erzwangen sich die Franzosen den Uebergang über die Traun und die Ens. Der Anblick des verbrannten Ebersberg, mit verstümmelten und verkohlten Leichnamen übersäet, war so entsetzlich, daß selbst Napoleons eiserner Brust sich Seufzer entrangen. Wie konnte der weltzerstörende Krieger doch vor seiner eignen Schöpfung erschrecken?! War dieser Anblick, der ihn mit Grausen erfüllte, doch nur ein unendlich verjüngtes Kleinbild, ein winziges Bruchstück seines Wirkens! — In der Nacht vom 11. zum 12. Mai wurde Wien heftig mit Haubitzgranaten beschossen, so daß mehrere Häuser in Brand geriethen, und da in der nämlichen Nacht Massena über die schmäleren Arme der Donau ging, die Oesterreicher aus einigen der nächsten Auen und Inseln verdrängte, und die Besatzung vom linken Ufer abzuschneiden drohte, so würde längerer Widerstand die Stadt nur zwecklosen Verwüstungen und ihre von Muth und Vaterlandsliebe durchdrungenen Bewohner schmählichen Mißhandlungen preisgegeben haben. Daher capitulirte Wien am 13. Mai und ward von den Franzosen besetzt. Mit einer Bescheidenheit, von welcher Jeder, der ihn kannte, wußte, wie sehr sie ihm von Herzen ging, forderte Napoleon seine Soldaten auf, „nicht stolz zu werden über sein Glück, sondern (in Nachsätzen seiner Rede konnte es Napoleon nie recht weit bringen, weil sie immer die im Vordersatze erzielte Illusion ziemlich plump niederschlugen) darin nur einen Beweis der göttlichen Gerechtigkeit zu erblicken, welche den Undank und den Meineid strafe!" In einem Aufrufe lud er die Ungarn ein: „sich in den Feldern von Racos einen andern König zu wählen und die Vereinigung mit Oesterreich, die ihnen zum Verderben gereiche, zu zerreißen." Wahrscheinlich hätte er, wäre sein Aufruf nicht ohne allen Wiederhall geblieben, die Gefälligkeit gehabt, den Ungarn einen seiner Brüder oder Verwandten zum Könige vorzuschlagen und so auch in die Verfassung der Magyaren seinen eisernen Zwingscepter herüber zu strecken. Am 21. Mai erfolgte zwischen dem aus Böhmen her an das linke Donauufer hergezogenen Erzherzog Carl und Napoleon die blutige Schlacht von Eßlingen, in welcher von beiden Seiten mit so unerhörter Verwegenheit gestritten wurde, daß der Gedanke an die Oesterreicher von Aspern einen stehenden Platz in Napoleons Erinnerung erhielt. Die Franzosen wurden, trotz der wüthendsten Gegenwehr, mit großem Verluste über die Donau zurückgedrängt; das gefürchtete Corps der französischen Geharnischten ward vernichtet, Napoleons Liebling, der Herzog von Montebello (Marschall Lannes), getödtet. Aber auch der Verluſt der Oeſterreicher war beträchtlich und die Schlacht von beiden Seiten mit ſchweren Opfern bezahlt.

Daß in dem ſchreckenvollen Nachtbilde dieſer Mordſchlacht, neben tauſend Proben glänzenden Heldenmuthes, auch Züge ſchöner Menſchlichkeit auftauchen, wird unendlich wohlthuend, und um ſo weniger darf einer derſelben, der das Menſchengefühl der tapfern öſterreichiſchen Krieger in das herrlichſte Licht ſetzt, hier übergangen werden. Bei einem wiederholten Angriffe auf Aſpern fand ein öſterreichiſcher Offizier mehrere franzöſiſche Verwundete in einem Gebüſche liegen, die — als er ſie verwundert fragte, wie ſie hieher kämen? — ihm erwiederten: „Ihren Leuten verdanken wir's, daß wir hier ſind;" denn mitten im wüthenden Gefechte hatten die öſterreichiſchen Soldaten die verwundeten Feinde aus dem brennenden Dorfe getragen, um ſie vor den Flammen zu retten *). — Ein Zug, den man mit Recht der ſchönſten Zeit des Ritterthums würdig genannt hat.

Deutſchlands Rettungsjahr war noch nicht gekommen, denn der Befreiung ſollte erſt die Erkenntniß vorangehen. In Tyrol rang man, obenan der kühne Sandwirth Hofer von Paſſau, noch blutig um die Palme der Freiheit. Einzelne deutſche Männer eilten, zur Zeit noch unverſtanden, ja geächtet von ihrem Vaterlande, das ſie zu befreien ſtrebten, dem Untergange oder der Gefangenſchaft entgegen. Der gewaltige Schill fand in Stralſund den Heldentod, glücklicher als viele ſeiner Kampfgefährten, deren die Kugeln der Schergen oder die Galeerenketten warteten! —

---

*) S. die Schrift: der Feldzug Frankreichs und ſeiner Verbündeten gegen Oeſterreich im Jahre 1809 (Meißen, 1810.), übrigens gänzlich von franzöſiſcher Parteiſucht dictirt. —

Der 14. Juni brachte in dem Unfalle von Raab ein Vorspiel zu entscheidenderen Schlägen. Die Schlacht von Wagram, die, nach herrlichen Proben todesverachtender Tapferkeit von Seiten der Oesterreicher und nach löwen= kühnem Widerstande — der Erzherzog Carl selbst war unter den Verwundeten — durch Umgehung des linken Flügels für die Oesterreicher verloren ging, bildete die düstere Katastrophe des großen Kampfes.

Am 12. Juli wurde im Lager von Znaim zwischen dem Marschall Berthier und dem Generalquartiermeister Baron Wimpfen ein Waffenstillstand auf einen Monat, mit vierzehntägiger Aufkündigung, geschlossen. Verschie= dene bedeutende militairische Posten wurden dem Feinde eingeräumt, Tyrol und Vorarlberg sollte von den Oester= reichern verlassen werden. Der Erzherzog Carl legte am 31. Juli den Oberbefehl über das Heer nieder, welchen hierauf der Fürst Johann Liechtenstein übernahm. Na= poleon kehrte nach Schönbrunn zurück.

Die Nachricht des geschlossenen Waffenstillstandes er= regte in dem kampfmuthigen Tyrol Schmerz und Ver= wirrung, zumal die bewaffneten Bewohner ihre Kampf= noffen, die Oesterreicher, abziehen sehen mußten. Aber bald machte der kühne Entschluß, sich durch eigne Kraft die Freiheit zu erkämpfen, in dem Herzen der Tyroler der ersten Ueberraschung Raum. Eine Reihe der verwegen= sten Siege krönt den Muth dieser Naturhelden, und abermals erringt Tyrol die tödtlich angetastete Freiheit. — Unter Wundern von Tapferkeit schlug sich der Herzog Wilhelm von Braunschweig mit einer Handvoll Helden von Böhmen durch Ober= und Niedersachsen, lieferte auf seinem Zuge den von allen Seiten ihn verfolgenden Fein= den eilf siegreiche Treffen und schiffte sich zuletzt glücklich

nach dem rettenden England ein, wo er bis zum Sturze
des Welttyrannen ein Asyl fand, um dann nach dem
befreiten Deutschland zurückzukehren.

Die Unterhandlungen, welche zu Bewerkstelligung eines
Friedens Graf Clemens Metternich und General Graf
Nugent von österreichischer und der Minister Champany,
zu Ungarisch-Altenburg mit einander eröffneten, wurden
durch Ausbrüche französischen Uebermuthes zu wiederholten
Malen abgerissen. Energisch für den Feind und hoff-
nungspendend für Deutschland sprach sich über den zweifelhaften Fortgang Kaiser Franz, in einem würdevollen
Armeebefehle vom 16. August aus: „Das wandelbare
Glück der Waffen entsprach Meinen Erwartungen nicht;
der Feind drang in das Innere Meiner Staaten, und
überzog sie mit allen Verheerungen des unversöhnlichsten
Krieges und einer gränzenlosen Erbitterung; aber er lernte
dabei den Gemeingeist Meiner Völker und die Tapferkeit
Meiner Armeen kennen und schätzen. — Diese, von ihm
blutig erkaufte Erfahrung, und Meine stets gleiche Sorgfalt für das Glück Meiner Staaten, führten die gegenwärtige Annäherung zu friedlichen Unterhandlungen herbei. Meine Bevollmächtigten sind mit jenen des französischen Kaisers zusammengetreten. Mein Wunsch ist ein
ehrenvoller Frieden, ein Frieden, in dessen Bestimmungen
Möglichkeit und Aussicht seiner Dauer liegt. Die Tapferkeit Meiner Kriegsheere und ihr unerschütterlicher
Muth, ihre warme Vaterlandsliebe und ihr lauter Wunsch,
die Waffen nicht eher, als nach Erlangung eines ehrenvollen Friedens, niederzulegen, können Mir nie gestatten,
Bedingungen, welche die Grundveste der Monarchie zu erschüttern drohten und uns entehrten, nach so großen und
edlen Anstrengungen einzugehen. Der hohe Geist, der
die Armee belebt, ist Mir und ihr Bürge, daß, sollte

der Feind uns dennoch mißkennen, wir den Lohn der Tapferkeit einst sicher erlangen werden." —

Nach langen Verhandlungen, die durch Napoleons Intriguen absichtlich in die Länge gezogen wurden, und mehrmals schon dem Bruche nahe waren, wurde endlich am 14. October zwischen Champagny und Fürst Liechtenstein der Wiener Friede unterzeichnet. Oesterreich trat darin ab: zum Besten des Rheinbundes, Salzburg und Berchtolsgaden, und einen Theil von Oesterreich ob der Enns, und unmittelbar an Napoleon die Grafschaft Görz und das Gebiet von Monfalcone, Triest, Krain, den Villacher Kreis von Kärnthen, den größten Theil von Croatien, Fiume, das ungarische Littorale und Istrien, wobei der Thalweg der Sau künftig die österreichische Gränze bilden sollte, an den König von Sachsen einige Ortschaften von Böhmen, an das Herzogthum Warschau ganz West- oder Neu-Gallizien, einen Bezirk um die Stadt Krakau auf dem rechten Ufer der Weichsel und den Zamozker Kreis in Ost-Gallizien; endlich an Rußland in dem östlichen Theile von Alt-Gallizien einen Bezirk mit 400,000 Seelen. Erzherzog Anton entsagte dem Großmeisterthume des deutschen Ordens; den Tyrolern und Vorarlbergern, sowie auch den Bewohnern von Gallizien ward vollkommene Amnestie und Vergessenheit des Vergangenen zugesichert. Alle in der pyrenäischen oder italienischen Halbinsel durch Napoleon vorgenommene oder noch vorzunehmende Umwälzungen wurden anerkannt; Oesterreich trat dem Continentalsysteme unbedingt bei. Oesterreich verlor in diesem Frieden gegen 2000 Quadratmeilen Flächeninhalts, eine Bevölkerung von viertehalb Millionen und alle Seehäfen. Schmerzliche Verluste! aber „ein großes Interesse führt zu großen Opfern; sie wurden mit seltener Hingebung gebracht, und wenn das Glück der

Waffen am Ende zum Vortheile der Feinde Oesterreichs entschied, so konnten sie ihm zwar die Palme des Sieges entreißen, aber unvergängliche Lorbeeren werden stets der Tapferkeit blühen!"

Aus Totis verkündigte am 24. October Kaiser Franz durch einen Armee-Befehl, in welchem das standhafteste Vertrauen zu der Kraft und Treue seiner Völker sich aussprach, seinen Kriegern den Frieden: „Ich habe den Krieg geendigt, um die Segnungen der Ruhe Meinen Völkern wieder zu schenken, ihr Wohl nicht länger dem Ungefähr ungewisser Ereignisse auszusetzen. — Sie haben ihre Treue, ihre warme Anhänglichkeit in allen Gefahren bewährt und somit das Band fester, unauflöslicher geknüpft, das den Fürsten an ein gutes Volk bindet. Ich erkenne in Meiner Armee, an deren Thaten Ich immer mit inniger Rührung zurückdenken werde, die Stütze Meines Thrones, den Schutz und die Bürgschaft der künftigen Ruhe Meiner Unterthanen. Sie hat in den drei letzten blutigen Schlachten die Achtung und Bewunderung der Welt erworben, die zahllosen Beweise unerschütterlicher Treue und Anhänglichkeit an Meine Person geben ihr den höchsten Anspruch auf Meine Liebe, und ihr den sichersten Bürgen auf Meine Dankbarkeit. Ihr Wohl, ihre Auszeichnung wird auch ferner Meine angelegenste Sorge seyn."

Der Aufenthalt der Franzosen in Wien war, ohnerachtet Napoleons hochtrabender Phrasen von Milde und Schonung, dennoch von zahlreichen Unbefugnissen, Gewaltstreichen und selbst Grausamkeiten bezeichnet. Dies war freilich nicht eben die thätigste Erkenntlichkeit für den bewiesenen Edelsinn der Wiener, die, nach der blutigen Schlacht von Wagram, auch die feindlichen Verwundeten mit inniger Theilnahme empfingen und mit

brüderlicher Sorgfalt pflegten, so daß sogar von Fran=
zosen Dankschriften unter die Theaterzettel geheftet wur=
den, wo es hieß: „Gott segne Euch, großmüthige Be=
wohner Wiens! Ihr habt mit Thränen in den Augen
die französischen Verwundeten aufgenommen. Der große
Napoleon wird es erfahren und Ihr werdet ihm theuer
seyn!" —

Am 27. November benachrichtigte der k. k. Hofcom=
missair, Graf von Wrbna, die Wiener von der noch am
nämlichen Tage zu erwartenden Wiederkehr des allgelieb=
ten Kaisers. Um 4 Uhr Nachmittags traf der Kaiser
in einem einfachen Wagen, ohne Hofstaat und ohne krie=
gerische Begleitung wieder in Wien ein. Der Jubel der
biedern Einwohner war unendlich; das Volk umringte
jubelnd den Wagen, so daß der Zug nur Schritt vor
Schritt gehen konnte. Man klammerte sich an den Wa=
gen, an die Stränge der Pferde, man küßte die Kleider
des Monarchen und trug ihn im eigentlichen Sinne auf
den Händen in die Gemächer der Hofburg. Ohne ge=
schehene Abrede erleuchteten sich Abends alle Fenster und
der Kaiser zeigte sich an diesem Abende noch einmal un=
ter seinem Volke.

Wie arm war der düstere Sieger Napoleon neben
dem Kaiser Franz! Mit kriegerischem Pomp, mit Tro=
phäen und krampfig festgehaltenen Lorbeeren mußte Je=
ner sich überladen, um wenigstens einen äußern Effect
unter dem Volke hervorzubringen, das er beherrschte.
Ewig mußte er nach blutiger Neuheit für dasselbe jagen,
mit Mordschlachten und klirrenden Völkerketten dessen
Schaulust befriedigen, um nicht auf seinem eisernen
Throne von einem Volke vergessen zu werden, das er
nur durch ewige Abwechselung spannen, aber nie für sich
selbst gewinnen konnte, das, wie ein scheues Kind, schüch=

tern gaffend die goldenen Mordgewehre betastete, die er
zu seinem Schmuck erwählt, das aber doch nie ein Herz
zu ihm fassen konnte. Ueber einer halben Welt hatten
seine Adler geflattert, aber mit allen seinen Siegen, die
ihn prangend über die ächzende Menschheit dahinführten,
hatte er nicht die Herzen seiner Völker erobern können;
furchtsames Staunen, nicht Treue und Anhänglichkeit
brachten sie dem ruhelosen Triumphator entgegen, und
mit freudig aufathmender Hast ließen sie ihn fallen, als
die lange und frech herausgeforderte Nemesis ihn ereilte
und das für ihn verblendete Glück von seinem Pfade
wegdrängte. Weil er seinen Beherrschten nur als Ueberwinder, nicht aber als Fürst und Vater gegenüberstehen
wollte, so waren es auch nur Bande der Politik, nicht
aber der Natur, die seine Völker an ihn fesselten. Jeder
äußere Einfluß übte Gewalt über dieses Verhältniß, und
ein Unfall zerriß es; während sich die Liebe des österreichischen Volkes zu ihrem Kaiser, durch die Feuerprobe des
Unglücks geklärt und geheiligt, im Glanze der Unsterblichkeit zeigte, weil die Natur, nicht die Politik sie gründete und stützte, weil sie der Person des Herrschers galt,
nicht blos seinem Glücke, nicht blos äußerem Prunke; weil
Kaiser Franz die Herzen seiner Völker erobert hatte, während Napoleon nur die nimmersatte Schaulust seiner
Franzosen, nur den oberflächlichen Weltsinn seiner Un-
terjochten, durch Glanz und Waffengeräusch gefangen
nahm. —

Kaiser Franz bezeichnete seine Rückkunft in seine Residenz damit, daß er 100,000 Gulden, seine Gemahlin
20,000 Gulden unter die Armen vertheilen ließ °), zugleich auch die Versicherung gab, daß jeder durch die Ver-

°) S. Venturini's Chronik.

theibigungs=Anstalten, oder durch den Feind an den Wohngebäuden Wiens entstandene Schaden sofort aus seinem eigenen Privatvermögen ersetzt werden solle, und den besorgten Wienern die erfreuliche Zusage gewährte, Wien auch ferner zu seiner Residenz zu wählen.

Der Wiener Friede hatte die Kämpfenden auseinandergerissen, die noch bei Znaim, wo den Oesterreichern das Siegesglück lächelte, sich erbittert schlugen. In Tyrol kämpfte man muthig fort. Die Nachricht des Wiener Friedens brachte nur eine Stockung, aber keinen Abschluß in den Kampf. Der von den Franzosen und Italienern gleichsehr gefürchtete Tyrolerheld, Andreas Hofer, ward genöthigt, sich zu verbergen; seine begeisterte Liebe zu der heimathlichen Erde hielt ihn ab, einen entfernten Zufluchtsort zu suchen. Französischer Nachforschung gelang es, seinen Aufenthalt auf dem Wege des Verraths zu erfahren; in einer Alpenhütte wurde er am 20. Januar 1810 gefangen, nach Mantua abgeführt, dort vor ein Kriegsgericht gestellt, in welchem der als Kriegsgefangener früher durch Hofers Edelmuth beschützte Divisionsgeneral Bisson den Vorsitz hatte, und vermöge telegraphischen Befehls aus Mailand, am 20. Februar erschossen. Der, den Märtyrer der Tyrolerfreiheit zum Tode begleitende Arciprete Manifesti hatte Muth genug, in seiner Relation anzuführen: Hofer sey gestorben, „come un Eroe cristiano e Martire intrepido"*).

Der treue Tyrolerheld sollte nicht für immer in fremder Erde ruhen. Im Jahre 1823 wurden, auf des Kaisers Befehl, Hofers Gebeine, kenntlich durch die Lage der Wunden, welche die fränkischen Kugeln in sein Haupt gebohrt, von Mantua nach Innsbruck gebracht, woselbst

---

*) S. die Schrift: Oesterreich und Deutschland. Gotha, 1814. S. 157.

ihm auf kaiserliche Kosten ein Monument °) zu errich=
ten bestimmt worden war. Am 19. März kamen Ho=
fers irdische Ueberreste nach Innsbruck und zwei Tage
später wurde er, nachdem man dem Leichname die von
seinem Kaiser ihm verliehene goldene Kette umgehangen,
von sechs seiner Kampfgefährten getragen, feierlich in der
dortigen Hofcapelle beigesetzt. Dort ruhte nunmehr, unter
den Vorfahren seines Kaisers und in der so heiß von
ihm geliebten vaterländischen Erde,

> „der für seine Hausaltäre
> kämpfend fiel, ein Schirm und Hort."

Schon im Jahre 1809 war Hofer in den Adelstand
erhoben und das Diplom hierüber 1818 ausgefertigt wor=
den; seine Verdienste wurden in seiner hinterlassenen Fa=
milie vom Kaiser belohnt. Das Dankschreiben, welches
die tyrolischen Stände wegen Hofers Tottenfeier an den
Kaiser richteten, verdient, insofern dasselbe die Stimme
des tyrolischen Volkes über den von ihm bestandenen
Kampf für Kaiserhaus und Vaterland wiedergibt, hier
wohl einen Platz:

„Innsbruck den 8. April 1823.

„Die treugehorsamsten, zum großen Ausschuß=Con=
gresse versammelten Stände Tyrols erlauben sich, ehe sie
noch ihre Geschäftsverhandlungen beginnen, dem Drange
ihres tief gerührten Herzens zu folgen und an den Stu•
fen des allerhöchsten Thrones die Gefühle des innigsten
Dankes, für die auf allerhöchsten Befehl Eurer Majestät
dem Sandwirthe von Passeyer, Andreas Hofer, er•
wiesene letzte Ehre und für das seinem Andenken ge=
weihte Grabmal in allertiefster Ehrfurcht auszuspre=
chen. — Dieses Grabmal ist ein unvergängliches Monu=

°) Durch Prof. Schaller nunmehr vollendet.

ment wahrer Fürstengröße und treu erfüllter Unter-
thanspflicht.

„In einer stürmischen Zeit, unter den blutigen Kämpfen entgegenstrebender Meinungen und empörter Leiden-
schaften, bei den heillosen Verirrungen verblendeter Völker, bewahrten die Bewohner dieses Alpenlandes die von
ihren Vätern ererbte Gesinnung; sie blieben gottesfürch-
tig, treu ergeben ihrem innigst geliebten Kaiser, bereit zu
jedem Opfer für's theure Vaterland. Diese, im Verlaufe
der Jahrhunderte unter allen Verhältnissen unerschütterte
tyrolische National-Gesinnung ging hervor aus der pflicht-
schuldigen und dankbaren Anerkennung jener Wohlthaten,
welche eine ununterbrochene Reihe großmüthiger und wohl-
wollender Fürsten diesem Lande erwiesen hat. Landes-
väterliche, Alles umfassende Fürsorge, kräftiger Schutz
eines freien Eigenthumes, zarte Schonung individueller
Verhältnisse, standen immer in unsern Gebirgen mit wahrhaft kindlicher Ehrfurcht und Gegenliebe, mit unverbrüch-
licher Treue bis in den Tod in einer stets lebendigen
Wechselwirkung.

„Deshalb war unter den traurigen Ereignissen einer
verhängnißvollen Zeit jenes für Tyrol bei weitem das
schmerzlichste, wodurch dieses uralte Eigenthum Habsburgs
von dem großen Kaiserstaate getrennt und ein Band
gewaltsam zerrissen ward, das Liebe, Dankbarkeit und
Ehrfurcht so fest verschlungen hatten.

„Hätte auch ein lange dauernder Friede alle seine
Segnungen in reicher Fülle über unsere Thäler ausge-
gossen — Eines würde doch noch immer zu unserm
Glücke gefehlt haben — denn wir durften ja unsern Kaiser nicht mehr Vater nennen.

„Der heldenmüthige Kampf Tyrols im Jahre 1809
war demnach weiter nichts, als ein Zurückstreben ins alte

Vaterhaus. Nur für Oesterreich pochten die Herzen, erhoben sich die Arme der kräftigen Söhne dieser Gebirge, und die Sehnsucht nach dem guten alten Herrn, die unauslöschliche Liebe zu Ihm hatte so sehr das ganze Gemüth erfüllt, daß Haß und Erbitterung keinen Raum mehr fanden.

„An der Spitze des tyrolischen Volkes stand Andreas Hofer, der wahre und treue Repräsentant ächt tyrolischer Gesinnung. Als die Stimme der Gesetze schwieg und die Bande der bürgerlichen Unterordnung sich lösten, gab es unter uns keinen selbstsüchtigen Kampf erbitterter Parteien, keine Befriedigung niedriger Rachsucht, keine Gefährdung der Person und des Eigenthums; — das Gesetz christlicher Nächstenliebe vertrat die Stelle des Kriegsrechtes, und der Gefangene, vor jeder Mißhandlung geschützt, ward gastfreundlich aufgenommen in der Hütte des Bergbewohners. — Für sich selbst suchte Andreas Hofer Nichts, weder Ruhm noch Gold: das Vaterland, „„das Land der Treue,"" wollte er seinem alten Herrn wiedergeben, die alte Schuld wollte er abtragen, zu der sich jeder Tyroler dem erlauchten Erzhause mit Gut und Blut verpflichtet fühlt. — Ueber den innern Werth der That entscheidet nicht der Erfolg, sondern die Gesinnung; und so konnte er denn hintreten, der Blutzeuge von Passeyer, vor den ewigen Richter, mit einem Gewissen, das kein Vorwurf befleckte, mit einem Segenswunsche für seinen bis in den Tod geliebten Kaiser — seinem letzten Vermächtnisse — mit christlichem Heldenmuthe und mit freudiger Hingebung in den Willen der Vorsehung.

„Indem nun Eure Majestät durch die dem Obercommandanten von Tyrol gewidmete Todtenfeier, den wahren Werth seines Strebens, aus kaiserlicher Machtvollkommenheit und Gnade, auf die feierlichste und ausge-

zeichnetste Weise anzuerkennen geruhten, fühlt sich die ganze
tyrolische Nation hochgeehrt und emporgehoben, und die
treugehorsamsten Stände halten sich verpflichtet, mit
dankgerührtem Herzen zu dem allerehrfurchtsvollsten Ausdrucke dieses innigsten Gefühles die Versicherung hinzu-
zufügen, es werde in diesen Gebirgen stets jedes Vaters
erste und heiligste Angelegenheit bleiben, die durch Jahrhunderte bewährt gefundene, ächt tyrolische National-
Gesinnung rein zu erhalten vor dem Verderben der Zeit,
und fortzupflanzen auf Kind und Kindeskind.

„Wenn die späte Nachwelt mit Abscheu sich weg-
wendet von der Geschichte des Wahnes, der in unsern
Tagen ganze Völker dahin riß, von dem Bilde jener
Verbrechen und Gräuel, die allezeit im Gefolge des übermüthigen Frevels sind; so wird sie doch wieder mit ver-
söhntem und erheitertem Blicke bei dem Leichensteine verweilen, der Hofers Gebeine deckt, den sein hochgesinnter
Kaiser ihm in eben dem Gotteshause zu setzen befahl,
welches die Gräber innigstgeliebter Fürsten des erlauchten
Kaiserhauses umschließt, der sich neben dem herrlichen
Grabmale jenes großen Maximilian erheben soll, welcher
sein vielgeliebtes Tyrol „das Herz und den Schild seines
Reiches“ nannte. — Durch alle kommenden Geschlechter
wird an diesem Leichensteine jedes tyrolische Herz höher
schlagen und den alten Wahlspruch von 1809 erneuern:
„Für Gott, den Kaiser und für's Vaterland!“ — —

Am 13. December 1809 nahm der Feldmarschall,
Fürst Johann Liechtenstein, von der in ihre Friedenssta-
tionen ziehenden Armee einen militairisch und patriotisch
herzerhebenden Abschied: „Da die Armee sich gegenwärtig in ihre Friedensquartiere begibt, so kann ich mir das
Vergnügen nicht versagen, derselben die Aeußerungen
meines Dankes für die bewiesene Mannszucht und für

jenen Geist der Ordnung zu geben, die, als ein untrüg-
licher Vorbote hoher Thaten, mich zu den glänzendsten
Erwartungen würde berechtigt haben, hätte nicht die
Weisheit unseres Monarchen durch den Frieden, das
Wohl ihrer Völker dem ungewissen Loose der Waffen
vorgezogen. Wenn es zum Wiederausbruch des Krieges
gekommen wäre, so hätte, ich bin es überzeugt, diese
tapfere Armee durch neue Thaten, der Bewunderung würdig, ihren alten Ruhm bewährt, und im Gefühle ihrer
erprobten Tapferkeit jene glänzenden Tage wiederholt, an
welchen sie kurz zuvor unter der Leitung ihres ehemaligen ruhmgekrönten Anführers, sich so billige Ansprüche
auf den Dank des Vaterlandes, auf die Achtung der
Zeitgenossen und der Nachwelt erworben hat. Mit diesen Gesinnungen, von dieser Ueberzeugung beseelt, trete
ich in den mir angewiesenen Wirkungskreis über, und zu
der Erinnerung an die kurze Zeit meines Oberbefehles
gesellt sich der edle Stolz, daß ich, an der Spitze dieses
tapfern Heeres, der Loosung zum Kriege ruhig und mit
unbegränztem Vertrauen entgegensehen könnte!" —

Mitten unter den Triumphen, welche Napoleon feierte
und die das, zu knechtischer Nachahmungs- und Bewun-
derungssucht herabgesunkene Deutschland in tausenderlei
Nachspielen, Dankadressen und Glückwünschen vervielfäl-
tigte, konnte er dennoch seines übermenschlichen Glückes
nicht recht froh werden, indem der Gedanke, daß seine
Schöpfung in gewissem Sinne mit seiner Person vom
Schauplatze trete, und daß er keinen natürlichen Erben
seiner Reiche und seines Systems hinterlasse, unbehaglich
an seiner stolzen Seele nagte. Diese Vorstellung führte
ihn zu einem Schritte, den seine bezahlten Redner sofort
als „das größte Opfer priesen, welches je auf Erden dar-

gebracht worden," womit er aber in der That nur seiner historischen Eitelkeit diente. Am 15. December 1809 erklärte er im Kreise seiner Familienglieder: „Die Politik seiner Monarchie, ingleichen das Glück und das Bedürfniß seiner Völker begehre, daß er Kindern — die dann zugleich Erben seiner Liebe für sein Volk — den Thron hinterlasse, auf welchen ihn die Vorsehung gesetzt. Da er aber seit mehrern Jahren die Hoffnung verloren, aus der Ehe mit seiner vielgeliebten Gemahlin, der Kaiserin Josephine, Kinder zu erhalten; so habe ihn dies bestimmt, die Auflösung dieser Ehe zu begehren." Am folgenden Tage erklärte der Senat diese Ehe bereits für aufgehoben. Josephinen wurde eine jährliche Rente von zwei Millionen Franken aus dem Staatsschatze, als Wittthum, ingleichen Titel und Rang einer Kaiserin zugestanden, und sie begab sich, von ihrem Sohne begleitet, nach Malmaison. Je mehr es insgeheim Napoleon empfinden mochte, daß er bei allem cäsarischen Glanze, der Jetzt- und Nachwelt doch nur als Adoptivsohn und Erbe der Revolution gelten müsse, desto sichtlicher gab sich in allen seinen Handlungen das krampfige Bestreben kund, den Schein und die Form der Legitimität zu gewinnen, wenn er auch der Wesenheit nach, durch Gewaltstreiche aller Art ihr noch so sehr widersprach. — Am 7. Febr. 1810 unterzeichneten zu Paris der Minister Champagny und der Botschafter Fürst Carl Schwarzenberg, das Eheverlöbniß zwischen dem Kaiser Napoleon und der Erzherzogin Marie Luise, ältester Tochter des Kaisers Franz; am folgenden Tage benachrichtigte Napoleon selbst seine Familie und die Großoffiziere der Krone hiervon. Am 27. verlas der Prinz Erzkanzler im Senate folgende kaiserliche Botschaft: „Senateurs! Wir haben unsern Cousin, den Fürsten von Neufchatel, als unsern außerordent-

lichen Botschafter nach Wien gesendet, um sich um die
Hand der Erzherzogin Marie Luise von Oesterreich zu
bewerben. — — Wir haben zum Wohl der gegenwärti=
gen Generation auf eine ausgezeichnete Art beitragen
wollen. Die Feinde des festen Landes haben ihre Hoff=
nung auf die Entzweiung und Zerrüttung desselben ge=
gründet. Sie können nun den Krieg nicht mehr anfa=
chen, indem sie uns keine Projecte zumuthen können, die
mit den Banden und den Pflichten der Verwandtschaft un=
verträglich sind, die wir mit dem regierenden kaiserlich
österreichischen Hause geschlossen haben." — Am 11. März
geschah zu Wien die Vermählung, bei welcher der Erz=
herzog Carl Napoleons Stelle vertrat. Am 1. und 2.
April wurde zu St. Cloud die bürgerliche, zu Paris die
geistliche Vermählung wiederholt.

Es war Napoleons äußerster Höhegipfel, den er er=
stieg. Ihm, der unbefleckt von den Gräueln der Re=
volution, vielmehr ihr Bändiger war, durfte Oesterreich
ohne Selbstvorwurf ein Kleinod anvertrauen, das den
bisher schrankenloser Umherschweifenden in die Gränzen
herkömmlicher, heiliger Satzungen einführte und seinem
bisher ungeregelteren Streben eine bestimmtere und gesetz=
lichere Richtung zu geben versprach. Vertrauungsvoll
hatte Oesterreichs Kaiser, für die Zukunft Deutschlands
und Europa's, seinem Vaterherzen ein hohes, bedeutungs=
volles Opfer auferlegt, und wenn Napoleons unbändiger
Sinn diese Hoffnungen nicht rechtfertigte, er vielmehr
durch immer sich erneuende Gewaltstreiche sich dem ehrwür=
digen Familienkreise fremd zeigte, der ihn aufgenommen
und ihm die höhere gesetzliche Weihe gegeben: so mußte
den ruhelosen Zerstörer, der nach unermeßlichem Blut=
vergießen trotzig die Palme des schönsten Friedens, des

ehrendsten Vertrauens in den Staub trat, die Rache um
so gerechter, um so schwerer treffen! —

Siebenter Abschnitt.

Vom Frieden von Wien bis zum zweiten Frieden von Paris.

Das selbstzerstörende Prinzip, welches, bei vollständi=
ger Allmacht des Glückes, mit unheimlicher Tiefe in Na=
poleon begründet lag, arbeitete sich immer mehr nach der
Welt der äußeren Erscheinungen heraus und unterlockerte
den Boden seiner Höhe gerade da, wo er am unzerbrech=
lichsten schien. Die Siege von 1809 waren, in morali=
scher Hinsicht, zu Niederlagen für ihn geworden, und
Oesterreich hatte mit seinem Blute eine Bahn vorgezeich=
net, welcher der endlich wieder erwachende Genius Deutsch=
lands mit Begeisterung nachfolgte, und den entzauberten
Riesen, der es so lange niedergeworfen und seinen Fall
zu einem dauernden Zustande gemacht zu haben schien,
mit gewaltiger Kraft aus dem geraubten Throne hob.
Als solle der zu schon so nahem Sturze Verurtheilte
gerade im Wendepuncte seines Glückes erst noch die Voll=
endung seiner stolzesten Wünsche erblicken, um in noch
übermüthigere Ruhe eingewiegt zu werden, so erfüllte sich
ihm auch in seinem häuslichen Kreise seine kühne Sehn=
sucht, und am **11. Nov. 1810** kündigte Napoleon mit Zu=
versicht die nahe Geburt eines Sohnes an (der, noch ehe
er der Welt gegeben, bereits zum Könige von Rom be=
stimmt war), nachdem er durch Beraubung und schmäh=
liche Gefangennehmung des Papstes — eine Handlung,

die von allen Religionsparteien gleichsehr verdammt wurde — sich nach seiner gewohnten Weise in den Stand gesetzt hatte, über dieses Gebiet zu verfügen.

Holland, auf dessen Thron Napoleon seinen Bruder erhoben, konnte, ohngeachtet aller Bemühungen, sich dem Mißtrauen und der Ungnade des Welttyrannen nicht entziehen, der, nachdem er und sein Glück gleichsam mit einander gealtert, auch mit demselben zugleich den argwöhnischen Eigensinn des Alters annahm. Umsonst strebte Holland, auf jede Weise diesen Argwohn zu widerlegen, umsonst verschloß es seine Häfen allen Schiffen ohne Ausnahme und stellte jedes nichtsbedeutende Fischerboot unter militairische Aufsicht; nichts konnte Napoleons Mißtrauen begütigen, wo es planmäßig auftrat. Wiederholt ließ er jeden Handelsverkehr zwischen Holland und dem Continente abbrechen. Ludwig Bonaparte, der mit redlichem Herzen den Leiden des ihm zu angeblichem Eigenthume übergebenen Landes abzuhelfen strebte, und eben durch diesen Mangel an Doppelsinn sich seines Bruders Gnade verscherzt hatte, that vergebens alles Mögliche, um die traurige Lage des Volkes zu wenden. Er reiste selbst nach Paris, aber noch während seines dortigen Aufenthaltes erschien schon öffentlich eine Note Champagny's an den holländischen Minister des Auswärtigen, welche die angenommene Stellung Hollands, das sich allein dem Continentalsysteme entzogen und fortwährend im Verkehr mit England geblieben, als unvereinbar mit dem politischen Systeme Europa's schilderte. „Die Holländer — weit entfernt, dem Patriotismus der nordamericanischen Freistaaten nachzuahmen, die sich selbst freiwillig alles Handels beraubt — hätten sich nicht als eine Nation, sondern nur als eine eigennützige Kaufmannsgilde bewährt. Daher werde sich der Kaiser genöthigt sehen, alle Häfen

und Küsten Hollands mit französischen Truppen zu be-
setzen und dasselbe auf jede Weise und ohne alle Rücksicht zur Beobachtung des Continentalsystemes zu zwingen." — Zwar gelang es Holland diesmal noch, sich dem
drohenden Ungewitter, natürlich nur durch neue und vergrößerte Opfer, zu entziehen. Aber es konnte damit auch
nur einen kurzen Aufschub des ihm zugedachten Schlages
bewirken, und schon nach wenigen Monaten brach der
beschworene Sturm über dasselbe los. Eine französische
Armee unter Oudinot setzte sich gegen Amsterdam in Bewegung und noch vor ihrer Ankunft legte König Ludwig — den von einigen entschlossenen Männern ihm getha-
nen Rath des Widerstandes, die dem Lande nur Verderben
gebracht haben würde, .elmüthig ablehnend — am 1. Juli
zu Gunsten seines ältesten Sohnes, Napoleon Ludwig,
die Regierung nieder und ernannte die Königin Hortense
zur Regentin. Aber die französische Regierung erklärte
diese Bestimmung, weil sie ohne Uebereinkunft mit dem
Kaiser und ohne dessen Bestätigung geschehen, für ungültig, und am 9. Juli ward die Vereinigung Hollands
mit Frankreich ausgesprochen und zugleich die hieraus für
Holland erwachsenden Vortheile bestens aus einanderge-
setzt, „indem dasselbe durch die Einverleibung Belgiens
längst seine Unabhängigkeit verloren, durch die Vereinigung der Rhein- und Scheldemündungen aber auch über
seine mercantilische Existenz in Ungewißheit sey. Auch
erliege das Land unter dem Drucke seiner Schulden und
Abgaben, und nur eine neue Ordnung der Dinge könne
es retten. Doch nicht nur Hollands, auch Frankreichs
Interesse fordere durchaus diese Vereinigung; Holland sey
nur eine Anschwemmung des Meeres an ursprünglich
französischem Boden. Unmöglich dürften die Mündungen
französischer Flüsse in fremden Händen bleiben, die hol-

ländische Seemacht sey zu Ausführung der großen Ent=
würfe des Kaisers schlechterdings nicht zu entbehren und
mithin fordere das Wohl des gesammten europäischen
Continents diese Vereinigung." —

Ein gleiches Schicksal, wie Holland, erfuhr der kleine,
aber durch seine Lage erhebliche Freistaat Wallis, dessen
Einverleibung man, bei so vielen größeren Gewaltstreichen
in Europa kaum bemerkte, und über welche daher Napo=
leon sich nur mit bequemer Oberflächlichkeit auszusprechen
zu dürfen glaubte: „Der dort herrschenden Gesetzlosigkeit
müsse ein Ziel gesetzt werden, auch habe Wallis keine
aller der Obliegenheiten erfüllt, die es damals übernom=
men, als die Arbeiten der großen Simplonstraße begonnen
hätten."

Empfindlicher waren die neuern Gewaltstreiche, die Na=
poleon mit Deutschland vornahm. Der Ueberrest der han=
növerischen Lande, mit Ausnahme Lauenburgs, wurde zu
Westphalen geschlagen, welches dagegen aber unverhält=
nißmäßige Schuldenlasten allein übernehmen, sein Con=
tingent bedeutend vermehren und 6000 Mann französi=
scher Truppen mehr, als bisher, unterhalten mußte. Hatte
selbst Napoleons Bruder, als König des improvisirten
Westphalens, sich so wenig der Schonung des Zwing=
herrn zu erfreuen, was durften sich erst andere deutsche
Mächte versprechen? Das politische Uebergewicht wurde
von ihm sichtlich nach dem Süden Deutschlands hinge=
drängt, Baiern, Baden und Würtemberg vor allen übri=
gen abgerundet und vergrößert, gleichwohl aber das süd=
liche Tyrol von Baiern abgeschnitten und mit dem Kö=
nigreiche Italien vereinigt. Am 2. März erfreute Na=
poleon das für solche Dinge schon abgestumpfte Deutsch=
land mit der Nachricht einer neuen Veränderung: „daß
er, um die Dienste des Fürsten Primas zu belohnen, für

gut befunden habe, deffen Staaten zu vergrößern und zu einem Herzogthum Frankfurt zu erheben." Zu feinem Nachfolger aber wurde der Vicekönig von Italien, Eugen, ernannt, „indem der Kaifer keinen Zweifel darüber laffen wollte, daß das indirecte Reich nicht über den Rhein hinausgehen dürfe." Wie heilig ihm diefes Grundgefetz war, zeigte einige Monate fpäter die Behandlung der deutfchen Hanfaftädte, die, nachdem fie felbft dem Scheine der Unabhängigkeit fo viel geopfert und noch vor einem Jahre die feierliche Verficherung ihrer Selbftftändigkeit erhalten hatten, durch denfelben Senatusconfult (vom 13. Decbr.), welcher Hollands Einverleibung ausfprach, unter dem Vorwande vereinigt wurden: „fie feyen nicht vermögend, ihre Flagge gegen Englands Gewaltthätigkeiten zu fchützen." Die froftige Behauptung: Frankreich müffe im Befitze der Mündungen aller fein Gebiet durchftrö= menden Flüffe feyn, ließ freilich kein Ende der Räube= reien erblicken, da es durch Befchlagnahme der Mün= dungen auch in den Befitz neuer Flüffe kommen konnte, die dann immer von neuem die Erwerbung ihrer Mün= dungen nöthig machten! — Nach Norddeutfchland griff diefe Politik endlich beinahe blindlings und ohne alle Umftände hinein, und nebft den Hanfaftädten wurden auch die Lande des Herzogs von Oldenburg, des mit Na= poleon felbft verfchwägerten Herzogs von Ahremberg, ein anfehnlicher Theil des Großherzogthums Berg und des Königreichs Weftphalen — größtentheils Provinzen, die demfelben erft im Anfange des Jahres abgetreten wor= den — mit Frankreich vereinigt.

Die verhoffte friedliche Annäherung zwifchen Frank= reich und England — durch eine Unterhandlung wegen Auswechselung der Kriegsgefangenen fcheinbar vorbereitet — zerfchlug fich aufs neue, und die milderen Maaßregeln,

welche eine Zeitlang von beiden Seiten gegen den Han=
del geübt worden waren, traten gar bald wieder in die
vorige Strenge zurück. Der Widerruf der Decrete von
Berlin und Mailand zu Gunsten Nordamerica's geschah
ebenfalls nur, um diesen Freistaat zu entscheidenden Schrit=
ten gegen England zu veranlassen. Der Tarif von Tria=
non unterwarf alle Colonialwaaren einer um 50 Pro=
cent und darüber vertheuernden Continentalsteuer, und
das einen Monat später erscheinende Decret von Fontai=
nebleau befahl die Verbrennung und Vertilgung aller
englischen Waaren. So ward die deutsche Industrie, zu=
mal die Bundesfürsten den Beschlüssen der französischen
Regierung mit scheuem Gehorsam nachkamen, allenthal=
ben gehemmt, Handel und Wohlstand gehemmt und ver=
nichtet; und je gleichgültiger Napoleon sich den Interes=
sen der Privaten zeigte, desto mehr strebte er auf alle
Weise dem Soldatenstande zu schmeicheln, die Banden
zwischen dem Krieger und dem Bürger immer lockerer
zu machen und Ersteren auf diese Weise von allen Ver=
hältnissen und Rücksichten loszureißen, um ihn unbedingt
an sich zu fesseln und ihn zu einem völlig rücksichtslosen
Vernichtungswerkzeuge in seiner gierigen Hand zu bilden.
Zu diesem Zwecke wünschte er auch den Unterricht auf
bloße militairische Hülfskenntnisse zu beschränken; für alle
übrige menschliche Wissenschaft hegte er einen stumpfen
Gleichsinn, ja sie war ihm, als seinen Combinationen
in mancher Hinsicht, wenigstens scheinbar widerstrebend,
sogar widerwärtig. Er wollte Welt und Leben zu einer
bloßen Soldatenschule umbilden und Fechten wurde bei
ihm endlich Zweck des Daseyns im Allgemeinen.

Während Deutschland, von dem Winke des Allge=
waltigen gefesselt, jedem seiner Athemzüge eine beengende
Aufmerksamkeit auferlegte, hatte Spanien muthig, aber

nicht mit Glück, den Kampf um seine Freiheit fortge=
setzt. Aber unter sich selbst zerrissen durch Parteiungen, ihrer
vorzüglichsten Anführer durch den Tod beraubt und von
französischer Uebermacht erdrückt, wurde die Sache der
Spanier immer zweifelhafter, immer hoffnungsloser.
Obschon auf diese Weise scheinbar nur dem eignen Un=
tergange entgegenkämpfend, war doch Spanien das Land,
dessen Behauptung dem französischen Reiche die schwer=
sten, ungeheuersten Opfer kostete. Wie ein unterlockertes,
mehr und mehr nachbrechendes Gebiet, verschlang Spanien
die Streitkräfte Frankreichs. Immer neue Heere, immer
neue Feldherren sendete Frankreich dahin, um auf diesem
hohlen Vulkane Fuß zu fassen, und immer wurden sie,
selbst als Ueberwinder, aufgerieben, um durch neue ersetzt
zu werden. Meist Sieger in den offenen Feldschlachten,
erfuhren die französischen Heere gleichwohl im kleinen
Kriege durch die unaufhörlichen Angriffe der Guerillas —
die nie Stand hielten, sondern sich immer nur auf rasche
Anfälle oder auf Angriffe aus unerreichbarem Hinterhalt her=
vor, einließen — die empfindlichsten Nachtheile, und was
Deutschlands Grabesruhe Frankreich an Soldatenbedarf er=
sparen half, zehrte Spanien doppelt auf. Dies hatte den
Vortheil, daß Napoleon, nach einer Reihe der glänzendsten
Siege und nach allen Seiten hin mit Bundesgenossen=
schaften umgürtet, dennoch nie zu einem Ueberschusse an
Streitkräften gelangen konnte und er daher — sobald
das lang an ihn gefesselte Glück ihm einmal den Rücken
kehrte und dadurch auch die Treue der nur durch Furcht
ihm ergebenen Bundesgenossen wankend wurde — sogleich
diesen Mangel eigenen Nachdruckes empfinden mußte. Wel=
lingtons Sieg über Massena und des Letztern Flucht aus
Portugal bewirkten der spanischen Sache nicht den ge=
hofften Vortheil. Wellington mußte, nachdem seine Stürme

auf Badajoz mißlungen waren, sich nach Portugal zurückziehen. Nach heftigem Widerstande ward Tarragona
von Suchet erobert, und nach dem Falle dieses Platzes
drang Suchet in Valencia ein, schlug Blake in einem
heftigen Gefecht bei Sagunt, welches am folgenden Tage
(26. October 1811) sich ergab, und Blake, der sich immer enger in und um Valencia hatte einschließen lassen,
ward gezwungen, am 9. Januar 1812 Valencia und
das spanische Heer zu übergeben. Bei all diesen Unfällen, all den unendlichen Drangsalen, womit der Krieg
das unglückliche Spanien zerfleischte, war dasselbe dennoch
zu keiner vollständigen Unterjochung zu bringen, und durch
das unersättliche Grab, welches es den französischen Heeren bereitete, that es der Sache des schlummernden Deutschlands den folgereichsten Vorschub. Spanien blutete, ohne
es zu wissen, für Deutschlands Wiederbefreiung, als dieses kaum erst davon träumte, obschon seine Industrie sich
schmerzhaft gegen das Continentalsystem sträubte, obschon
seine Denk- und Sprechfreiheit durch gewaltsamen Zwang
niedergedrückt, durch tausendfachen Verrath und französi-
sische Aufpasserei vergiftet, obschon sein Schweiß von
räuberischen Schwärmen fränkischer Truppen, welche
Deutschland umlagerten, aufgesogen und die Speicher
seines mühsam aufgesparten Wohlstandes ausgeleert und
alle nationale Gefühle verpönt oder verfälscht, alle Re-
gungen eines deutschen Volksgeistes geächtet, oder nichts-
würdiger Verdrehung preisgegeben waren! —

Rußland hatte, unter großen Nachtheilen für seinen
Wohlstand, seit dem Frieden von Tilsit sich dem Continentalsysteme gefügt, war dadurch mit England in ein
feindseliges Verhältniß getreten, ohne daß diese Opfer
durch Treue und Aufrichtigkeit von Seiten Frankreichs
wären anerkannt worden. Diese Bemerkung und die

Wahrnehmung, daß das Continentalsystem unmöglich in
der anfangs vorgenommenen Strenge durchzuführen sey,
veranlaßte am 13. Dec. 1810 eine Ukase, welche zwar
die englische Flagge fortdauernd von den russischen Häfen
ausschloß, die Einfuhr von Colonialwaaren jedoch gestattete, dagegen aber die Einfuhr mancherlei fremder, darunter auch verschiedener französischer Waaren in Rußland
verbot. Napoleon ermangelte nicht, diese Ukase sogleich
als einen Bruch des Tilsiter Friedens und des Continentalsystems anzuklagen, obgleich er selbst durch zahlreiche Ausstellung von Licenzen ebenfalls stillschweigend
zugegeben hatte, daß eine Ausführung dieses Systems in
seiner ganzen Strenge gar nicht denkbar sey. Um dieselbe Zeit gestattete er sich die Vereinigung Oldenburgs
mit Frankreich; der Herzog von Oldenburg suchte Schutz
bei seinem Schwager, dem Kaiser von Rußland, und
dieser protestirte vergebens gegen diesen unerhörten Ge-
waltstreich. Nebstdem stellte Napoleon durch seine fortwährende Besetzung der preußischen Oderfestungen — deren Besatzungen er, so wie die von Danzig, unaufhörlich
verstärkte — wie auch durch den Ueberfall Schwedisch-Pom-
merns mitten im Frieden, und durch andere rücksichtslose
Willkührlichkeiten, die Geduld Rußlands auf eine harte
Probe. Zu diesen fortwährenden Verletzungen der europäischen Sicherheit kamen auch wirkliche Gefahren für
Rußland. Napoleons räuberisches Weitergreifen im Norden drohte sich immer breitere Bahn unmittelbar gegen
Rußland hin zu brechen und die ungewöhnlichen Rüstungen, welche er unternahm, dienten nicht eben, jene Macht
zu beruhigen. Unter diesen Umständen nahm auch Rußland ernsthafte Rüstungen vor; es knüpfte mit der Pforte,
gegen welche es seither im Kriege begriffen war, Friedensunterhandlungen an, und seine Armee, welche gegen

die Türken gefochten, eilte zum Theile nach Polen zurück. Frankreich — bei allem seinem Uebermuthe, doch die Wichtigkeit seines Gegners nicht verkennend — rüstete sich mit seinen Bundesgenossen zu einem Hauptkampfe. Preußen, in seiner fürchterlich eingeklemmten Stellung noch keiner freien Bewegung mächtig, mußte, wohl oder übel, schon am 24. Februar 1812, dem Bündnisse mit Frankreich beitreten. Oesterreich — welches das von Napoleon ihm angebotene Schlesien würdevoll zurückgewiesen, weil die Annahme desselben, Preußens und Deutschlands Vertrauen zu dem rechtlichen Willen dieser Macht geschwächt haben würde — wünschte, soweit sich dies anwenden ließ, gleichwie Preußen, auf Neutralität zu unterhandeln, und konnte, bei seiner unversiegten innern Kraft, dies unter günstigeren Bedingungen thun, als der letztere Staat. Obgleich daher Oesterreich ebenfalls ein mäßiges Hilfscorps stellte, so blieb doch sein ganzes Verhältniß in dieser bedingten Bundesgenossenschaft, ein bei weitem selbstständigeres, als das Verhältniß Preußens zu Frankreich. Die freie und offene Weise, mit welcher Oesterreich später, wo seine und Deutschlands Rechte dies unumgänglich forderten, jenes Bündniß aufgab und seine Waffen gegen den Unterdrücker kehrte, zeigte bald am deutlichsten, wie wenig es, obgleich anfangs durch Verträge und durch die Vorsicht zu einer Verbindung verpflichtet, in dieser Lage seine Selbstständigkeit aufgeopfert hatte.

Um Rußland die Hoffnung auf die Bundesgenossenschaft Englands zu benehmen, that Maret am 17. April einen Friedensantrag an Lord Castlereagh, der auf „Unabhängigkeit und Integrität Spaniens mit einer Verfassung der Cortes, auf Unabhängigkeit und Integrität Portugals unter dem Hause Braganza, auf Zusicherung Nea-

pels an Murat, Siciliens an Ferdinand IV. und auf
Räumung aller dieser Länder sowohl von englischen als
von französischen Truppen" lautete, nebst der Vorausse=
tzung, daß jede Macht behalte, was man ihr durch den
Krieg nicht nehmen könne. England, welches schon vor=
her sich mit großer Energie gegen die von Frankreich
aufgestellten seltsamen Grundsätze des Seerechts ausge=
sprochen hatte, erklärte auf jenen Antrag Maret's, daß,
wenn unter dem über Spanien angewendeten Ausdrucke:
„gegenwärtige Dynastie," die Bonaparte'sche zu verstehen
sey, Treue und Glauben ihm durchaus verböten, auf
solche Anträge einzugehen. Doch erklärte es sich bereit,
daß, wenn Bonaparte die Decrete von Berlin und Mai=
land aufhöbe, es auch die Cabinetsbefehle vom 7. Januar
1807 und vom 26. April 1809 zurücknehmen wolle.

Seit dem Februar 1812 fanden zwischen Frankreich
und Rußland ernstliche Erörterungen statt, die allmä=
lig eine feindlichere Miene annahmen. Napoleon zeigte
sich äußerst empfindlich: „daß Rußland gegen die Ein=
verleibung Oldenburgs protestirt und aus dieser geringfü=
gigen Sache eine Staatsangelegenheit zu machen suche,
da er doch Entschädigung anbiete und sich das Alles leicht
nach beiderseitiger Bequemlichkeit ausgleichen lasse. Es
sey der erste Fall, daß ein Bundesgenosse gegen den an=
dern protestire und Rußland sey zu dieser Protestation
nicht einmal befugt, indem das Ganze nur einen Fürsten
des Rheinbundes angehe. Aber man könne über die
wirklichen Gesinnungen schon seit länger nicht mehr in
Zweifel seyn, da es dieselben bereits hinlänglich verra=
then, wie z. B. im letzten Kriege gegen Oesterreich, wo
es statt 150,000 nur 15,000 Mann gestellt, auch seit=
dem unaufhörlich das Herzogthum Warschau bedroht
habe. Frankreich habe die Schließung eines Handels=

vertrages verlangt, der die Grundsätze des Tilsiter Frie=
dens, die Handelsverhältnisse Frankreichs und die Beding=
nisse des Continentalsystems verbürge; Rußland habe dies
abgelehnt und dadurch bewiesen, daß es das Herzogthum
Warschau an sich reißen und dem englischen Handel Vor=
schub leisten wolle, um Englands drohenden Fall zu ver=
hindern. Nicht um des Herzogs von Oldenburg willen
mische es sich in dessen Angelegenheit, sondern um Hän=
del mit Frankreich zu suchen; und Frankreich habe, um
seinerseits das gänzlich auf seinen Beistand vertrauende
Warschau zu schützen, sich nunmehr auch gerüstet. Ob=
gleich die von ihm im November v. J. mit Rußland
versuchten neuen Unterhandlungen von Letzterem unbe=
antwortet geblieben, so habe der Kaiser doch, ehe der
Krieg gegen Rußland beginne, sich, zur Abwendung neuen
Blutvergießens, nochmals an England gewendet." —
Der russische Gesandte, Fürst Kurakin, erklärte dagegen
am 30. April zu Paris als Ultimat: „Das Cabinet
von Potsdam müsse vollkommen unabhängig bleiben von
jeder gegen Rußland gerichteten politischen Verbindung;
daher müsse Preußen und seine Festungen geräumt, die
Besatzung von Danzig dahin, wie sie vor dem Beginne
des letztverflossenen Jahres gewesen, vermindert und
Schwedisch=Pommern geräumt werden. Dagegen wolle
Rußland, wie seither, England seine Häfen verschließen,
den französischen Handel — so weit dies ohne Verfall
des eigenen geschehen könne — nach Kräften begünstigen,
und einen angemessenen Tausch= und Entschädigungsver=
trag für den Herzog von Oldenburg zugeben." Als auf
diese so gerechten als billigen Anträge keine Antwort er=
folgte und Kurakin, im Falle ausbleibender befriedigen=
der Erwiderung, seine nahe Abreise ankündigte, fiel Ma=
ret plötzlich die Frage ein: ob der Botschafter denn auch

hinlänglich bevollmächtigt sey, worauf er nach Dresden abreiste, ohne diesem auch nur erst die verlangten Pässe ausgestellt zu haben. Erst von Thorn aus sendete er dem Fürsten Kurakin die Reisepässe, mit der Bemerkung, daß der Kaiser das wiederholte Ansuchen um dieselben als eine Kriegserklärung betrachte. Man sah jetzt wohl, daß Napoleon durch diese Hin= und Hererörterungen nur Zeit hatte gewinnen wollen, um sich zu rüsten.

Nur das innigste Bewußtseyn der gerechten Sache und das muthige Vertrauen zu der eigenen Kraft konnte Ruß= land in dem ungleichen Kampfe befeuern, den es einzu= gehen im Begriffe stand, und in welchem vor der Hand nur England und das in neuerer Zeit durch Napoleons ge= waltthätigen Uebermuth genugsam herausgeforderte Schwe= den ihm verbündet waren. Die von den spanischen Cor= tes am 8. Juli mit dem Kaiser von Rußland geschlos= sene Allianz blieb ohne unmittelbare äußere Folgen.

Napoleons Rüstungen waren in der That ungeheuer und sichtlich gefiel sich seine Eitelkeit in dem Gedanken, durch jähe Vernichtung des seither größten Reiches der Erde allen seinen früheren Siegen die eiserne Krone auf= zusetzen und durch diesen einen Schlag seiner Universal= monarchie unfehlbare Pfeiler unterzulegen. Nicht nur Frankreich mußte zu diesem Hauptkampfe alle seine krie= gerischen Kräfte aufbieten, sondern auch die Völker des westlichen Europa's zogen, durch einen Wink des Welt= tyrannen bewaffnet, in bunten Heerhaufen heran, um sich unter seine Adler zu stellen. Europa hatte, unfrei= willig, sich in Masse zu einem Vernichtungskriege gegen seine eigne Freiheit erhoben, und fürchterlichen Dank würde es von seinem Führer geerndtet haben, wenn es mit ihm gesiegt hätte. — Am 9. Mai 1812 war Na= poleon von St. Cloud abgereist, hatte noch einmal die

Huldigung der Fürsten des Rheinbundes empfangen, eine
Genugthuung, die seinem Stolze hienieden nie mehr bereitet werden sollte, und war dann zu seinem Heere abgereist. Die Nachricht, daß Kaiser Alexander, die schlechte
Friedensgeneigtheit Frankreichs durchblickend, dessen Gesandten Lauriston die nachgesuchte Audienz verweigert
habe, schien Napoleon beinahe stutzen zu machen; doch
fertigte er sie mit seinem üblichen groben Uebermuthe
ab: „Wie? die Besiegten führen die Sprache der Ueberwinder. Mit Gewalt stürmen sie ihrem unvermeidlichen
Schicksale entgegen, so mög' es denn an ihnen in Erfüllung gehen!" — — Nachdem am 22. Juni Napoleon
einen Aufruf in den ihm so geläufigen hochtrabenden
Phrasen an seine Armee erlassen: — „Bei Tilsit habe
Frankreich von Rußland das Gelübde ewigen Bündnisses
und Krieges gegen England erhalten; jetzt werde dieser
Schwur gebrochen. Es weigere sich, früher eine Erklärung seines auffallenden Benehmens zu geben, bis Frankreichs Adler über den Rhein zurückgewichen und Frankreichs Verbündete dadurch Rußlands Willkühr preisgegeben seyen. Rußland wird von seinem Schicksale hingerissen, es muß erfüllt werden. Oder hält es uns für
entartet? Glaubt es uns nicht mehr die Sieger von
Austerlitz? Es läßt uns wählen zwischen Krieg und
Schande; wer könnte über die Wahl zweifeln? Also
vorwärts in sein eignes Gebiet! vorwärts über den Niemen! Ruhmvoll, wie der erste, wird der zweite polnische Krieg für Frankreichs Waffen seyn; und der Frieden, den wir schließen werden, soll jenen stolzen Einflüssen, den seit funfzig Jahren Rußland sich auf die Angelegenheiten Europa's anmaßt, für immer ein Ende machen!" — ging am 24. und 25. Juni das französische
Heer auf drei Puncten über den Niemen, und erst an

14

diesem letztern Tage erklärte der Kaiser von Rußland an
Frankreich den Krieg, mit der Bemerkung, denselben nicht
eher für geendigt anzusehen, bis kein einziger bewaffneter
Feind mehr auf russischem Boden zu sehen sey. — Da
man russischer Seits seinen Widerstand nicht gerade in
offener Schlacht zu suchen schien, so hatten sich auch die
bei weitem schwächeren Truppen dieser Partei nicht auf
einen bestimmten Punct gesammelt, sondern ihre beiden
Westarmeen zogen sich, unter losen Gefechten, zurück und
gönnten dem Feinde, schnellen Fuß auf russischem Gebiete
zu fassen und sich daselbst auszubreiten. Am 28. Juni
zog Napoleon zu Wilna ein; am nämlichen Tage verkündete ein nach Warschau berufener außerordentlicher
Reichstag die Wiederherstellung des Königreichs Polen
und die an den französischen Kaiser gesendeten polnischen
Abgeordneten erhielten von ihm die angenehmsten Verheißungen. Am 14. Juli trat auch Lithauen der Ge-
neralconföderation von Warschau bei. Die Weissagung
der französischen Kriegsberichte: daß es den getrennten
beiden russischen Armeen nicht gelingen werde, sich wieder
mit einander zu vereinigen, ging jedoch nicht in Erfüllung; denn am 30. Juni gelang es, nach heftigen Gefechten, Doktorow, und am 6. August, nach einem schwierigen Rückzuge, Bagration, die Vereinigung mit Barclay
de Tolly zu bewerkstelligen. In allen diesen Gefechten
zeigten die Russen eine Tapferkeit und eine Ordnung,
die, trotz des fortwährenden Prahlens der französischen
Kriegsberichte, dennoch die Feinde selbst in Erstaunen
setzte. Unter fortwährenden Gefechten zogen sie sich in
das Innere des unermeßlichen Reiches zurück; Barclay
de Tolly ging von der Düna südlich gegen den Dnieper,
denselben Marsch nahm auch Bagration. Verwegen
stürmte Napoleon ihnen über die Düna nach und stieß

hier Anfang Augusts auf die russische Hauptmacht. Ihr Hauptheer stand, ohngefähr 130,000 Mann stark, bei Smolensk, an der Düna die Besatzung von Riga, ohnweit Polocz Wittgenstein. in Volhynien Tormassow; und aus der Moldau und Wallachei zog Tschuschagow mit 40,000 Kriegern heran, die sich bereits im Kampfe gegen die Türken erprobt hatten. Napoleon rückte, vereinigt mit Davoust, an der Spitze von 200,000 Mann gegen das russische Hauptheer vor; seine vorzüglichste Ueberlegenheit bestand in der Reiterei. Fürst Schwarzenberg verwahrte, nach seinem bei Podubnie erfochtenen Siege, das Warschau'sche gegen Tormassow und nahm zugleich Maßregeln, das Vordringen Tschuschagow's und seiner aus dem Türkenkriege zurückkehrenden Krieger zu verhindern.

Ein Riesengeist Alles aufopfernder Vaterlandsliebe und todeskühnen Muthe durchzuckte, beim Eindringen des frechen Feindes, die ganze russische Nation; der Aufruf ihres Kaisers verstärkte diese Gesinnungen und entflammte das gesammte Volk, Alles, auch das Höchste zu wagen gegen einen Feind, der, wie jener Aufruf sagte, „eindringe in das Reich, um dessen Ruhm und Glück zu zerstören, der, Falschheit im Herzen und Trug auf den Lippen, Ketten und Fesseln bringe. Seine Macht sey so groß, wie seine Tollkühnheit, es sey daher nothwendig, neue Schaaren zu sammeln, um Hab und Gut, Weib und Kind gegen die mordbrennerische Rotte zu sichern. Alle möchten sich gleichsehr zu diesem Zwecke vereinigen, dann werde keine menschliche Macht sie besiegen können." Das Feuer muthiger Begeisterung durchlief alle Stände des russischen Volkes; die Soldaten schlugen sich mit der größten Erbitterung, die Einwohner schlossen sich den zurückziehenden Heeren an und opferten mit düsterem Gleichmuthe ihre verlassenen Wohnungen, ihre Vorräthe der

14 *

Flamme, damit der nachdringende Feind auf seinem Wege
nur der Zerstörung und dem Mangel begegne. Was
sich, ohne gerade dem Heere angehören zu wollen, sonst
noch thatkräftig fühlte, flüchtete sich in Wälder und un-
wegsame Gegenden und beunruhigte hier aus unzugäng-
lichem Hinterhalte hervor im kleinen Kriege den Feind.
Was die spanischen Guerillas im ähnlichen Kampfe durch
furchtbare Gewandtheit ausrichteten, bewirkten die russischen durch starren Muth und eiserne Ausdauer. Clima
und Terrain stritten wirksam für sie mit. An die Stadt
Moskau erging ein gleicher Aufruf, und von der heiligen
Synode aus wurde das Volk ermuntert, „muthvoll in
der Stunde der Prüfung zu bestehen und für die Erhaltung des Glaubens und der Treue der Väter freudig
dem Vaterlande das aufzuopfern, was es von ihm erhalten, und mit Liebe und Eintracht das große Werk
der Errettung zu vollbringen.“ Schrecklich sollten es die
Franzosen erfahren, wie die russische Nation diesen Auf-
rufen Wort zu halten verstand. — Am 17. und 18. August schlug man sich furchtbar vor Smolensk, beide Theile
mit gräßlichem Verluste. Während des Kampfes ging
Smolensk, von seinen eigenen Bewohnern angezündet, in
Flammen auf; die Russen wichen vor der Uebermacht
zurück und die Franzosen bemächtigten sich der Brand-
stätte, deren Insassen entflohen waren, und des Ueber-
ganges über den Dnieper. Die Russen zogen sich, wie
nach einem gemeinsamen Heiligthume, immer näher dem
verhängnißvollen Moskau zu; die Franzosen folgten, Napoleon gegen Moskau, Macdonald und Oudinot gegen
Petersburg hin. Durch einen schnellen entscheidenden Angriff auf die den Russen besonders ehrwürdige Czaren-
stadt Moskau, hoffte Napoleon den russischen Muth mit
einem Male zu brechen und den Kaiser zu einem schleu-

nigen Frieden zu bewegen. Alle Erwartungen kehrten
sich daher gegen Moskau zu. Alles war dort in thätig=
ster Bewegung; was die Waffen führen konnte, gesellte
sich zu den Vertheidigern, die Bewohner des von den
Franzosen überschrittenen russischen Gebietes flohen mit
ihrer Habe und ihren Kindern ebenfalls auf Moskau, die
Heere rückten immer näher dorthin zusammen, kurz, Al=
les sammelte sich, wie von einem ahnenden Geiste getrie=
ben, in und um jenen Ort, und das ungeheure Geschick
dieses großen Kampfes schien sich dort in einen einzigen
entscheidenden Punct zu lenken und alle die vielverschlun=
genen Fäden des großen Schicksals, das auf die Erde
berniederstieg, in jenem Platze ihre Lösung zu finden.
Die Franzosen trafen überall nur zerstörte Spuren des
Lebens und der Bevölkerung an, und rauchende Trümmer
stiegen als gräßliche Täuschung in der Nähe vor ihnen
empor, wo die Erschöpften und Halbverhungerten Obdach
und Erquickung zu finden gehofft hatten. Doch dies war
ja nur ein schwaches Vorspiel zu dem Elende, das der
Unglücklichen noch harrte. Der greise Fürst Kutusow,
welcher an die Spitze des russischen Heeres getreten war,
nahm bei dem Dorfe Borodino ohnweit Mojaisk bei der
Moskwa seine Stellung, und man erwartete hier die
Schlacht um Moskau, welche am 7. September blutig
losbrach. Napoleon hatte nichts unterlassen, um auf den
Sinn seiner Krieger zu wirken, die Muthigen zu be=
feuern, die Niedergeschlagenen durch stolze Hoffnungen
aufzurichten. Schon mit Anbruch des Tages nahm er
stolz „die Sonne von Austerlitz‟ wahr, und ermunterte
die Soldaten, denn „ein Sieg sey nöthig, um ihnen
Ueberfluß, gute Winterquartiere und baldige Rückkehr in
die Heimath zu gewähren. Sie möchten der Tage von
Austerlitz, Friedland und Smolensk gedenken; die späteste

Nachwelt werde sich stolz ihrer Tapferkeit an diesem
Tage erinnern, und von Keinem ein höherer Ruhm zu
vermelden seyn, als: er war mit bei der großen Schlacht
an der Moskwa.“ Die Franzosen, durch ausgestandene
Entbehrungen erzürnt und von Hoffnungen besserer Tage
beseelt, griffen mit wildem Ungestüme an; die Russen,
von Vaterlandsliebe begeistert, von Haß gegen die einge=
drungenen Unterdrücker entflammt, wehrten sich mit bei=
spielloser Wuth. Vom ersten Grauen des Tages bis zur
einbrechenden Nacht währte die mörderische Schlacht;
beide Theile zogen sich in die Stellungen zurück, von wo
aus sie angegriffen. Funfzigtausend Todte und Verwun=
dete deckten den Wahlplatz; den Franzosen kostete diese
Schlacht zwanzig Generale, unter ihnen den Grafen Cou=
laincourt, den Russen 1700 Offiziere; auch der helden=
müthige Fürst Bagration fand hier den Tod der Ehre.
Kutusow’s Vorsicht verbot ihm, nach richtiger Ueberle=
gung, mit dem bis auf 80,000 Mann herabgeschmolze=
nen Heere noch einen entscheidenden Kampf unter den
Mauern von Moskau zu wagen; er hielt für besser, den
Feind noch tiefer in den Norden hineinzulocken, wo bald
der schon mit schnellen Schritten herannahende Winter
ihnen einen fürchterlichern Krieg erklären werde, als
menschliche Waffen vermöchten. Mit weiser Mäßigung
zog sich Kutusow durch Moskau gegen Tula und Ka=
luga zurück und rechtfertigte sich in seinem Berichte an
den Kaiser darüber: „noch lebe das Heer und sein Muth.
Der Verlust von Moskau sey nicht der Verlust des Va=
terlandes, mithin zu ersetzen.“

Am 14. September breitete sich das französische Heer
vor Moskau aus; und Napoleon harrte in der Vorstadt
von Smolensk lange auf die Abgeordneten der Stadt
und den Empfang der Behörden. Niemand erschien; am

15. zog Napoleon in die ungeheure, todtenstille Stadt ein, die, wie ein unermeßliches Grab, ihn mit unheilvollem Schweigen aufnahm. Schon in der Nacht vom 14. zum 15. brach in einem Theile der Stadt Feuer aus; es ward gedämpft. Aber am folgenden Tage brachen an verschiedenen Stellen zugleich Feuersbrünste aus. Die französischen Soldaten waren anfangs vermessen genug, die Verheerungen der Flamme noch zu unterstützen, weil die Verwirrung des Brandes ihre Plünderungen begünstigte. Ein fürchterlicher Sturm, welcher sich erhob, verbündete sich mit dem Racheplane der Russen, bald bot die ganze ungemessene Stadt den Anblick eines Flammenmeeres. Der russische Gouverneur Rostopschin — wahrscheinlich der vorzüglichste Hebel dieser patriotischen Großthat, hatte alle Löschanstalten fortgeführt und Alles mit zündbaren Stoffen angefüllt. Kühne Männer, welche er zurückgelassen, legten in allen Theilen der Stadt Feuer an und selbst die Gefangenen hatte man zu gleichem Zwecke freigegeben. Selbst den Kreml, welchen Napoleon bewohnte, hatte man anzuzünden versucht, und er mußte sich aus der Stadt nach dem nahe gelegenen kaiserlichen Lustschlosse Petrowsky retten. Da, mit Ausnahme weniger Fremden, alle Einwohner Moskau's geflüchtet waren, so war um so weniger an ein Löschen zu denken, und so enthielt der französische Kriegsbericht vom 17. Sept. — der sonstigen Natur französischer Kriegsberichte ziemlich entgegen — wenigstens die Wahrheit: „Moskau, eine der schönsten und reichsten Städte der Welt, sey nicht mehr." Ein übergewaltiger, riesenhafter Vaterlandsgeist hatte die Russen zur Vernichtung ihrer eigenen heiligen Stadt, ihrer eigenen Habe getrieben; aber das beispiellose Opfer brachte auch beispiellose Früchte, und Moskau's Brand loderte, ein furchtbares Siegesfeuer

für ganz Deutschland, empor, dem blutigen Weltüberwin-
der den nahen Untergang verkündend. Napoleon, nicht
gerührt, nur stußig gemacht durch das gräßliche Unglück,
hatte zu Zeiten doch Anwandlungen böser Ahnung, und
während er durch falsche Nachrichten und prahlerische
Siegesberichte — denn wer hätte es mit der Tapferkeit
französischer Bulletins aufnehmen können! — der Armee
ihren eignen gefahrvollen Zustand und der Nation die
bösen Aussichten in die nächste Zukunft, zu verbergen
suchte, sendete er Lauriston mit friedlichen Vorschlägen
zu Kutusow, der aber kurzhin erwiderte: „Jetzt könne
am wenigsten von Friedensunterhandlungen die Rede
seyn, denn jetzt gehe für die Russen der Krieg erst an.“
Ein ähnliches Resultat hatten Murats versuchte Unterhandlungen mit Miloradowitsch. Kutusow beharrte eisern
in seiner Stellung auf dem Wege von Tula und Ka-
luga, und zog aus den Umgebungen fortwährend neue Truppen und Vorräthe an sich. Napoleons Lage ward immer
mißlicher; ein Zug gegen Petersburg hätte ihn ganz von
aller Verbindung mit Deutschland und Polen abgeschnitten, daher brach er am 17. October von Moskau auf.
Fünf Tage später verließen die letzten Franzosen die
Stadt, der Kreml ward von ihnen gesprengt, auch das
Lustschloß Petrowsky hatte Napoleon bei seinem Abzuge
anzünden lassen. Am 18. October war Murat bei Ta-
rutina von Bennigsen geschlagen worden. Vor seinem
Aufbruche hatte Napoleon zu seinen schon zweifelnden
Soldaten gesagt: „er werde sie in die Winterquartiere
führen; finde er die Russen auf dem Wege, so werde er
sie schlagen, finde er sie nicht, desto besser für sie.“ Aber
der 25. October, wo Kutusow nach einem hitzigen Treffen ihn auf die große, durch ihn selbst verwüstete Straße
von Smolensk zurückwarf, strafte seine Voraussagung

Lügen. Der Mangel begann sich bereits fühlbar einzu=
stellen und so, von Hunger und Kälte furchtbar gedrückt,
von Feindesschwärmen unaufhörlich beunruhigt, sollten
die Franzosen sich nach dem, funfzig deutsche Meilen ent=
fernten Smolensk zurückziehen, wo sich ihre nächsten Ma=
gazine befanden! Ein glücklicher Erfolg dieses Rückzuges
war bei dem entsetzlichen Widerstande des Hungers und
des Frostes kaum denkbar, und Napoleon hatte, in blin=
dem Uebermuthe, diesmal sein Heer beinahe muthwillig
dem schreckenvollsten Untergange entgegengeführt, ja sogar
gegen die nächsten Pflichten militairischer Vorsicht gefehlt;
denn, wie damals sehr richtig von diesem Unternehmen
geurtheilt wurde *), „ein schneller Rückzug ist nur da an=
wendbar, wo mäßige Räume zu durchlaufen sind; bei
großen Entfernungen wird jede Eilfertigkeit verderblich,
denn jeder Rückzug demoralisirt den Soldaten schon an
sich; je größer die Eile, je größer die Entfernung, um
so größer die Demoralisation, ein schlimmeres Uebel, als
jedes physische Ungemach. Napoleon handelte diesem
Grundsatze entgegen und bezahlte diesen Fehler mit dem
Verluste seiner Armee und mit dem Verluste seines Ruh=
mes." — Die Straße nach Smolensk war bald mit
Leichnamen und todten Pferden besäet; die noch lebenden
Pferde waren vor Hunger so matt, daß sie das Geschütz
nur mit äußerster Mühe und völlig langsam fortbrachten;
auch ward es ihnen, da man in Moskau sogar vergessen
hatte, sie scharf zu beschlagen, beinahe unmöglich, auf
dem glattgefrorenen Boden fortzukommen; man mußte
zwölf und vierzehn Pferde vor eine Kanone spannen und

---

*) S. die Brochüre: Rückzug der Franzosen (geschrieben zu
Wilna den 10. December 1812) ohne weitere Angabe des Druck=
ortes, noch der Jahrzahl und des Verfassers.

gleichwohl gelang es ihnen kaum, auch nur den kleinsten
Hügel zu überschreiten. Vieles Geschütz mußte, da man
es nicht fortbringen konnte, vergraben werden; noch mehr
fiel den immer zur Seite schwärmenden Kosaken und Par=
teigängern in die Hände. Am 3. November schlug der
Vortrab der Russen unter Miloradowitsch den Marschall
Davoust, und jagte ihn mit einem Verluste von vielen
Todten und Gefangenen, und fünf und zwanzig Kano=
nen durch die Stadt, welche, gleich als übe die Nähe der
Franzosen eine zündende Kraft, ebenfalls vor ihnen in
Flammen aufging. Jetzt trat auch, zur Vollendung des
Elendes, der erste heftige Frost ein. Die bereits durch
Strapazen aller Art geschwächten Soldaten konnten,
ohne gehörige Bekleidung und ohne hinreichende Nah=
rung, diesem neuen furchtbaren Feinde nicht mehr wider=
stehen. Tausende von ihnen erfroren in jeder Nacht,
und mit erstarrten Gliedern versuchten sich die Leben=
den gegen die, unaufhörlich sie überfallenden Kosaken,
oder gegen die Angriffe der wüthenden Bauern, die allent=
halben erbarmungslos über die Halberfrorenen herfielen,
vergeblich zu wehren. Haufenweise wurden die beinahe
schon Leblosen niedergestochen und todtgeschlagen; das
Loos derer, welche in Gefangenschaft fielen, war gegen
das ihrer Cameraden noch zu beneiden. Kaum 60,000
Mann von der Armee, welche 100,000 Mann stark von
Moskau abgezogen war, erreichten Smolensk; sie hatten
bis dorthin gegen 400 Kanonen verloren. Die in Smo=
lensk befindlichen Magazine wurden in der allgemeinen
Eile und Verwirrung nicht hinlänglich benutzt; auch moch=
ten von den Verwaltenden wohl starke Unterschleife ge=
schehen; denn eine Menge der Unglücklichen ging so gut
wie leer aus; die Uebrigen erhielten, vor lauter Eile, ihre
Rationen nicht einmal in Brod, sondern in Mehle, und

in der Wuth des Hungers wurden diese zugetheilten schmalen Vorräthe auf einmal aufgezehrt, so daß schon in den nächsten Tagen der Mangel mit seinen gierigsten Forderungen wiederkehrte. Napoleon ließ den größten Theil seiner Equipagen — die ihm zu seiner baldigen raschen Heimkehr sehr zu Statten gekommen wären — in Smolensk verbrennen, um wenigstens die Kosaken, diese unerbetenen Universalerben der französischen Armee, nicht damit zu bereichern. Die von ihm beabsichtigte Sprengung der noch übrig gebliebenen Gebäude, womit er ein Andenken von sich zu hinterlassen meinte, kam nicht zu Stande, weil der General Platow einen jähen Angriff auf die Stadt unternahm und die Franzosen daraus verjagte. Zum großen Theile ohne Waffen — die sie vor Kälte und Erschöpfung von sich geworfen — und beinahe ohne Reiterei, flohen die Franzosen von Smolensk nach Krasnow. Aber die Russen, die man im gemächlichen Nachzuge glaubte — hatten ihnen hier den Vorsprung abgewonnen; die todesmatten Franzosen mußten sich (17. November) schlagen. Ihr rechter Flügel war umgangen; Napoleon machte sich eilends davon und folgte seinen vorausgegangenen Garden. Die Russen machten mehrere tausend Gefangene und erbeuteten fünf und zwanzig Kanonen — die Hälfte der, der Armee überhaupt noch gebliebenen — mehrere Adler und Fahnen, wie auch den Marschallstab Davoust's. Am andern Tage kam Ney mit dem Nachtrabe nach Krasnow; er glaubte nur auf feindliche Streifparteien zu stoßen und wagte daher, ohne den Parlamentair zu hören, mit der ihm eigenen Tapferkeit den Angriff. Eine gänzliche Niederlage war die Folge; 11,000 Franzosen streckten das Gewehr. Ney selbst entkam nur mit Mühe rückwärts über den Dnieper.

Napoleon eilte der Berezina zu, um sie noch vor
Wittgenstein und Tschitschagow zu erreichen, die ihn dort
zu empfangen und aufzuhalten strebten. Die Corps von
Victor und Dombrowski waren mit einer nicht unbeträcht=
lichen Artillerie zu Napoleons Unterstützung im Anzuge.
Der Uebergang der Franzosen über die Berezina steht selbst
in der, an grellen Nachtstücken reichen Kriegsgeschichte als
beinahe unerreichtes Schreckbild da. Der Uebergang
dauerte zwei Tage und, je mehr bereits die Mannszucht
unter der französischen Armee gesunken war, desto unor=
dentlicher drängten sich gleich Anfangs die Truppen hin=
über. Als aber erst die Victor'schen und Dombrowski'=
schen Corps von den Russen zurückgeworfen wurden,
suchten sich die Franzosen, Verwirrung und Todesangst
in der Brust, auf einmal über die Brücke zu retten. Sie
drängten sich nicht mehr, sie quetschten sich über den
schmalen Pfad; Artillerie, Bagage und Reiterei, Alles
wollte zugleich hinüber. Viele wurden erdrückt und von
der eigenen Artillerie gerädert. Der Schwächere ward
von den eigenen Cameraden, um Platz zur Flucht zu
gewinnen, niedergeschlagen und zertreten, oder von der
Brücke herab in die Eisfluth gedrängt. Viele stürz=
ten sich freiwillig in's Wasser und glaubten sich auf Eis=
schollen zu retten. Mitten in diesen Knäuel von Men=
schen, wo jeder nur um die eigene Rettung rang, in die=
ses furchtbare lebende Mischmasch wüthender Todesangst
und ächzender Verzweiflung schlugen die Kugeln des rus=
sischen Geschützes, um durch Blut und Verstümmelung
das gräßliche Bild der Vernichtung zu vollenden. Viele
Corps streckten vor der Brücke das Gewehr. Der Ueber=
gang hatte gegen 30,000 Mann an Gefangenen und
Verunglückten gekostet, der verlorenen Kanonen und Kriegs=
geräthe nicht zu gedenken.

Von der Berezina nach Wilna war die französische
Armee so gut als aufgelös't, ein planloser Klumpen, durch
Hunger, Frost und ungepflegte Wunden zu Gerippen ver=
blichener Menschen, nicht durch Mannszucht, nur durch
die gemeinschaftliche Gefahr noch zusammengehalten. Die
schmerzlich gesteigerte Kälte hielt furchtbare Heerschau un=
ter den Unglücklichen. Durch Elend und durch Mangel
an Bekleidung, die sie, dem gräßlichen Froste zu begeg=
nen, durch das erste beste zu ersetzen suchten, waren diese
Krieger zu Jammerbildern verblichen. Strohmatten, fri=
sche Häute, kurz, was sie gefunden, diente ihnen zur
Bekleidung; alte Hüte und Fetzen zum Schuhwerk. Viele
waren durch die Kälte aller Besinnung, alles Gefühls
beraubt, zum bloßen thierischen Schmerzensinstincte herab=
gesunken, oder in förmlichen Wahnwitz verfallen, in wel=
chem Zustande sie gierig in's Feuer hineinkrochen und
ächzend sich verbrannten, bis Andere über ihren Leichna=
men den nämlichen Tod fanden. Andere legten sich,
Wärme suchend, schichtweise über einander, und während
die oberen erfroren, wurden die untersten durch die Last
erdrückt. Viele dieser Erbarmungswürdigen benagten vor
Hunger ihre erfrorenen Glieder, und mit der letzten Kraft
mußte sich Jeder, seinen Leidensgenossen vor dem wär=
menden Feuer wegzudrängen, um für sich Platz daran
zu gewinnen, oder ihm die hüllende Decke zu entreißen.
Und er, der Urheber dieses zermalmenden, sinnverwirren=
den Elends, statt ein solches riesenhaftes Unglück auch
titanenhaft in sich zu empfinden, blickte mit stumpfer Ge=
fühllosigkeit, betäubt, aber nicht entsetzt, darein. Der gie=
rige Wunsch, sich selbst für seine weiteren Schöpfungen
zu retten, behielt bald die Oberhand über jedes Mitge=
fühl. Wie in Aegypten, überließ er — diesmal freilich
unter weit schreckenvolleren Umständen — die Armee ih=

rem Schicksale und entfloh in einem Schlitten unerkannt
nach Dresden, von da nach seiner Hauptstadt.

Bei ihrer Flucht durch Wilna waren die Franzosen im
höchsten Zustande des Elends. Der blinde Ruf: „Kosak,‟
brachte ganze Colonnen in Flucht, selbst die Juden, die
unter den Räubereien dieser Truppen ganz besonders gelitten hatten, durften jetzt ungestraft über diese Unglücklichen
herfallen und sie mißhandeln und erschlagen. Nur ein gespenstischer Schatten der großen Armee, entkamen Wenige
über den Niemen und wankten in unvermögender Hast,
zerrissen und erfroren, der Weichsel zu.

Die Preußen, die nur mit zornigem Widerwillen für
die Sache ihres eigenen Verderbens gefochten, durften nun
sehnsüchtig zu dem Kampfe für ihre Meinung zurückkehren; am 30. December schloß der preußische General
York mit den Russen eine Uebereinkunst, durch welche
das preußische Corps nebst den von ihm besetzten preußischen Bezirke neutral erklärt wurden. Die Oesterreicher
hatten unter dem Fürsten Schwarzenberg bis zuletzt Warschau und die benachbarten französischen Magazine gedeckt; am Ende des Jahres war ihr Quartier zu Pultusk,
und von dort aus näherten sie sich immer mehr den vaterländischen Gränzen.

Mit dem Trotze selbstverschuldeten Unglücks trat Napoleon in Paris auf; durch die Wachsamkeit der französischen Kriegspolizei wußte man die erlittenen Unfälle,
wenn auch nicht zu verbergen, doch zu beschönigen und
irre darüber zu machen. Mit Zuversicht wurde geprahlt,
daß die russischen Heere nirgend Napoleons Adlern Stand
gehalten, und daß nur der frühzeitig eingetretene strenge
Winter seinem Heere empfindliche Verluste beigebracht habe.
Noch einmal bot das verblendete Frankreich dem ruhelosen Menschenverschwender seine letzten Kräfte; der Senat,

zum knechtischen Gehorsam gewöhnt, bewilligte mehr, als Napoleon selbst gefordert, und ehe man es sich versah, hatte Napoleon ein neues Heer hervorgerufen, das, der Zahl nach, die Pläne des Unersättlichen wohl unterstützen konnte. Da er sich nicht verbergen konnte, wie sehr die Welt seine Gewaltthätigkeiten gegen die Person des von ihm in harter Gefangenschaft gehaltenen Papstes mißbilligte, suchte er den Schein einer Aussöhnung mit demselben zu gewinnen. Durch die Bemühungen der französischen Prälaten und durch Napoleons trügerische Verheißungen gelang es ihm, den Papst zu einem bedingten Concordat zu bringen, welches er dem Senat sogleich als Reichsgrundgesetz mittheilte. Aber Napoleons abermalige Treulosigkeiten bestimmten den Papst zu der energischen Erklärung: „daß das Concordat gebrochen sey und er sich durchaus nicht zu Abschließung eines neuen verstehen werde, es müsse denn alle zwischen Frankreich und dem heiligen Stuhle obwaltende Irrungen umfassen." Standhaft, trotz neuer Mißhandlungen, blieb der Greis bei diesem Beschlusse stehen; dagegen erließ Napoleon ein scharfes Decret gegen Jeden, der es wagen werde, sich an dem von ihm mit dem heiligen Vater geschlossenen Concordate zu vergehen. —

Die Flamme von Moskau hatte dem, lange irregeführten Deutschland, endlich die wahre Gestalt des Unterdrückers in blutig grellem Lichte gezeigt; der prahlende Schein der Unüberwindlichkeit war furchtbar Lügen gestraft; Preußen, das zu schmerzlich durch den eisernen Willen des Eroberers niedergedrückt worden war, eilte auch, als die Kraft des Zwingherrn in den Eisgefilden Rußlands gebrochen, sich am schnellsten zu erheben. Eine unendliche Begeisterung durchflammte das ganze Land; vom Seufzer der Unterdrückung zum Jubel des Frei-

heitskampfes war nur ein Athemzug. Alles drängte sich
begierig unter die Fahnen des Vaterlandes, Jünglinge und
Greise aus allen Ständen, selbst Jungfrauen in männlicher
Verkleidung; die Nation erhob die Waffen. Mit eben so viel
Kühnheit als besonnener Ruhe griff Preußen zu den Waffen; es verhehlte sich nicht die verhängnißvolle Bedeutsam-
keit des vorzunehmenden Kampfes; es wußte, daß nur im
Siege Heil und Rettung zu finden, daß es aber, im Falle
des Unterliegens, sich keiner Schonung, keines auch nur
halb günstigen Vergleichs, sondern nur unbedingter Vernichtung zu gewärtigen habe. Napoleon hatte bereits
bewiesen, daß er, am allerwenigsten gegen Preußen, eine
Versöhnung kenne. Diese Aussicht, die nur Wahl zwischen
Gelingen oder Untergehen ließ, vermehrte den Feuereifer
des preußischen Volkes; wer nicht selbst die Waffen tragen
konnte, suchte, Jeder nach seinem Vermögen, durch freiwillig
dargebrachte Beiträge dem Vaterlande zu dienen. Mit Ernst
und Resignation bereitete Preußen den großen Kampf vor.

Am 27. März 1813 erklärte Krusemark zu Paris das
zwischen Preußen und Rußland geschlossene Bündniß.
Napoleon — nach dem Unglücke des russischen Feldzugs,
sich gierig, gleich dem verwundeten Tiger, nach einem
neuen, dem Anscheine nach schwächeren Opfer umsehend —
empfing Preußens Kriegserklärung mit grausamer Zufriedenheit; er hatte, freilich mit Erschöpfung der letzten
Kräfte Frankreichs, ein neues Heer erschaffen, und war
nun ungeduldig, mit diesem neu erpreßten Schatze abermals an die blutige Spielbank des Krieges zu treten,
hoffend, durch einen schnellen Zug jeden der letztern Verluste sofort doppelt einzubringen.

Am 26. März 1813 ging das vereinigte russische und
preußische Heer bei Dresden über die Elbe, und bald war
Thorn und Spandau von den Verbündeten genommen.

Doch war ihre beiderseitige Macht — geschwächt durch
die früheren Feldzüge theils für, theils gegen den jetzigen
Feind — nicht stark genug, um sich weit von ihren Hilfs=
quellen zu entfernen. Napoleon hatte sein Nachtlager in
Lützen genommen; seine Absicht war, die Russen und
Preußen von der Elbe abzuschneiden. Diese beschlossen —
obschon sie ihm, der gegen 120,000 Mann führte, nur
gegen 70,000 Mann entgegenstellen konnten — ihm zu=
vorzukommen. Am 2. Mai lieferten sich beide Heere in
den Ebenen von Lützen und Großgörschen die erste Schlacht.
Die Preußen und Russen, obgleich um mehr als ein Dritt=
theil schwächer, begegneten dem Feinde mit beispielloser
Tapferkeit und zogen sich, nachdem sie Letzteren mit Stau=
nen und Ueberraschung erfüllt hatten, in fester Ordnung
über die Elbe zurück. Die Schlacht hatte dazu gedient,
dem Feinde Achtung und Furcht für die Tapferkeit der
Verbündeten beizubringen und diese, sowie Deutschland,
mit neuem Vertrauen zu sich selbst zu erfüllen. Die Letz=
teren beschlossen, dem Feinde möglichst schnell eine zweite
Schlacht zu liefern, ohne Napoleons schlauem Anerbieten
eines Friedenscongresses oder eines Waffenstillstandes ein
weiteres Gehör zu schenken. Am 20. und 21. Mai ge=
schah die Schlacht von Bautzen und Wurschen, in welcher
die Verbündeten abermals gegen die Uebermacht sich mit
außerordentlicher Unerschrockenheit behaupteten und sich
dann in ruhiger Ordnung gegen Schweidnitz zurückzogen.
Den Verbündeten hatte diese Schlacht gegen 12,000, den
Franzosen an 26,000 Mann an Todten und Verwunde=
ten gekostet; die Ersteren hatten, trotz ihrer schwächern
Anzahl, die meisten Gefangenen gemacht. Jede Verfol=
gung, welche die Franzosen wagten, ward tapfer abge=
schlagen; durch Blücher's Reiterhinterhalt bei Hainau
erlitten die Franzosen einen erheblichen Verlust. Am

15

30. Mai besetzten die Franzosen Breslau, und am 4. Juni
ward zu Poischwitz ein Waffenstillstand bis zum 26. Juli
mit sechstägiger Aufkündigung geschlossen, bei welchem es
Wunder nahm, daß die Franzosen diesmal, statt sich feste
Plätze und Provinzen abtreten zu lassen, sogar bereits
von ihnen besetzte, namentlich Breslau räumten. Dagegen fielen Hamburg und Lübeck — Ersteres besonders
durch die schnelle Sinnesänderung der anfangs es be-
schützenden Dänen — in französische Hände, und beiden
Städten, in denen sich ein äußerst muthiger Geist des
Widerstandes gegen die fremde Zwingherrschaft gezeigt
hatte, ließ Napoleon durch seine beiden berüchtigten Hel-
fershelfer, Davoust und Vandamme, seinen Zorn genugsam entgelten.

Oesterreich hatte, nach der Franzosen unglücklichem
Rückzuge aus Rußland, es sich innigst angelegen seyn
lassen, Napoleon, den das Mißgeschick wohl milder hätte
stimmen sollen, auf friedlichere Gedanken zu bringen, und
nichts unterlassen, um dieses Ziel, nach welchem Europa
seufzend und sehnsüchtig hinblickte, zu erreichen. Dergleichen Anträge wurden zwar von Napoleon immer mit
einem Scheine von Bereitwilligkeit aufgenommen, aber
immer war die Unverletzlichkeit des großen Reichs die erste
seiner Bedingungen, und seine Weigerung, auch nur das
Geringste von seinen immer planloser aufgethürmten Eroberungen, der Ruhe und dem Gleichgewichte Europa's
zu opfern, schlich sich hartnäckig und unwiderruflich in
jede seiner Erwiderungen. Die Launenhaftigkeit des hoch-
müthigen Ueberwinders bewirkte sogar, daß diese Vorschläge nicht immer mit gleich guter Miene angehört wurden, sondern daß man französischer Seits dem vermittelnden Oesterreich übermüthige Entgegnungen machte, es
an sein gehabtes Unglück erinnerte und ihm merken ließ,

man habe durch die neuern Vorfälle die falschen Freunde von den wahren unterscheiden gelernt, und werde diese zu belohnen, jene zu züchtigen wissen. Oesterreich mußte befürchten, durch eine länger fortgesetzte Vermittlerrolle sich sogar in den Augen des übrigen Deutschlands in ein zwei-deutiges Licht zu stellen; ihm mußte daher um so mehr daran liegen, Napoleon zu einem schnellen Friedensschlusse zu bringen. Zu diesem Zwecke bedurfte es eignen Nach-drucks, und, um diesen zu erhalten, rüstete es mit Ernst und Anstrengung. Je fremder sich Napoleon jeder auf-richtigen Geneigtheit zum Frieden zeigte und je bestimmter er in einem Falle — wo, für den Preis der allgemeinen Ruhe und Ordnung, endlich Jeder sich irgend einen Ver-lust auferlegen mußte — seinerseits auch nur das geringste Opfer darzubringen sich weigerte, desto mehr ward es für Oesterreich Pflicht, aus seinem bisher vermittelnden Ver-hältniß in ein selbstständig-thätiges herauszutreten. Diese Pflicht mahnte um so lauter, da sich leicht einsehen ließ, daß, trotz des in den vorgefallenen letzten Schlachten Bei-den gewordenen Ruhmes, gleichwohl Rußland und Preu-ßen allein dem noch immer furchtbaren Gegner nicht die Spitze bieten könnten, und so entschied sich — bei den nur heuchlerischen Friedenserbietungen Napoleons — nunmehr auch Oesterreich, ihm, dem steten Feinde der Ruhe und Ordnung, den Krieg zu erklären. Die Motive dieser Kriegserklärung Oesterreichs wurden mit meisterhaft bündiger Klarheit in dem von ihm erlassenen Manifeste entwickelt, welches, da es die Maßregeln dieser Macht, sowie den Charakter der ganzen Epoche und besonders des beginnenden Befreiungskampfes mit überzeugender Wahr-heit schildert und entwickelt, zur Vervollkommnung des gegenwärtigen Charakterbildes hier unmöglich fehlen darf:

„Die österreichische Monarchie fand sich durch ihre

15 *

Lage, durch ihre vielfachen Verbindungen mit andern
Mächten, durch ihre Wichtigkeit in dem europäischen Staa-
tenbunde, in einen großen Theil der Kriege verwickelt,
die seit länger, als zwanzig Jahren, Europa verheerten.
Im ganzen Laufe dieser schweren Kriege hat nur ein
und immer derselbe politische Grundsatz jeden Schritt Sr.
Majestät des Kaisers geleitet. Aus angeborner Neigung,
aus Pflichtgefühl, aus Liebe zu Ihren Völkern dem Frieden zugethan, allen Eroberungs = und Vergrößerungsge-
danken fremd, haben Se. Majestät nie die Waffen ergriffen, als wenn die Nothwendigkeit unmittelbarer Selbst-
vertheidigung, oder die von eigner Erhaltung unzertrenn-
bare Sorge für das Schicksal benachbarter Staaten, oder
die Gefahr, das ganze gesellschaftliche System von Europa durch gesetzlose Willkühr zertrümmert zu sehen, dazu
aufforderten. Für Gerechtigkeit und Ordnung haben Se. Majestät zu leben und zu regieren gewünscht; für
Gerechtigkeit und Ordnung allein hat Oesterreich gestritten.
Wenn in diesem oft unglücklichen Kampfe der Monarchie
tiefe Wunden geschlagen wurden, so blieb Sr. Majestät
wenigstens der Trost, daß das Schicksal Ihres Reiches
nicht für unnütze oder leidenschaftliche Unternehmungen auf's Spiel gesetzt ward, und daß jede
Ihrer Entschließungen vor Gott, vor Ihrem Volke, vor
den Zeitgenossen und der Nachwelt gerechtfertigt werden
konnte.

„Der Krieg von 1809 würde, ungeachtet der zweckmäßigsten Vorbereitungsanstalten, den Staat zum Untergange geführt haben, wenn die unvergeßliche Tapferkeit
der Armee, und der Geist einer treuen Vaterlandsliebe,
der alle Theile der Monarchie beseelte, nicht stärker gewesen wäre, als jedes feindselige Schicksal. Die Nationalehre und der alte Waffenruhm wurden unter allen

Widerwärtigkeiten dieses Krieges glücklich behauptet; aber kostbare Provinzen gingen verloren; und durch die Abtretung der Küstenländer am adriatischen Meere wurde Oesterreich aller Antheil am Seehandel, eines der wirksamsten Beförderungsmittel seiner Landesindustrie, geraubt; ein Schlag, der noch tiefer gefühlt worden seyn würde, wenn nicht zu eben der Zeit ein, den ganzen Continent umschlingendes, verderbliches System ohnehin alle Handelswege gesperrt und fast alle Gemeinschaft zwischen den Völkern gebrochen hätte. Der Gang und die Resultate dieses Krieges hatten Sr. Majestät die volle Ueberzeugung gewährt, daß bei der einleuchtenden Unmöglichkeit unmittelbarer und gründlicher Heilung des tief zerrütteten politischen Zustandes von Europa, die bewaffneten Rettungsversuche einzelner Staaten, anstatt der gemeinschaftlichen Noth ein Ziel zu setzen, nur die noch übrig gebliebenen unabhängigen Kräfte fruchtlos aufreiben, den Verfall des Ganzen beschleunigen, und selbst die Hoffnung auf bessere Zeiten vernichten mußten.

„Von jener Ueberzeugung geleitet, erkannten Se. Majestät, welch' ein wesentlicher Vortheil es seyn würde, durch einen auf mehrere Jahre gesicherten Frieden den bis dahin unaufhaltsamen Strom einer täglich wachsenden Uebermacht wenigstens zum Stillstand zu bringen, Ihrer Monarchie die zur Herstellung des Finanz- und Militairwesens unentbehrliche Ruhe, zugleich aber den benachbarten Staaten einen Zeitraum der Erholung zu verschaffen, der, mit Klugheit und Thätigkeit benutzt, den Uebergang zu glücklichern Tagen vorbereiten konnte. Ein Friede dieser Art war unter den damaligen gefahrvollen Umständen nur durch einen außerordentlichen Entschluß zu erreichen. Der Kaiser fühlte es und faßte diesen Entschluß. Für die Monarchie, für das heiligste Interesse der Menschheit, als Schutzwehr gegen unabsehliche Uebel, als Unterpfand einer bessern Ordnung der Dinge gaben Se. Majestät, was Ihrem Herzen das Theuerste war, hin. In diesem, über gewöhnliche Bedenklichkeiten weit erhabenen, gegen alle Mißdeutungen des Augenblicks gewaffneten Sinne, wurde ein Band geknüpft, das, nach den Drangsalen eines ungleichen Kampfes, den schwächern und leidenden Theil durch das Gefühl einiger Sicherheit aufrichten, den stärkern und siegreichen für Mäßigung und Gerechtigkeit stimmen, und so von zwei Seiten zugleich, der Wiederkehr eines Gleichgewichts der Kräfte, ohne welches die Gemeinschaft der Staaten nur eine Gemeinschaft des Elends seyn kann, den Weg bahnen sollte.

„Der Kaiser war zu solchen Erwartungen um so mehr berechtigt, als zur Zeit der Stiftung dieses Bandes der Kaiser Napoleon den Punct in seiner Laufbahn erreicht hatte, wo Befestigung des Erworbenen wünschenswürdiger wird, als rastloses Streben nach neuem Besitz. Jede weitere Ausdehnung seiner, längst alles gerechte Maaß übersteigenden Herrschaft war nicht nur für Frankreich, das unter der Last seiner Eroberungen zu Boden sank, sondern selbst für sein wohlverstandenes persönliches Interesse mit sichtbarer Gefahr verknüpft. Was diese Herrschaft an Umfang gewann, mußte sie nothwendig an Sicherheit verlieren. Das Gebäude seiner Größe erhielt, durch die Familienverbindung mit dem ältesten Kaiserhause der Christenheit, in den Augen der französischen Nation und der Welt einen Zuwachs an Festigkeit und Vollendung, daß unruhige Vergrößerungsplane es forthin nur entkräften und erschüttern konnten. Was Frankreich, was Europa, was so viele gedrückte und verzweifelte Nationen vom Himmel erflehten, schrieb dem mit Ruhm

und Sieg gekrönten Beherrscher eine gesunde Politik als
Gesetz seiner Selbsterhaltung vor. Es war erlaubt, zu
glauben, daß so viel vereinigte große Motive über den
Reiz eines einzigen triumphiren würden. Wenn diese
frohen Hoffnungen unerfüllt blieben, so kann Oesterreich
kein Vorwurf darüber treffen. Nach vieljähriger vergeb=
licher Anstrengung und unermeßlichen Aufopferungen aller
Art, gab es Beweggründe genug zu dem Versuche, durch
Vertrauen und Hingebung Gutes zu wirken, wo Ströme
von Blut bisher nur Verderben auf Verderben gehäuft
hatten. Se. Majestät werden es wenigstens nie bereuen,
diesen Weg betreten zu haben.

„Das Jahr 1810 war noch nicht verflossen, der Krieg
wüthete in Spanien noch fort, die deutschen Völker hat=
ten kaum Zeit gehabt, nach den Verwüstungen der beiden
vorigen Kriege den ersten freien Athemzug zu thun, als
der Kaiser Napoleon in einer unglücklichen Stunde
beschloß, einen ansehnlichen Bezirk des nördlichen Deutsch=
lands mit der Masse von Ländern, die den Namen des
französischen Reiches führte, zu vereinigen und die alten
freien Handelsstädte, Hamburg, Bremen und Lübeck, ih=
rer politischen, bald nachher auch ihrer commerciellen Exi=
stenz und ihrer letzten Subsistenzmittel zu berauben. Die=
ser gewaltthätige Schritt geschah, ohne irgend einen, auch
nur scheinbaren Rechtsgrund, mit Verachtung aller scho=
nenden Formen, ohne vorhergehende Ankündigung oder
Rücksprache mit irgend einem Cabinet, unter dem will=
kührlichen und nichtigen Vorwande, daß der Krieg mit
England ihn gebiete. Zugleich wurde jenes grausame
System, welches auf Kosten der Unabhängigkeit, der
Wohlfahrt, der Rechte und der Würde des öffentlichen
und Privateigenthumes aller Staaten des Continents,
den Welthandel zu Grunde richten sollte, mit unerbittli=

cher Strenge verfolgt, in der eitlen Erwartung, ein Re=
sultat zu erzwingen, das, wenn es nicht glücklicher Weise
unerreichbar gewesen wäre, Europa auf lange Zeiten hin=
aus in Armuth, Ohnmacht und Barbarei gestürzt haben
würde.   Der Beschluß, welcher eine neue französische
Herrschaft, unter dem Titel einer zwei und dreißigsten
Militairdivision, an den deutschen Seeküsten errichtete,
war an und für sich beunruhigend genug für alle benach=
barte Staaten; er wurde es noch mehr als unverkenn=
bare Vorbedeutung künftiger größerer Gefahr.   Durch
diesen Beschluß sah man das, in Frankreich selbst aufge=
stellte, zwar früher schon übertretene, doch immer noch
als bestehend proclamirte System der sogenannten natür=
lichen Gränzpuncte des französischen Reiches, ohne alle
weitere Rechtfertigung oder Erklärung, über den Haufen
geworfen und sogar die eignen Schöpfungen des Kaisers
mit beispielloser Willkühr vernichtet.   Weder die Fürsten
des Rheinbundes, noch das Königreich Westphalen, noch
irgend ein großes oder kleines Gebiet auf dem Wege die=
ser furchtbaren Usurpation, wurde geschont.   Die Gränze
lief, dem Anschein nach von blinder Laune gezeich=
net, ohne Regel noch Plan, ohne Rücksicht auf alte
oder neue Verhältnisse, quer über Länder und Ströme
hin, schnitt die mittlern und südlichen deutschen Staaten
von aller Verbindung mit der Nordsee ab, überschritt die
Elbe, riß Dänemark und Deutschland von einander, nahm
selbst die Ostsee in Anspruch, schien der Linie der fort=
dauernd besetzten preußischen Oderfestungen entgegen zu
eilen.   Und doch trug die ganze Occupation, so gewalt=
sam sie auch in alle Rechte und Besitzungen, in alle geo=
graphische, politische und militairische Demarcationen ein=
griff, so wenig das Gepräge eines vollendeten und ge=
schlossenen Gebietes, daß man gezwungen war, sie nur

als Einleitung zu noch größeren Gewaltschritten zu betrachten, durch welche die Hälfte von Deutschland eine französische Provinz, und der Kaiser Napoleon wirklicher Oberherr des Continents werden sollte. Am nächsten mußten sich, durch diese unnatürliche Ausdehnung des französischen Gebietes, Rußland und Preußen gefährdet fühlen. Die preußische Monarchie, von allen Seiten eingeschlossen, keiner freien Bewegung mehr mächtig, jedes Mittels, neue Kräfte zu sammeln, beraubt, schien sich ihrer gänzlichen Auflösung mit starken Schritten zu nähern. Rußland, durch die eigenmächtige Vertheilung der im Tilsiter Frieden frei erklärten Stadt Danzig in einen französischen Waffenplatz, und eines großen Theiles von Polen in eine französische Provinz, auf seiner Westgränze schon hinreichend beunruhigt, sah in dem Vorrücken der französischen Macht längs der Seeküste, und in den neuen Fesseln, die Preußen bereitet wurden, eine dringende Gefahr für seine deutschen und polnischen Besitzungen. Von diesem Augenblicke an war der Bruch zwischen Frankreich und Rußland so gut als entschieden.

„Nicht ohne große und gerechte Besorgniß sah Oesterreich diese neuen Wetterwolken aufsteigen. Der Schauplatz der Feindseligkeiten mußte in jedem Falle seine Provinzen berühren, deren Vertheidigungsstand, da die nothwendige Reform des Finanzwesens die Wiederherstellung der Militairmittel gehemmt hatte, höchst unvollkommen war. Aus einem höhern Standpuncte betrachtet, erschien der Kampf, der Rußland bevorstand, in einem äußerst bedenklichen Lichte, da er unter eben so ungünstigen Conjuncturen, eben dem Mangel an Mitwirkung anderer Mächte, eben dem Mißverhältniß der wechselseitigen Streitkräfte, folglich eben so hoffnungslos, als alle frü-

bere von ähnlicher Art begann. Se. Majestät der Kai=
ser boten Alles, was freundschaftliche Vermittelung von
einer und der andern Seite vermochte, auf, um den
Ausbruch des Sturmes zu hindern. Daß der Zeitpunct
so nahe war, wo das Mißlingen dieser wohlgemeinten
Schritte dem Kaiser Napoleon weit verderblicher wer=
den sollte, als seinen Gegnern, konnte damals kein mensch=
licher Scharfsinn voraussehen. So war es aber im
Rath der Weltregierung beschlossen.

„Als die Eröffnung des Krieges nicht mehr zweifel=
haft war, mußten Se. Majestät auf Maßregeln denken,
wie sich in einer so gespannten und gefährlichen Lage,
eigene Sicherheit mit pflichtmäßiger Rücksicht auf das
wesentliche Interesse benachbarter Staaten vereinigen ließ.
Das System einer wehrlosen Unthätigkeit, die
einzige Art von Neutralität, die der Kaiser Napo=
leon, seinen Erklärungen zufolge, gestattet hätte, war
nach allen gesunden Staatsgrundsätzen unzulässig, und
am Ende nur ein ohnmächtiger Versuch, der schweren
Aufgabe, die gelöset werden sollte, auszuweichen. Eine
Macht von Oesterreichs Gewicht durfte der Theilnahme
an den Angelegenheiten von Europa unter keiner Bedin=
gung entsagen, noch sich in eine Lage versetzen, wo sie,
gleich unwirksam für Frieden und Krieg, ihre Stimme
und ihren Einfluß in allen großen Berathschlagungen
verloren hätte, ohne irgend eine Gewährleistung für die
Sicherheit ihrer eigenen Gränze zu gewinnen. Sich ge=
gen Frankreich zum Kriege zu rüsten, wäre ein unter den
obwaltenden Umständen eben so sehr mit der Billigkeit
als mit der Klugheit streitender Schritt gewesen. Der
Kaiser Napoleon hatte Sr. Majestät keinen persönli=
chen Anlaß zu feindlichen Handlungen gegeben, und die
Aussicht, durch geschickte Benutzung der einmal gestifteten

freundschaftlichen Verhältnisse, durch vertrauliche Vorstel=
lungen und mildernde Rathschläge, manchen wohlthätigen
Zweck zu erreichen, war noch nicht ohne alle Hoffnung ver=
schwunden. In Bezug auf das unmittelbare Staatsinteresse
aber hätte ein solcher Entschluß zur unausbleiblichen Folge
gehabt, daß die österreichischen Länder der erste und vor=
nehmste Schauplatz eines Krieges geworden wären, der bei
der Unzulänglichkeit ihrer Vertheidigungsmittel die Monar=
chie in kurzer Zeit zu Boden werfen mußte. In dieser peinli=
chen Lage blieb Sr. Majestät kein anderer Ausweg, als der,
auf der Seite von Frankreich den Kampfplatz zu betreten.

„Für Frankreich im eigentlichen Sinne des Wortes
Partei zu ergreifen, hätte nicht nur mit den Pflichten
und Grundsätzen des Kaisers, sondern selbst mit den wie=
derholten Erklärungen Seines Cabinets, welches diesen
Krieg ohne allen Rückhalt gemißbilligt hatte, im Wider=
spruch gestanden. Se. Majestät gingen bei der Unter=
zeichnung des Tractates vom 14. März 1812 von zwei
bestimmten Gesichtspuncten aus. Der nächste war, wie
selbst die Worte des Tractates bezeugen, sich keines
Mittels zu begeben, wodurch früher oder später auf den
Frieden gewirkt werden konnte; der andere, von in=
nen und außen eine Stellung zu gewinnen, die, im
Fall der Unmöglichkeit des Friedens, oder wenn der Lauf
des Krieges entscheidende Maßregeln nothwendig machen
sollte, Oesterreich in den Stand setzte, mit Unabhängig=
keit zu handeln, und in jeder gegebenen Voraussetzung
so zu Werke zu gehen, wie eine gerechte und weise Po=
litik es vorschreiben würde. Aus diesem Grunde ward
nur ein genau bestimmter und verhältnißmäßig geringer
Theil der Armee zur Mitwirkung bei den Kriegsopera=
tionen verheißen; die übrigen bereits vorhandenen oder
noch zu bildenden Streitkräfte blieben außer aller Ge=

meinschaft mit diesem Kriege. Durch eine Art von still-
schweigender Uebereinkunft wurde selbst das Gebiet der
Monarchie von allen kriegführenden Mächten als neutral
behandelt. Der wahre Sinn und Zweck des von Sr.
Majestät gewählten Systems konnte weder Frankreich,
noch Rußland, noch irgend einem einsichtsvollen Beobachter der Weltbegebenheiten entgehen.

„Der Feldzug von 1812 bewies an einem denkwürdi-
gen Beispiel, wie ein mit Riesenkräften ausgestattetes
Unternehmen in den Händen eines Feldherrn vom ersten
Range scheitern kann, wenn er, im Gefühle großer militairischer Talente, den Schranken der Natur und den
Vorschriften der Weisheit Trotz zu bieten gedenkt. Ein
Blendwerk der Ruhmbegierde zog den Kaiser Napoleon
in die Tiefen des russischen Reiches; und eine falsche politische Ansicht verleitete ihn, zu glauben, daß er in Moskau den Frieden vorschreiben, die russische Macht auf ein
halbes Jahrhundert lähmen, dann siegreich zurückkehren
würde. Als die erhabene Standhaftigkeit des Kaisers
von Rußland, die ruhmvollen Thaten seiner Krieger und
die unerschütterliche Treue seiner Völker, diesem Traume
ein Ende gemacht, war es zu spät, ihn ungestraft zu bereuen. Die ganze französische Armee wurde zerstreut und
vernichtet; in weniger als vier Monaten sah man den
Schauplatz des Krieges vom Dnieper und der Dwina
an die Oder und Elbe versetzt. Dieser schnelle und außerordentliche Glückswechsel war der Vorbote einer wichtigen Revolution in den gesammten politischen Verhältnissen von Europa. Die Verbindung zwischen Rußland,
Großbritannien und Schweden bot allen umliegenden
Staaten einen neuen Vereinigungspunct dar. Preußen,
längst rühmlich vertraut mit dem Entschlusse, das Aeußerste zu wagen, selbst die Gefahr des unmittelbaren po-

litischen Todes einem langsamen Verschmachten unter aus=
zehrenden Bedrückungen vorzuziehen, ergriff den günstigen
Augenblick und warf sich den Verbündeten in die Arme.
Viele größere und kleinere Fürsten Deutschlands waren
bereit, ein Gleiches zu thun. Allenthalben eilten die un=
geduldigen Wünsche der Völker dem regelmäßigen Gange
ihrer Regierungen zuvor. Von allen Seiten schlug der
Drang nach Unabhängigkeit unter eigenen Gesetzen, das
Gefühl gekränkter Nationalehre, die Erbitterung gegen
schwer gemißbrauchte fremde Obergewalt in helle Flam=
men auf.

„Se. Majestät der Kaiser, zu einsichtsvoll, um diese
Wendung der Dinge nicht als die natürliche und noth=
wendige Folge einer vorhergegangenen gewaltsamen Ueber=
spannung, und zu gerecht, um sie mit Unwillen zu be=
trachten, hatten Ihr Augenmerk einzig darauf gerichtet,
wie Sie durch reiflich überdachte und glücklich combinirte
Maßregeln für das wahre und bleibende Interesse des
europäischen Gemeinwesens benutzt werden könnte. Schon
seit dem Anfange des Decembermonats waren von Seiten
des österreichischen Cabinets bedeutende Schritte gethan
worden, um den Kaiser Napoleon durch Gründe, die
seiner eigenen Wohlfahrt eben so nahe lagen, als dem
Interesse der Welt, für eine gerechte und friedliche Po=
litik zu stimmen. Diese Schritte wurden von Zeit zu
Zeit erneuert und verstärkt. Man schmeichelte sich, daß
der Eindruck des vorjährigen Unglücks, der Gedanke an
die fruchtlose Hinopferung einer ungeheuren Armee, die
zum Ersatze dieses Verlustes erforderlichen harten Zwangs=
maßregeln aller Art, der tiefe Widerwille der französi=
schen Nation und aller in ihr Schicksal verflochtenen
Länder gegen einen Krieg, der, ohne Aussicht auf künf=
tige Schadloshaltung, ihr Inneres erschöpfte und zerriß;

daß endlich selbst ein kaltblütiges Nachdenken über die Ungewißheit des Ausganges dieser neuen, höchst bedenklichen Crisis, den Kaiser bewegen könnte, den Vorstellungen Oesterreichs Gehör zu geben. Der Ton, in welchem diese an ihn gerichtet wurden, war den Umständen sorgfältig angepaßt; so ernst als die Größe des Zweckes, so schonend als der Wunsch eines günstigen Erfolges und die obwaltenden freundschaftlichen Verhältnisse es erforderten. Daß Eröffnungen, die aus so lauterer Quelle geflossen waren, bestimmt verworfen werden sollten, ließ sich freilich nicht erwarten. Die Art aber, wie man sie aufnahm, und mehr noch der scharfe Contrast zwischen den Gesinnungen, welche Oesterreich nährte, und dem ganzen Verfahren des Kaisers Napoleon zur Zeit jener mißlungenen Friedensversuche, schlug schon früh die besten Hoffnungen darnieder. Anstatt durch eine gemäßigte Sprache wenigstens den Blick in die Zukunft zu erheitern und die allgemeine Verzweiflung zu besänftigen, wurde von den höchsten Autoritäten in Frankreich bei jeder Veranlassung feierlich angekündigt, daß der Kaiser auf keinen Friedensantrag hören würde, der die Integrität des französischen Reiches — im französischen Sinne des Wortes — verletzen, oder irgend eine der ihm willführlich einverleibten Provinzen in Anspruch nehmen möchte. Zu gleicher Zeit wurde selbst von solchen eventuellen Bedingungen, die diese eigenmächtig aufgestellte Gränzlinie nicht einmal zu treffen schienen, bald mit drohendem Unmuth, bald mit bitterer Verachtung gesprochen; gleich als hätte man nicht vernehmlich genug andeuten können, wie fest der Kaiser Napoleon entschlossen sey, der Ruhe der Welt auch nicht ein einziges namhaftes Opfer zu bringen. Diese feindseligen Manifeste hatten für Oesterreich noch die besondere Kränkung zur Folge, daß sie

selbst die Aufforderungen zum Frieden, die dieses Cabinet, mit Vorwissen und scheinbarer Beistimmung Frankreichs, an andere Höfe gelangen ließ, in ein falsches und
höchst unvortheilhaftes Licht stellten. Die wider Frankreich verbündeten Souveraine setzten den österreichischen
Unterhandlungs = und Vermittlungsanträgen, statt aller
Antwort, die öffentlichen Erklärungen des französischen
Kaisers entgegen. Als Se. Majestät im Monat März
einen Gesandten nach London geschickt hatte, um England zur Theilnahme an einer Friedensunterhandlung
einzuladen, erwiderte das brittische Ministerium, es könne
nicht glauben, daß Oesterreich noch Friedenshoffnungen
Raum gebe, da der Kaiser Napoleon in der Zwischenzeit Gesinnungen offenbart habe, die nur zur Verewigung
des Krieges führen müßten; eine Aeußerung, die Sr.
Majestät um so schmerzhafter seyn mußte, je gerechter
und gegründeter sie war. Nichtsdestoweniger fuhr Oesterreich fort, dem Kaiser von Frankreich die dringende Nothwendigkeit des Friedens immer bestimmter und stärker
an's Herz zu legen; bei jedem seiner Schritte von dem
Grundsatze geleitet, daß, da das Gleichgewicht und die Ordnung in Europa durch die gränzenlose Uebermacht Frankreichs waren gestört worden, ohne Beschränkung dieser
Uebermacht kein wahrer Friede gedacht werden könne.

Zu gleicher Zeit ergriffen Se. Majestät alle zur Verstärkung und Concentrirung Ihrer Armee erforderlichen
Maßregeln. Der Kaiser fühlte, daß Oesterreich zum
Kriege gerüstet seyn müßte, wenn seine Friedensvermittelung nicht ganz ohnmächtig werden sollte. Ueberdies
hatten Se. Majestät sich schon längst nicht verborgen,
daß der Fall einer unmittelbaren Theilnahme am Kriege
von Ihren Berechnungen nicht ausgeschlossen seyn dürfte.
Der bißherige Zustand der Dinge konnte nicht fortdauern;

von dieser Ueberzeugung war der Kaiser durchdrungen, sie war die Triebfeder seiner sämmtlichen Schritte. Schlug jeder Versuch, zum Frieden zu gelangen, schon in erster Instanz fehl, so mußte jene Ueberzeugung nur noch lebendiger werden. Das Resultat ergab sich von selbst. Auf einem von beiden Wegen, durch Unterhandlungen oder durch Waffengewalt, mußte man zu einem andern Zustande gelangen. Der Kaiser Napoleon hatte die Kriegsrüstungen Oesterreichs nicht nur vorausgesehen, sondern selbst als nothwendig anerkannt, und bei mehr als einer Gelegenheit ausdrücklich gebilligt. Er hatte Gründe genug, um zu glauben, daß Se. Majestät der Kaiser in einem für das Schicksal der Welt so entscheidenden Zeitpuncte alle persönliche oder vorübergehende Rücksichten bei Seite setzen, nur das bleibende Wohl der österreichischen Monarchie und der sie umgebenden Staaten zu Rathe ziehen und nichts beschließen würde, als was diese höchsten Motive Ihm zur Pflicht machen. Das österreichische Cabinet hatte sich nie so geäußert, daß seinen Absichten eine andere vernünftige Deutung gegeben werden konnte. Nichtsdestoweniger wurde von Seiten Frankreichs nicht blos anerkannt, daß die österreichische Vermittelung nur eine bewaffnete seyn könne, sondern mehr als einmal erklärt, wie bei den eingetretenen Umständen Oesterreich sich nicht mehr auf eine Nebenrolle beschränken, sondern mit großen Kräften auf dem Schauplatz erscheinen, und als selbsthandelnde Hauptmacht einen Ausschlag geben müsse. Was auch sonst die französische Regierung von Oesterreich hoffen oder besorgen mochte, in jenem Geständniß lag die vorläufige Rechtfertigung des ganzen, von Sr. Majestät dem Kaiser beschlossenen und durchgeführten Ganges.

„Bis auf diesen Punct hatten die Verhältnisse sich

entwickelt, als der Kaiser Napoleon Paris verließ, um den Fortschritten der alliirten Armeen Einhalt zu thun. Dem Heldenmuth der russischen und preußischen Truppen in den blutigen Gefechten des Monats Mai haben selbst ihre Feinde gehuldigt. Daß gleichwohl der Ausgang dieser ersten Periode des Feldzugs nicht günstiger für sie war, hatte theils in der Ueberzahl der französischen Kriegsmacht, und in dem von aller Welt anerkannten militairischen Genie des Anführers derselben, theils in den politischen Combinationen, welche den verbündeten Souverains bei ihrer ganzen Unternehmung zur Richtschnur dienten, seinen Grund. Sie handelten in der richtig berechneten Voraussetzung, daß eine Sache, wie die, für welche sie stritten, unmöglich lange blos die ihrige bleiben könne; daß früher oder später, im Glücke oder im Unglücke, jeder noch nicht ganz seiner Selbstständigkeit entkleidete Staat in ihren Bund treten, jede unabhängig gebliebene Armee auf ihrer Seite stehen müsse. Sie ließen daher der Tapferkeit ihrer Truppen nur so weit, als der Augenblick es gebot, freien Schwung, und sparten einen ansehnlichen Theil ihrer Kräfte für einen Zeitraum auf, wo sie mit ausgedehnteren Mitteln nach größeren Erfolgen streben zu können hofften. Aus gleichen Gründen, und um die weitere Entwickelung der Begebenheiten abwarten zu können, gingen sie einen Waffenstillstand ein.

„Inzwischen hatte durch den Rückzug der Alliirten der Krieg für den Augenblick eine Gestalt genommen, die dem Kaiser täglich fühlbarer machte, wie unmöglich es seyn würde, beim weitern Fortgange desselben ein unthätiger Zuschauer zu bleiben. Vor Allem war das Schicksal der preußischen Monarchie ein Punct, der Sr. Majestät Aufmerksamkeit lebhaft beschäftigte. Der Kaiser hielt die Wiederherstellung der preußischen Macht für den ersten Schritt zur Wiederherstellung des politischen Systems von Europa; die Gefahr, in welcher sie jetzt schwebte, sah er ganz wie seine eigne an. Der Kaiser Napoleon hatte dem österreichischen Hofe bereits zu Anfang des Aprilmonats eröffnen lassen, daß er die Auflösung der preußischen Monarchie als eine natürliche Folge ihrer Abtrünnigkeit von Frankreich, und der weitern Fortsetzung des Krieges betrachte, daß es nur jetzt von Oesterreich abhängen würde, ob es die wichtigste und schönste ihrer Provinzen mit seinen Staaten vereinigen wolle; eine Erörterung, die deutlich genug bewies, daß kein Mittel unversucht bleiben müßte, um Preußen zu retten. Wenn dieser große Zweck durch einen billigen Frieden nicht zu erreichen war, so mußten Rußland und Preußen durch eine kräftige Mitwirkung unterstützt werden. Von diesem natürlichen Gesichtspuncte aus, über welchen selbst Frankreich sich nicht leicht mehr täuschen konnte, setzten Se. Majestät Ihre Rüstungen mit unermüdeter Thätigkeit fort. Sie verließen in den ersten Tagen des Junimonats Ihre Residenz und begaben sich in die Nähe des Kriegsschauplatzes, um theils an einer Unterhandlung für den Frieden, die nach wie vor das höchste Ziel Ihrer Wünsche blieb, wenn sich irgend eine Aussicht dazu zeigte, wirksamer arbeiten, theils die Vorbereitungen zum Kriege, wenn Oesterreich keine andere Wahl bleiben sollte, mit größerem Nachdrucke leiten zu können.

„Nicht lange zuvor hatte der Kaiser Napoleon ankündigen lassen: „Er habe einen Friedenscongreß zu Prag in Vorschlag gebracht, wo Bevollmächtigte von Frankreich, den vereinigten Staaten von Nordamerica, Dänemark, dem Könige von Spanien und sämmtlichen

alliirten Fürsten, und von der andern Seite Bevollmäch=
tigte von England, Rußland, Preußen, den spanischen
Insurgenten und den übrigen Alliirten dieser kriegführen=
den Masse erscheinen und die Grundlagen eines langen
Friedens festsetzen sollten.“ — An wen diese Vorschläge
gerichtet, auf welchem Wege, in welcher diplomatischen
Form, durch wessen Organ sie geschehen seyn konnten,
war dem österreichischen Cabinet, welches blos durch die
öffentlichen Blätter zur Kenntniß derselben gelangte, völ=
lig unbekannt. Wie übrigens ein solches Project auch
nur eingeleitet, wie aus der Vereinigung so ungleicharti=
ger Elemente, ohne irgend eine einstimmig anerkannte
Grundlage, ohne irgend eine planmäßig geordnete Vor=
arbeit, eine Friedensunterhandlung erwachsen sollte, ließ
sich so wenig fassen, daß es erlaubt war, den ganzen
Vorschlag weit eher für ein Spiel der Phantasie, als für
die ernstlich gemeinte Aufforderung zu einer großen poli=
tischen Maßregel zu halten. Mit den Schwierigkeiten
eines allgemeinen Friedens vollkommen vertraut, hatte
Oesterreich lange darüber gedacht, ob diesem fernen und
mühsam zu erreichenden Ziele nicht allmälig und schritt=
weise näher gerückt werden könnte, und in diesem Sinne
sowohl gegen Frankreich, als gegen Rußland und Preu=
ßen die Idee eines Continentalfriedens geäußert. Nicht
als ob der österreichische Hof die Nothwendigkeit und den
überwiegenden Werth eines von allen großen Mächten
gemeinschaftlich verhandelten und abgeschlossenen Friedens,
ohne welchen für Europa weder Sicherheit noch Wohl=
fahrt zu hoffen ist, auch nur einen Augenblick verkannt,
oder gemeint hätte, der Continent könnte bestehen, wenn
man je aufhörte, die Trennung von England als ein
tödtliches Uebel zu betrachten! Die Unterhandlungen, die
Oesterreich vorschlug, nachdem durch Frankreichs abschrek=

tende Erklärungen faſt jede Hoffnung auf Theilnahme
Englands an einem gemeinſchaftlichen Friedensverſuch
vereitelt worden war, ſollten nur als weſentlicher Beſtand-
theil einer bevorſtehenden größern Unterhandlung, eines
wahren allgemeinen Friedenscongreſſes betrachtet werden;
ſie ſollten dieſem zur Vorbereitung dienen, Präliminar-
Artikel zum künftigen Haupttractat liefern, durch einen
langen Continentalwaffenſtillſtand einer ausgedehnteren
und gründlicheren Verhandlung den Weg bahnen. Wäre
der Standpunct, von welchem Oeſterreich ausging, ein
anderer geweſen, ſo würden ſicherlich Rußland und Preußen, durch die beſtimmteſten Verträge an England gebunden, ſich nie entſchloſſen haben, den Einladungen des
öſterreichiſchen Cabinets Gehör zu geben. Nachdem der
ruſſiſche und preußiſche Hof, von einem für Se. Majeſtät den Kaiſer höchſt ſchmeichelhaften Vertrauen geleitet,
ſich bereit erklärt hatten, einem Friedenscongreß unter
öſterreichiſcher Vermittelung die Hand zu bieten, kam es
darauf an, der förmlichen Beiſtimmung des Kaiſers Napoleon gewiß zu werden und von dieſer Seite die Maßregeln zu verabreden, die unmittelbar zur Friedensunterhandlung führen ſollten. In dieſer Abſicht entſchloſſen
ſich Se. Majeſtät, Ihren Miniſter der auswärtigen Angelegenheiten in den letzten Tagen des Junimonats nach
Dresden zu ſchicken. Das Reſultat dieſer Sendung war
eine am 30. Juni abgeſchloſſene Convention, durch welche
die von Sr. Majeſtät dem Kaiſer angebotene Vermittelung zum Behuf eines allgemeinen, und, im Fall kein
ſolcher zu Stande kommen könnte, eines vorläufigen Continentalfriedens, vom Kaiſer Napoleon angenommen
wurde. Die Stadt Prag wurde zum Congreßorte und
der 5. Juli zum Tage der Eröffnung beſtimmt. Um die
für die Unterhandlung erforderliche Zeit zu gewinnen,

war in derselben Convention festgesetzt, daß der Kaiser Napoleon den mit Rußland und Preußen bis zum 20. Juli bestehenden Waffenstillstand vor dem 10. August nicht aufkündigen würde, und Se. Majestät der Kaiser übernahm es, den russischen und preußischen Hof zu einer gleichen gegenseitigen Erklärung zu vermögen. Die in Dresden verhandelten Puncte wurden hierauf diesen beiden Höfen mitgetheilt. Obgleich die Verlängerung des Waffenstillstandes mit manchen Bedenklichkeiten und manchen wesentlichen Inconvenienzen für sie verknüpft war, überwog doch alle Einwürfe der Wunsch, Sr. Majestät dem Kaiser einen neuen Beweis Ihres Vertrauens zu geben und zugleich vor der Welt zu beurkunden, daß sie keine Aussicht zum Frieden, wie schwach und beschränkt sie auch seyn möchte, vernachlässigen, keinen Versuch, der den Weg dazu bahnen könnte, von sich ablehnen wollten. Die Convention vom 30. Juni erlitt keine Abänderung, als die, daß der Termin der Eröffnung des Congresses, weil die letzten Verabredungen so schnell nicht hatten beendigt werden können, bis zum 12. Juli hinausgerückt wurde.

„In der Zwischenzeit hatten Se. Majestät, da Sie die Hoffnung, den Leiden der Menschheit und den Zerrüttungen der politischen Welt durch einen allgemeinen Frieden ein gründliches Ende zu bereiten, noch immer nicht aufgeben konnten, auch einen neuen Schritt bei der britischen Regierung beschlossen. Der Kaiser Napoleon hatte dies Vorhaben nicht nur mit anscheinendem Beifall aufgenommen, sondern sich selbst erboten, zur Abkürzung der Sache den deßhalb nach England abzusendenden Personen die Reise durch Frankreich zu gestatten. Als es zur Sache kommen sollte, fanden sich unerwartete Schwierigkeiten vor; die Ertheilung der Pässe

wurde von einem Termine zum andern, unter unerhebli-
chen Vorwänden, aufgeschoben, zuletzt gänzlich verweigert.
Dieser Vorgang lieferte einen neuen und bedeutenden
Grund zu großen und gerechten Zweifeln gegen die Aufrichtigkeit der von dem Kaiser Napoleon mehr als einmal öffentlich ausgestellten Versicherungen seiner Geneigtheit zum Frieden, zumal da man nach mehreren seiner
Aeußerungen gerade damals hatte glauben müssen, daß
der Seefriede ihm vorzüglich am Herzen läge.

„Unterdessen hatten Ihre Majestäten der Kaiser von
Rußland und der König von Preußen Ihre Bevollmächtigte zum Friedenscongreß ernannt und mit sehr bestimmten Instructionen versehen; und diese Bevollmächtigte
trafen, so wie der von Sr. Majestät mit dem Vermitt-
lungsgeschäfte beauftragte Minister, am 12. Juli zu Prag
ein. Die Unterhandlungen, wenn sie nicht frühzeitig eine
Wendung nahmen, die ein erwünschtes Resultat mit Zuversicht voraussehen ließ, konnten nicht über den 10. August fortdauern. Bis zu diesem Termine war durch
Oesterreichs Vermittelung der Waffenstillstand verlängert;
die politische und militairische Lage der Mächte, die Stellungen und Bedürfnisse der Armeen, der Zustand der
Länder, welche sie besetzt hatten, der sehnliche Wunsch
der verbündeten Souverains, einer quälenden Ungewißheit ein Ende zu machen, gestatteten keine weitere Verlängerung. Der Kaiser Napoleon war mit allen diesen Umständen bekannt. Er wußte, daß die Dauer der
Unterhandlungen durch die des Waffenstillstandes nothwendig bestimmt war. Ueberdies konnte der Kaiser Napoleon sich nicht leicht verbergen, wie sehr eine glückliche Abkürzung und ein froher Ausgang des bevorstehenden Geschäftes von seinen Entschließungen abhing. Mit
wahrem Kummer mußten daher Se. Majestät der Kai-

fer bald inne werden, daß von französischer Seite nicht
nur kein ernsthafter Schritt zur Beschleunigung des großen Werkes geschah, sondern vielmehr ganz so verfahren
wurde, als hätte man die Verzögerung der Unterhandlungen und die Vereitelung eines günstigen Erfolges bestimmt zur Absicht gehabt. Ein französischer Minister
befand sich zwar am Orte des Congresses, doch ohne Auf-
trag, irgend etwas zu unternehmen, bis der erste Bevollmächtigte erschienen seyn würde. Die Ankunft dieses ersten Bevollmächtigten wurde von einem Tage zum andern vergeblich erwartet. Erst am 21. Juli erfuhr
man, daß ein beim Abschluß der Waffenstillstandsverlän-
gerung zwischen den französischen und russisch-preußischen
Commissarien vorgefallener Anstand, ein Hinderniß von
sehr untergeordnetem Belange, das auf den Friedenscongreß keinen Einfluß haben konnte, und das durch österreichische Vermittelung leicht und schnell hätte gehoben
werden können, jene befremdende Verspätung erklären
und rechtfertigen sollte. Als auch dieser Vorwand besei-
tigt war, langte endlich der erste französische Bevollmächtigte den 28. Juli, sechszehn Tage nach dem zur Eröffnung des Congresses bestimmten Termine, in Prag an.
Gleich in den ersten Tagen nach der Ankunft dieses Ministers blieb über das Schicksal des Congresses kein Zweifel mehr übrig. Die Form, in welcher die Vollmachten
übergeben und die wechselseitigen Erklärungen eingeleitet
werden sollten, ein Punct, der früher bereits von allen
Seiten zur Sprache gekommen war, wurde der Gegenstand einer Discussion, an welcher alle Bemühungen des
vermittelnden Ministers scheiterten. Die offenbare Unzulänglichkeit der den französischen Bevollmächtigten ertheil-
ten Instructionen führte einen Stillstand von mehreren
Tagen herbei. Nicht eher als am 6. August überreichten

diese Bevollmächtigten eine neue Erklärung, durch welche die obwaltende Schwierigkeit in Rücksicht der Form nicht gehoben, die Unterhandlung ihrem wesentlichen Zwecke um keinen Schritt näher gebracht wurde. Unter einem fruchtlosen Notenwechsel über jene vorläufigen Fragen gelangte man an den 10. August. Die russischen und preußischen Bevollmächtigten konnten diesen Termin nicht überschreiten; der Congreß war beendigt; und der Entschluß, den Oesterreich zu fassen hatte, war durch den Gang dieses Congresses und durch die jetzt ganz vollendete Ueberzeugung von der Unmöglichkeit des Friedens, durch den längst nicht mehr zweifelhaften Standpunct, aus welchem Se. Majestät die große Streitfrage betrachtete, durch die Grundsätze und Absichten der Alliirten, in welchen der Kaiser die Seinigen erkannte, endlich durch die bestimmtesten frühern Erklärungen, die keinem Mißverständnisse Raum ließen, zum Voraus entschieden.

„Nicht ohne tiefe Betrübniß, und allein durch das Bewußtseyn getröstet, daß alle Mittel, die Erneuerung des Kampfes zu vermeiden, erschöpft worden sind, sieht der Kaiser Sich zu diesem Schritte gezwungen. Se. Majestät haben drei Jahre lang mit unermüdender Beharrlichkeit danach gestrebt, die Grundlage der Möglichkeit eines wahren und dauerhaften Friedens für Oesterreich und für Europa auf milden nnd versöhnenden Wegen zu gewinnen. Diese Bemühungen sind vereitelt; kein Hilfsmittel, keine Zuflucht mehr, als bei den Waffen. Der Kaiser ergreift sie, ohne persönliche Erbitterung, aus schmerzhafter Nothwendigkeit, aus unwiderstehlich gebietender Pflicht, aus Gründen, welche jeder treue Bürger Seines Staates, welche die Welt, welche der Kaiser Napoleon selbst in einer Stunde der Ruhe und Ge-

rechtigkeit erkennen und billigen wird. Die Rechtferti=
gung dieses Krieges ist in dem Herzen jedes Oesterrei=
chers, jedes Europäers, unter wessen Herrschaft er auch
lebe, mit so großen und leserlichen Zügen geschrieben,
daß keine Kunst zu Hilfe genommen werden darf, um
sie geltend zu machen. Die Nation und die Armee wer=
den das Ihrige thun. Ein durch gemeinschaftliche Noth
und gemeinschaftliches Interesse gestifteter Bund mit al=
len für ihre Unabhängigkeit bewaffneten Mächten wird
Unsern Anstrengungen ihr volles Gewicht geben. Der
Ausgang wird, unter dem Beistande des Himmels, die
gerechten Erwartungen aller Freunde der Ordnung und
des Friedens erfüllen."

Dieses Manifest war eine treffliche Charakteristik des
französischen Systems und der Ereignisse seit 1809, und
an dem jähen Zorne, den das Pariser Cabinet darüber
äußerte, ließ sich am besten die tiefe Wahrheit jener
Schilderung erkennen. Trotzig schloß Maret den Bericht
an seinen Herrn über Oesterreichs neue kriegerische Stel=
lung: „daß es zwanzig siegreicher Jahre bedürfe, um zu
vernichten, was zwanzigjährige Siege geschaffen hätten."
Der Beweis des starken Rechnungsfehlers war nicht fern.
Nach der Kriegserklärung trafen die drei verbündeten
Monarchen, die Kaiser von Oesterreich und Rußland und
der König von Preußen in Prag zusammen. Ihre Zu=
sammenkunst schien den Zweck zu haben, theils den Muth
ihrer Krieger zu erhöhen, theils die zwischen den verbün=
deten Soldaten leicht gestörte Eintracht kräftiger aufrecht
zu halten. Zugleich wurde, durch Vermischung der Oester=
reicher, Russen und Preußen bezweckt, daß ein etwaiger
Unfall nicht ausschließlich eine Nation treffen konnte
und den Vorwurf dafür zu tragen hatte, daß vielmehr
Alle in gleichem Maße sowohl die Früchte des Sieges,

wie die Nachtheile eines Verlustes empfinden mußten. Durch diese weisen Maßregeln wurde der Zweck ein doppelt allgemeiner, ein gemeinsamer Völkergedanke, dessen blutige Verkörperung den fremden Unterdrückern Verderben brachte.

Oesterreichs Beitritt gab der deutschen Sache, die außerdem nur in behutsamem Gegenstreben, kaum aber in offenem Widerstande sich hätte versuchen können, ein entscheidendes Uebergewicht, und zum ersten Male waren die verbündeten Heere auch der Zahl nach stärker, als die französischen, ein Umstand, der vor der Hand jedoch nur den Nachtheil verhütete, ohne die Verbündeten in unmittelbaren Vortheil zu stellen, da sie sich in einem weiten Umkreise um Napoleon verbreiteten und dieser daher, im Mittelpuncte derselben, bei seiner gewöhnten furchtbaren Schnelligkeit, überall mit seiner vollen Streitmacht dem Feinde näher war, als dieser ihm, und so, nach der ihm eigenen Fechtweise des listigen Horatiers, die Gegner vereinzelt nach einander mit seiner Gesammtkraft erdrücken konnte, hätten nicht die zweckmäßigen Stellungen der verbündeten Heereshaufen, deren immer einer den andern deckte und so überall Stirn und Rücken des gegen sie Angreifenden zugleich bedrohte, diese Gefahr glücklich vereitelt. Die verbündete Armee war unter drei Hauptanführer vertheilt, den Oberfeldherrn, Fürst Carl Schwarzenberg, den General Blücher und den Kronprinzen von Schweden, Carl Johann. Das von Schwarzenberg befehligte Hauptheer stand in Böhmen; bei ihm befanden sich die drei Herrscher. Als Unterbefehlshaber dienten dabei die österreichischen Generale Alois Liechtenstein, Hieronymus Colloredo=Mannsfeld, Hardegg, Klenau, Bianchi, Mesko, Radeczky und Langenau. Die russischen Generale waren: Barclay de Tolly, Wittgenstein, Milo=

radowitſch, Oſtermann, Knorring, Yermaloff; die preußiſchen: Kleiſt, Ziethen und Prinz Auguſt von Preußen.
Außerdem arbeiteten im ruſſiſchen Generalſtabe: Moreau,
Jomini, Wolkonsky, Neworowsky, Toll, Lanskoy, der
Staatsminiſter Neſſelrode und der engliſche Geſandte
Cathiart; meiſtens Namen, welche über der Erinnerung
jener großen Tage als mehr oder minder leuchtende Ge-
ſtirne ſchweben. Die große öſterreichiſche Armee in Böhmen war durch 80,000 Ruſſen und Preußen verſtärkt
worden. Mit einem zahlreichen preußiſch-ruſſiſchen Heere
deckte Blücher Schleſien, während der Kronprinz von
Schweden mit der Nordarmee das vom Feinde ſchwerbe-
drohte Berlin deckte. Gegen ihn ſtanden drei franzöſiſche
Armeecorps, 80,000 Mann ſtark, unter Oudinot, Reynier
und Bertrand; gegen den Kronprinzen von Schweden
operirte Davouſt. Nach Böhmen am rechten Elbufer
hin wirkten die Armeecorps Poniatowsky's, Victor's und
Vandamme's; Saint Cyr ſollte am linken Elbufer die
Päſſe aus Böhmen nach Sachſen hinein vertheidigen.
Im Würzburgiſchen bildete Augereau eine Reſerve aus
den von Spanien herziehenden alten Truppen, in Italien
aber ſuchte Eugen durch Aufrufe aller Art die Gemüther
für Frankreich zu gewinnen, und zugleich aus den von
Spanien zurückkommenden italieniſchen Regimentern, verbunden mit jungen Conſcribirten, ein Heer zu bilden.
Bei all dieſem gewaltſam keuchenden Ringen nach über-
bietender Stärke, konnte Napoleon gleichwohl es nicht zu
dem erſehnten Gleichgewichte bringen; vor Allem aber
war er durch Oeſterreichs Kriegserklärung in Verlegenheit hinſichtlich des Terrains gekommen, denn wenn
gleich die Feſtungen an der Elbe, wohin er ſeine großen
Operationen verlegen mußte, ihm in einem Halbkreiſe
ſichern Halt gewährten, ſo wog dieſer zwar ſichere, aber

beschränkte Spielraum doch nicht die Vortheile auf, welche
die Verbündeten in dem Besitze Böhmens behaupteten.

Blücher, den vorzugsweise Napoleon mit feindseliger
Aufmerksamkeit im Auge behielt und gegen den er zu
einem Hauptschlage ausholte, zog, dieses wahrnehmend,
sich bis hinter Jauer zurück. Den von ihm beabsichtig=
ten Angriff gegen Ney wartete dieser nicht ab; eben so
wenig war Blücher die bei Napoleons Uebergange über den
Bober von Letzterem gesuchte Hauptschlacht anzunehmen
gesonnen. Die schreckende Nachricht von dem Einfalle
des großen böhmischen Heeres in Sachsen rief Napoleon
schleunigst aus Schlesien hinweg, wo er mit seinen ge=
waltigen Anstrengungen durchaus kein Resultat herbeige=
führt, vielmehr Zeit und Kräfte umsonst verloren hatte.
Vier französische Corps blieben unter dem Oberbefehle
Macdonald's und unter Ney, Lauriston und Sebastiani
in Schlesien zurück. Durch Napoleons Abzug war die
Stärke der einander gegenüberstehenden Heere sich gleich
geworden. Blücher's Feuereifer sehnte sich ungestüm nach
der Entscheidung einer Schlacht. Sie kam am 26. Au=
gust in dem Kampfe an der Katzbach, in der Gegend bei
Jauer. Die Reihen der Franzosen wurden durchbrochen
und zum großen Theile von den steilen Ufern herab in
die verschlingenden Fluthen der angeschwollenen Katzbach
und Neiße gesprengt. Verzweifelten Widerstand leistete
das aus französischen Grenadieren bestehende mittelste
Quarré, unter den Kolbenschlägen der Brandenburger
deckte es, zur Pyramide verwandelt, in blutiger Gedrängt=
heit den Boden. Vergebens suchte in der Nacht Macdo=
nald durch eine aus Liegnitz gesendete Reserve den Flücht=
lingen zu Hilfe zu kommen. Sie ward zurückgeworfen;
eben so wurde eine zum Umgehen des Blücher'schen Hee=
res bestimmte Division bis auf 700 Mann aufgerieben

und Lauriston's Nachtrab, der am Wolfsberge noch ein=
mal Stand faßte und sich wüthend vertheidigte, nach
großem Verluste an Todten und Gefangenen, in wilde
Flucht gestürzt. Die Früchte des Sieges an der Katzbach
waren, außer mehreren Trophäen und einer Masse von
Kriegsbedarf, 103 Kanonen und 18,000 Gefangene; und
mit schneidendem Lakonismus durfte Macdonald seinem
Herrn berichten: „Sire! Ihre Bober=Armee ist nicht
mehr!"

Während an der Katzbach die Franzosen von diesem
furchtbaren Schlage ereilt wurden, erlitten sie, in Verbin=
dung mit den Sachsen, eine schwere Niederlage bei Groß=
beeren. Sie vernichtete Oudinot's Plan, Berlin einzu=
nehmen und er zog sich schleunigst nach Torgau zurück.
Luckau wurde durch Wobeser genommen und die sächsi=
sche Besatzung zu Gefangenen gemacht; bei Hagelsberg
das Gerard'sche Corps furchtbar mitgenommen und die
Trümmer desselben nach Magdeburg hineingeworfen.

Napoleon hatte die Zeit der Waffenruhe dazu benutzt,
Dresden zu einem möglichst festen Vertheidigungsplatze
für sich herzustellen. Durch die üble Witterung und die
dadurch verursachte Verschlechterung der Wege kamen
sämmtliche Colonnen erst am 25. August in der Nähe
von Dresden an und besetzten am folgenden Tage die Hö=
hen dieser Stadt, mit dem kühnen Entschlusse, sie mit
Sturm zu nehmen. Aber mit wüthender Hast eilte auch
Napoleon aus Schlesien herbei und traf am 26. Mor=
gens in Dresden ein. Wüthend waren seine Angriffe
von der Stadt aus, die ihm einen steten Haltpunct ge=
währte; die junge französische Garde wurde, als sie zu=
rückgedrängt, sich der Stadt wieder näherte, von ihren
eigenen Cameraden mit Flintenschüssen empfangen und so
gegen die Preußen zurückgetrieben, die sie mit der Kraft

der Verzweiflung in den großen Garten zurückdrängte.
Am andern Morgen unternahm Napoleon seine Haupt-
angriffe auf die Verbündeten; ein während der Nacht ge-
fallener furchtbarer Regen hatte die Kleingewehre völlig
unbrauchbar gemacht und die Verbündeten kamen überein,
daß unter solchen Umständen und gegen eine wohlbefe-
stigte Stadt vor der Hand nur langsame Fortschritte gemacht werden könnten; daher beschlossen sie den Rückzug.
An Kaiser Alexander's Seite war bei dieser Belagerung
Dresdens der heldenmüthige, von Napoleon mit kleinlichem
Neide verfolgte Moreau auf den Höhen von Räcknitz gefallen.   Napoleon wußte nach seiner Weise den Sieg
in's Unerhörte zu vergrößern.   Aber ein harter Schlag
kühlte diesen Freudeneifer nur zu schnell ab; denn Vandamme, welcher die Verbündeten auf ihrem Rückzuge nach
Böhmen abzuschneiden beordert war, fiel auf den Höhen
von Culm mit 8000 Mann und mit seinem ganzen Ge-
neralstabe den Verbündeten gefangen in die Hände. Mit
Mühe entkamen einige hundert Reiter durch die Schnelligkeit ihrer Rosse.   Die Verbündeten dankten diesen wichtigen Sieg vorzugsweise dem Heldenmuthe Ostermann's,
Colloredo's und Kleist's.

Um diesen abermaligen Verlust durch einen schnell
entscheidenden Vortheil vergessen zu machen und damit
zugleich auch den Unfall von Großbeeren zu verwischen,
sollte Ney, es koste was es wolle, gegen Berlin vordringen. Bei Dobschütz wurden die fünfmal stärkern Franzosen durch die außerordentliche Tapferkeit der preußischen
Landwehr mehrere Stunden lang aufgehalten, obschon das
französische Geschütz die Helden reihenweise niederschmet-
terte. Gleichen Widerstand leistete bei Seida das Tauenzien'-
sche Corps.   Aber bei Dennewitz ohnweit Jüterbogk ward
Ney durch Bülow und Tauenzien entscheidend geschlagen.

Der ungestüme Ney, von Napoleon auf den Gefilden
Rußlands der Bravste der Braven genannt, entkam selbst
mit genauer Noth den Kosaken. Knirschend maß er sein
Mißgeschick den Sachsen bei, die zuerst gewichen seyn und
auch die Franzosen mit in ihre Flucht hineingerissen ha=
ben sollten. Die Sachsen, längst schon mit innerm Wi=
derwillen für die Sache des fremden Unterdrückers fech=
tend, wurden durch diesen, wohl unverdienten Vorwurf
doppelt erbittert und dies hatte zur Folge, daß ganze
Compagnien und Bataillone zu den Verbündeten über=
gingen. Wie sehr schon jetzt die Franzosen an den auf=
richtigen Gesinnungen der durch Zwang oder Gewohnheit
ihnen noch verbliebenen Bundesgenossen verzweifelten und
wie sie bereits voraussahen, daß nur zu bald nur noch
von Feinden, nicht aber mehr von Bundesgenossen bei
ihnen die Rede seyn konnte, ergab sich am besten aus
Delort's giftiger Aeußerung: „die Würtemberger würden
von den Franzosen deshalb immer vorangeschoben, weil
diesen daran liege, daß Erstere in Masse todtgeschlagen wür=
den, indem sie außerdem doch auch bald als Feinde gegen
die Franzosen fechten würden." — Die Bestürzung und
gänzliche Verwirrung der fliehenden Franzosen war so
groß, daß drei Landwehrreiter 105 Gefangene einbrach=
ten und vor acht preußischen Husaren 200 Feinde das
Gewehr streckten. Am Gördewalde wurden 10,000 Fran=
zosen, welche Davoust unter Pechieux auf das linke Elb=
ufer sendete, um das Land aufwärts gegen Magdeburg
von den zahlreichen Streifparteien zu reinigen, umgangen
und nach verzweifelter Gegenwehr aufgerieben. Um die=
selbe Zeit ward durch einen kühnen Zug Czernitscheff's
das wenig vertheidigte Cassel überfallen, der dort befind=
liche König Hieronymus von Westphalen aus der Stadt
gejagt und das Ende seines Schattenkönigthumes ver=

fündet. Napoleon vergeudete die Zeit in unruhigen und
zwecklosen Hin- und Herzügen zwischen Sachsen, Schle=
sien und Böhmen; ihm hatte bei Dresden noch einmal
ein schwacher Nachschimmer seines Glücksgestirnes geleuch=
tet, um fortan ihm für immer zu erlöschen. Immer
enger umschloß ihn der Kreis des Verderbens und immer
näher rückten ihm von allen Seiten die muthwillig heran=
beschworenen Feinde. Am 9. September wurde das be=
stehende Bündniß zwischen den Herrschern von Oesterreich,
Rußland und Preußen durch eine zu Teplitz geschlossene
Tripel=Allianz noch feierlicher versichert. Des gemeinsa=
men Feindes Stellung in Dresden wurde immer unbe=
haglicher, denn die Verbündeten beunruhigten den einst
den Ruf der Unbesiegbarkeit Behauptenden bereits von
allen Seiten, und durch die üblen Erfolge seiner Ausfälle
gegen Böhmen mehrte sich die Verlegenheit seiner Lage.
Von seinen erzwungenen Bundesgenossen blieb, auf dem
düstern Wege zu seinem Untergange, Einer nach dem
Andern zurück, und im October fiel auch das arglistig
von ihm benutzte Baiern von ihm ab. Er hatte in der
Stunde der höchsten Gefahr, in welche es sich um seinet=
willen gestürzt, es frostig seinem Schicksale überlassen,
und so durfte die bairische Regierung um so freier dem
seit länger von ihr und der Nation gehegten Verlangen
nachkommen, ihre Waffen mit denen der Alliirten zu
vereinigen, „um der schönsten und edelsten Sache den
Triumph zu verschaffen.“ Dresden litt furchtbar durch
die Gegenwart des hartbedrängten Unterdrückers, der,
beinahe von jedem andern festen Puncte abgeschnitten,
diesen seinen letzten Waffenplatz mit krampfhaftem Starr=
sinn umkrallte.

Mit außerordentlicher Kühnheit erzwang sich am 3.
October Blücher bei Wartenburg den Uebergang über die

Elbe; Napoleon brach endlich von Dresden auf und ging, begleitet von dem unglücklichen Könige von Sachsen und dessen Familie, nach Leipzig. Der große, Jahrhunderte in sich zusammenfassende Tag der Entscheidung nahte. Seine ungeheuere Bedeutung ahnend, erließ am 15. October der Fürst Schwarzenberg an das unter seinem Oberbefehle stehende verbündete große Heer einen Aufruf, der, weit entfernt von dem abentheuerlichen und prahlenden Tone französischer Tagesbefehle, die deutschen Krieger auf ein= fach erhebende Weise zu der großen Losung vorbereitete: „Die entscheidende Stunde schlägt. Bereitet euch zum Kampfe! Das Band, welches mächtige Nationen zu einem Zwecke vereint, wird auf dem Schlachtfelde fester und inniger geknüpft. Russen! Preußen! Oesterreicher! Ihr kämpft für eine Sache, kämpft für die Freiheit Europa's, für die Unabhängigkeit eures Vaterlandes, für die Unsterblichkeit eurer Namen. — Alle für Einen, Je= der für Alle! Mit diesem nämlichen Rufe eröffnet den heiligen Kampf! Bleibt ihm treu in der entscheidenden Stunde und der Sieg ist euer!" Und so sollte es ge= schehen. Auf Leipzigs historischem Boden sollte die Rie= senschlacht ausgekämpft werden, welche den Furchtbaren niederwarf und für immer lähmte. Napoleon nahm in finsterer Gedankenlosigkeit Abschied von dem letzten seiner Bundesgenossen, dem Könige von Sachsen, und sprengte mit vereis'ter Miene hinaus aus Leipzig, das für ihn und seine Krieger zum ungeheuren Grabe geworden war. In gräßlich verwirrter Flucht suchten die Franzosen, mit denen noch vor Kurzem der Blutige die Welt zu erobern sich vermessen hatte, die Rettung. Macdonald wurde von seinem Rosse glücklich durch die Elster getragen; dagegen versank in ihren Wellen Poniatowsky, ein edler Held, den eine verhängnißvolle Treue an das Schicksal Napo=

258

leons kettete, und der eines schönern Todes werth gewesen
wäre. Freudig warf sich Leipzig den siegenden Befreiern in
die Arme; die drei verbündeten Herrscher wurden mit Begeisterung begrüßt; ihnen folgte der Held dieser blutigen
Siegestage, der Fürst Carl von Schwarzenberg, so wie
der Kronprinz von Schweden, Blücher, Barclay de Tolly,
Wittgenstein, Bülow ꝛc.

Mit Napoleon's Flucht aus Deutschland zerrissen
bald nach einander die Fesseln, womit er einzelne Länder,
Festungen und Städte umschlungen gehalten hatte, und
während an seinen Rückzug sich noch mancher verderb-
liche Unfall knüpfte, entrissen Wellington's Siege ihm
auch Spanien. Die Auflösung des Rheinbundes gab den
Fürsten, die bisher noch französische Gewalt oder List mit
diesem glänzenden Netze umstrickt gehalten, ihre Selbstständigkeit zurück; der Augenblick war gekommen, wo
Deutschland aufhörte, dem grellen, aber wahren Vergleiche
eines mit Recht gefeierten politischen Schriftstellers *) zu
entsprechen, der es in edlem Zorne „ein Menschenmaga-
zin für Frankreich, ein gebundenes Thier" nannte, „das
auch dann noch immerfort gemilcht wird, wenn schon
Blut statt der Milch aus seinen Brüsten fließt." Die
lange Schmach ward noch herrlicher, als durch die erkämpften unsterblichen Siege, durch den wiedererwachten
deutschen Geist, durch die zurückkehrende zornerglühte Besinnung der frech getäuschten Völker gutgemacht, die jetzt
entzaubert und ungeschreckt den Tod drohenden Isisschleier
der Unbesiegbarkeit von dem stolzen Lügenbilde rissen, das,
wie ein von seinen dienstbaren Dämonen verlassener Zau-
berer, vergeblich die einst furchtbaren Beschwörungsfor-
meln, die Sprache der französischen Bülletins, stammelte

---

*) Genz: An die deutschen Fürsten und an die Deutschen.

und bei jeder neuen erfolglosen Anwendung derselben auch in neue Wuth gerieth.

Zu der entmuthigenden Wahrnehmung, daß Deutsch= land nicht nur in Napoleon's Brust, sondern auch in die Geheimnisse seiner Kriegskunst geschaut habe, kam für ihn noch der böse Umstand, daß, nach dem Beispiele Deutschlands, jetzt auch Frankreich selbst Augen und Lip= pen über ihn zu öffnen begann und es ihm, selbst dem Volke gegenüber, das ihn auf den Thron erhoben, nicht mehr glücken wollte, wenn er bisweilen noch, mehr aus alter Gewohnheit, als im Vertrauen auf eine Wirkung, nach den abgeblitzten Donnern seiner Uebermacht langte. Die Flucht aus Leipzig ward durch ein Mährchen von einer zu früh in die Luft gesprengten Brücke nothdürftig be= mäntelt. Dem, selbst unter so eisern gebietenden Um= ständen, dennoch nur mit schüchterner Unbestimmtheit den Wunsch nach Frieden äußernden Senate entgegnete Na= poleon halb ergriffen, halb trotzig: „Vor einem Jahre zog ganz Europa mit uns, jetzt zieht ganz Europa gegen uns, denn die Meinung der Welt wird durch Frankreich oder England bestimmt. Alles wäre für uns zu fürch= ten ohne die Kraft und die Macht der Nation. Die Nachwelt wird sagen, daß, wenn große und bedenkliche Umstände eintraten, weder Frankreich noch ich ihnen un= terlag." Die vorauszusehende Forderung, die durch Krieg, Mangel und Schlachten gleichsehr erschöpfte Nation durch eine neue Aushebung von 300,000 Mann heimzusuchen, unterstützte der Staatsrath Regnaud de St. Jean d'An= gely nach Kräften. Er maß das ganze Mißgeschick des Feldzuges ausschließlich dem Abfalle der Baiern und Sach= sen bei: „durch die Macht der Umstände wurden glor= reiche Siege unfruchtbar, wiederholte Triumphe unzurei= chend, und das unvorhergesehene traurige Ereigniß mit

17 *

der Brücke bei Leipzig vergrößerte die Vortheile des Fein=
des, der noch einmal so glücklich war, einen Triumph
ohne Gefecht, Trophäen ohne Gefahr, und Vortheile ohne
Ruhm zu erringen. Welcher Friede würde, wenn die
Feinde bis auf unser Gebiet vordrängen, für uns zu hof=
fen seyn, als der Friede der Knechtschaft oder des Gra=
bes! Erst, wenn der Feind weit weg von unserem Ge=
biete getrieben ist, kann der Tag des Friedens über Frank=
reich aufgehen." Die Aushebung der 300,000 Conscri=
birten ward vom Senate ruhig angeordnet und zugleich
von demselben die verfassungswidrige Verfügung getrof=
fen, daß der Kaiser den Präsidenten des gesetzgebenden
Corps ernenne, wodurch natürlich jeder Widerspruch weg=
fallen und Alles dem eisernen Willen des ruhelosen Ver=
derbers gehorchen mußte. Dem am 19. Decbr. 1813
eröffneten gesetzgebenden Corps erklärte Napoleon: „daß,
nachdem er große Plane für die Wohlfahrt und das
Glück der Welt entworfen und ausgeführt, er als Mo=
narch und Vater doch fühle, wie segensreich der Friede
für die Sicherheit der Thronen und die Sicherheit der
Familien sey; deshalb habe er Unterhandlungen mit den
verbündeten Mächten angeknüpft und die von ihnen aus=
gesprochenen Präliminar=Grundlagen angenommen. Die
Eröffnung des Congresses sey ohne Frankreichs Schuld
verzögert worden. Nationen können aber nur dann mit
Sicherheit unterhandeln, wenn sie ihre ganze Kraft ent=
wickeln, darum habe er seine Armeen durch zahlreiche
Aushebungen verstärken müssen, und darum werde auch
ein Zuwachs bei den Einnahmen unumgänglich nöthig."
    Von Frankfurt aus erließen am 1. Decbr. 1813 die
verbündeten Monarchen jene Erklärung, welche das Ziel
und die Absicht des dermaligen Befreiungskampfes am
schönsten und richtigsten charakterisirte: „Ihr Wunsch

sey, Frankreich groß, stark und glücklich zu wissen, denn Frankreichs Größe und Macht sey eine der Hauptgrund= lagen des europäischen Staatenbundes. Sie wünschten, daß Frankreich glücklich sey, daß sein Handel wieder auf= leben, daß Künste und Wissenschaften, die Segnungen des Friedens, wieder aufblühten, denn ein großes Volk möge nur dann ruhig seyn, wenn es auch glücklich sey. Sie sicherten dem französischen Reiche eine Ausdehnung zu, wie dasselbe sie nie unter seinen Königen gehabt; denn ein tapferes Volk sinke deshalb nicht herab, weil es Unfälle erfahren in einem harten, blutigen Kampfe, in welchem es muthig gestritten." Schon früher waren durch den zu Gotha von den Verbündeten gefangenen franzö= sischen Gesandten St. Aignan Friedensverhandlungen ein= geleitet worden. Die Grundlagen waren: Unabhängig= keit Spaniens, Italiens, Deutschlands, Hollands; dagegen sollten Belgien und das linke Rheinufer bei Deutschland bleiben und England bereit seyn, die Handelsfreiheit und das Schiffahrtsrecht anzuerkennen, wie Frankreich nach billigen, staats= und völkerrechtlichen Vordersätzen anspre= chen könne. Napoleon stellte sich bereitwillig zu einer solchen Annäherung; aber seine geheimen Wünsche gab er dem immer knechtischen Senat in den Mund, welcher durch Fontanes sie deutlich genug aussprach: „der Ton der Erklärung der Verbündeten heuchle Mäßigung, aber Mäßigung sey oft nur eine diplomatische List. Das Sy= stem von Eroberungen, vom Uebergewicht, von Universal= monarchie sey von jeher das Feldgeschrei für alle Coali= tionen gewesen, oft aber aus deren Schoose eine noch ehr= geizigere Macht erstanden. Alle Regierungen hätten zu= weilen ihre Macht gemißbraucht, alle das Maaß über= schritten, daher müßten sich auch alle verzeihen. Aber jetzt sey die Gefahr dringend; große Rüstungen seyen er=

forderlich, und alle Franzosen müßten sich um das Dia=
dem vereinigen, welches der Glanz von funfzig Siegen,
ungetrübt durch ein vorübergehendes Gewölk, umstrahle.
Nur so sey ein ehrenvoller Friede zu erlangen." Und
Lacepede versicherte sogar im Namen des Senates den
Kaiser: „er habe einen Beweis außerordentlicher Groß=
muth und Friedensfinnes gegeben, indem er sogar den
Friedensvorschlägen der Feinde beigetreten sey, ohne Zwei=
fel, weil er überzeugt gewesen, daß die Macht sich selbst
befestige, die sich selber Schranken zu setzen wisse." —
Einen bei weitem minder folgsamen Sinn fand Napo=
leon in dem vergeblich durch seine Creaturen bearbeiteten
gesetzgebenden Corps, wo besonders zwei Mitglieder, Lainé
und Raynouard, mit einer unter des Eroberers Zwingherr=
schaft beispiellosen patriotischen Unerschrockenheit ihm in
den Weg traten. „Das Bestreben der Verbündeten," —
sprach Lainé — „Frankreich einen ehrenvollen Frieden
zu gewähren, sey unverkennbar; aber für die Nationen,
wie für den Einzelnen bestehe die Ehre in der Erhaltung
eigner Ansprüche und der Achtung fremder Rechte. Um
den Muth eines Volkes zu befeuern, reiche die Aufforde=
rung, sich in Vertheidigungsstand zu setzen, nicht hin,
sondern man müsse es auch überzeugen können, daß sein
Blut nur der Vertheidigung des Vaterlandes und für
schützende Gesetze fließe." Und in gleich kühnem Geiste
ließ sich Raynouard vernehmen: „Nicht die Verbünde=
ten allein, die Frankreich einen ehrenvollen Frieden vor=
geschlagen, strebten dessen fortwährender Vergrößerung
Schranken zu setzen; sondern eine ganze aufgeschreckte
Welt fordere die allen Völkern gemeinschaftlich zustehen=
den Rechte. Frankreichs Unglück sey auf den höchsten
Gipfel gestiegen, das Vaterland von allen Seiten her an
den Gränzen bedroht, der Handel zernichtet, der Feldbau

stockend, die Industrie gelähmt, und es gebe keinen Fran=
zosen, der nicht an seinem Vermögen oder an seiner Fa=
milie einen grausamen Verlust erlitten. Seit zwei Jah=
ren sey es dahin gekommen, daß jährlich dreimal Men=
schen=Erndte gehalten werde; denn ein barbarischer und
zweckloser Krieg verschlinge periodisch Frankreichs Ju=
gend und entreiße sie der Erziehung, dem Feldbau und
den Künsten. Es sey Zeit, daß die Thronen wieder be=
festigt würden, und daß man aufhöre, Frankreich den
Vorwurf zu machen, es wolle mit dem Feuerbrande sei=
ner Revolution die ganze Welt entzünden." Napoleon
konnte der Sprache der Wahrheit nur mit despotischer
Wuth und mit Schmähungen entgegnen. Lainé galt
ihm ein Verräther, die übrigen Glieder der Commission
Meuter. „Sie seyen nicht Repräsentanten der Nation,
sondern Deputirte der Departements." — „Ich allein," —
donnerte er — „bin der wahre Repräsentant des Volks.
Wer anders vermöchte wohl, diese Last auf sich zu neh=
men? Was ist dieser Thron? Ein Ding von Holz, mit
Sammt überzogen. Die Feinde sind gegen mich noch
weit mehr, als gegen Frankreich erbittert; allein soll ich
mir darum erlauben, das Reich zu zerstückeln? Opfere
ich nicht meinen Stolz und meine Ansprüche auf, um
Frieden zu erhalten? Ja, ich mache Ansprüche, weil ich
große Dinge für Frankreich gethan habe. Frankreich be=
darf meiner mehr, als ich Frankreichs bedarf. Ich werde
den Feind aufsuchen und schlagen. In drei Monaten
sollt Ihr Frieden haben, oder ich will nicht
mehr seyn!" —

Im letzteren Puncte hielt er Wort. Während bei
Leipzig Deutschland glückgekrönt um die Palme der Un=
abhängigkeit rang, hatten die siegreichen Waffen der
Oesterreicher in Italien sich mit außerordentlichem Erfolge

Bahn gebrochen und binnen zwei Monaten Kärnthen, Krain, Friaul, Istrien, einen großen Theil der venetia= nischen Lande und des Gebietes von Dalmatien nebst dem südlichen Tyrol wiedererobert. Bis zum 22. December hatten die Verbündeten an verschiedenen Puncten den Rhein überschritten. Die durch Napoleon der Schweiz abgepreßte Neutralität erkannten sie nicht an: „indem das als keine wahre Neutralität zu betrachten, wo der Staat, der sie erkläre, nicht vollkommen unabhängig sey, sondern durch fremden Willen regiert werde, und dies sey der Fall mit der Schweiz." Mit dem Anfange des Jahres 1814 sah sich Frankreich durch sieben Heere zugleich von allen Sei= ten bedroht, überall zogen sich die Franzosen nach dem Innern des Landes zurück. Da brach endlich Napoleon, der durch sein langes Verweilen in Paris, gleichgültige Zuversicht zu erheucheln strebte, mit der Wildheit des in seiner Höhle bedrohten Tigers hervor, trieb Lanskoy von St. Dizier, prallte aber mit seinem Angriffe bei Brienne heftig und nicht ohne ansehnlichen Verlust zurück. Mitt= lerweile wurden zu Chatillon neue Friedensunterhandlun= gen eröffnet, die Napoleon, dem es mit solchen Dingen nie ernst war, nur des Zeitgewinns wegen betrieb. Nur ein entscheidender Sieg konnte das beängstigende Netz lockern, welches die Verbündeten in immer engerem Kreise um ihn zusammenzogen. Da stürzte er sich mit Ueber= macht gegen Alsuwief, welcher die Verbindung der ver= schiedenen Heerhaufen der schlesischen Armee unterhielt, schlug ihn bei Champ Aubert und nahm ihn gefangen. Bei Montmirail schlug er den General Sacken und drängte ihn gegen Soissons und Rheims zurück. Am folgenden Tage (14. Febr.) fiel er die Preußen bei Vauchamp an und stieß sie nach Chalons zurück. Die französischen Bulletins sprachen bereits von gänzlicher Vernichtung der schlesischen Armee, doch erhielten Napoleon's Vortheile zu gleicher Zeit eine empfindliche Scharte durch den Verlust von Soissons. Bei Nangis aber wurde Wittgenstein (17. Febr.) von Napoleon geschlagen und am folgenden Tage der Kronprinz von Würtemberg nach heftigem Widerstande über die Seine zurückgedrängt.

Napoleon, welcher jederzeit am trotzigsten auf sein Glück pochte, wenn dieses ihm gerade am seltensten lächelte, war durch die schnell hinter einander errungenen Vortheile, welche das Gefahrvolle seiner Lage. zwar keineswegs aufhoben, wohl aber für den Augenblick beschönigten, wieder zu seinem höchsten Trotze gelangt; er sprach bereits davon, daß er jetzt näher bei Wien, als bei Paris sey. Zu Chaumont aber verbanden sich Oesterreich, Rußland, England und Preußen (1. März) durch ein neues, noch festeres Bündniß auf zwanzig Jahre, des Zweckes, Frankreich zu einem Frieden zu zwingen, der die Unabhängigkeit Europa's sichere. Am 5. März wurden die Franzosen mit großem Verlust wieder aus Troyes vertrieben; dagegen fiel ihnen Rheims in die Hände, wodurch die Verbindung zwischen Blücher und Schwarzenberg unterbrochen wurde. Ersterer wurde in seiner Stellung bei Craone zwischen Soissons und Laon von Napoleon angegriffen und nach Laon gedrängt, dort aber faßte er Stand und schlug den Angreifer in einer zweitägigen Schlacht. Napoleon's Versuche, das Volk in Masse aufzubieten und einen allgemeinen Aufstand in Rücken und Flanke der Verbündeten zu bewerkstelligen — ein Verfahren, welches er früher Oesterreich und Preußen so sehr verdacht und so übel genommen hatte — wollte ihm nicht gelingen, da die Verbündeten vorsichtig jede Bewegung dieser Art niederzuhalten wußten. Den General St. Priest trieb er mit beträchtlichem Verluste aus

Rheims und drang mit einem ansehnlichen Corps nach
Epernay vor. Diese einzelnen Erfolge stimmten ihn so
übermüthig, daß er, der nach dem ersten Einrücken der
Verbündeten sich ziemlich nachgiebig gezeigt hatte, jetzt
auf einmal seine Bedingungen auf das Höchste trieb und
obgleich er die früheren, nach denen Frankreich in seine
Gränzen von 1789 zurückkehren sollte, bereits angenom=
men, nunmehr durchaus den Rhein zur Gränze, wie auch
Entschädigung für seine Brüder Joseph und Hieronymus
und den Besitz von Italien forderte. Der Congreß von
Chatillon löste sich demgemäß, wie der frühere Prager,
durch Napoleon's sichtlichen Betrieb auf, und die Ver=
bündeten glaubten es sich selbst, ihren Völkern und Frank=
reich schuldig zu seyn, die Beweggründe dieses Abbruchs
in folgender Erklärung bekannt zu machen: „Militairi=
sche Ereignisse, deren die Geschichte der Vorzeit wenige
enthält, haben in dem verflossenen Monat October das
ungeheure Gebäude, welches den Namen des französischen
Reichs führte, zertrümmert; ein politisches Machwerk,
welches auf die Trümmern von Staaten gestützt wurde,
die ehemals unabhängig und glücklich gewesen sind, und
durch Provinzen vergrößert wurde, die man uralten Mo=
narchieen entriß, dem das Blut, der Wohlstand und die
Wohlfahrt einer ganzen Generation zu Stützen dienen
sollten. Als der Sieg die alliirten Mächte bis an den
Rhein führte, hielten es dieselben für gut, vor ganz Eu=
ropa noch einmal diejenigen Grundsätze aufzustellen, auf
welche sich ihre Allianz, ihre Wünsche und Entschlüsse
stützten. Von allen ehrgeizigen und eroberungssüchtigen
Absichten entfernt, und nur von dem Verlangen beseelt,
in Europa's neuhergestellter Verfassung eine jede Macht
auf ihre verhältnißmäßige Stufe gestellt zu sehen, mit
dem festen Entschlusse, die Waffen nicht eher niederzule=

gen, bis dieser edle Zweck ihrer Absichten errungen seyn würde, machten sie durch ein öffentliches Actenstück diesen ihren unerschütterlichen Entschluß bekannt, und nahmen nicht den geringsten Anstand, der Regierung des Feindes Erklärungen in dem Sinne ihrer unabänderlichen Entschließungen zu machen.

„Die französische Regierung schien diese freimüthigen Erklärungen der alliirten Höfe vortheilhaft dazu benutzen zu wollen, um friedliche Gesinnungen vorzuspiegeln. In der That bedurfte sie eines solchen Scheines, um vor den Augen ihrer Völker die neuen Anstrengungen zu rechtfertigen, welche sie von denselben zu verlangen nie müde wurde. In den Cabineten der Alliirten sah man indessen wohl ein, daß Alles dieses nur dazu führe, um aus Schein-Negociationen Vortheil zu ziehen, in der Absicht, die öffentliche Meinung für sich zu gewinnen, und daß Frankreich weit davon entfernt war, an einen Frieden in Europa zu denken.

„Indem die alliirten Mächte diese geheimen Absichten durchblickten, faßten sie den Entschluß, den so sehr gewünschten Frieden auf Frankreichs Boden selbst zu erkämpfen. Zahlreiche Armeen setzten über den Rhein; sie waren kaum in Frankreich eingedrungen, als der französische Minister der auswärtigen Angelegenheiten bei den Vorposten erschien. Seitdem waren alle Schritte der französischen Regierung darauf gerichtet, die öffentliche Meinung umzustimmen, dem französischen Volke ein Blendwerk vorzumachen und über die Alliirten alles das Gehässige eines Angriffskrieges herzuwälzen.

„Damals fühlten die großen alliirten Höfe in dem Gange der Ereignisse die ganze Kraft und Stärke ihrer Allianz für Europa, und die Grundsätze, welche die Berathungen dieser Souveraine von dem Augenblicke ihrer

Vereinigung an, für das allgemeine Beste geleitet hatten, entwickelten sich in ihrer ganzen Vollkommenheit. Es konnte sie nun nichts mehr verhindern, die unwandelba= ren Bedingnisse zur Wiederherstellung des gemeinschaftli= lichen Staatsgebäudes auszusprechen. Nach so vielen vor= hergegangenen Siegen durften diese Bedingnisse dem Frie= den nicht mehr im Wege stehen. England war die ein= zige Macht, welche, dazu aufgefordert, in die Wagschale des Friedens Entschädigungen für Frankreich zu legen, sich über das Verzeichniß der Opfer erklären konnte, welche sie dem allgemeinen Frieden zu bringen bereitwillig seyn wollte. Die alliirten Mächte konnten endlich hoffen, daß die bis jetzt gemachten Erfahrungen auf einen Eroberer, der nun den Vorwürfen einer großen Nation preisgege= ben war, und der jetzt zum ersten Male in seiner Haupt= stadt selbst Zeuge von deren vielfältigen Leiden geworden war, einen wirksamen Einfluß gehabt haben würden. In der That hätte ihn diese Erfahrung auf den Gedanken bringen sollen, daß sich die Erhaltung der Throne nur auf Mäßigung und Gerechtigkeit gründet. In der Ueber= zeugung, daß der von den alliirten Mächten gemachte Versuch den Gang der Kriegsoperationen nicht aufhalten dürfe, vereinigten sie sich darüber, daß auch während der Friedensnegociationen der Krieg seinen Fortgang nehmen sollte. Zu dieser Entschließung veranlaßte sie die Geschichte der Vergangenheit und manche traurige Erinnerung. — Ihre Bevollmächtigten kamen mit jenem der französischen Regierung in Chatillon zusammen.

„Bald darauf näherten sich die siegreichen Armeen der Hauptstadt Frankreichs, und nun dachte die französi= sche Regierung nur daran, diese zu retten. Der franzö= sische Bevollmächtigte erhielt den Befehl, einen Waffen= stillstand vorzuschlagen, der sich auf Grundlagen stützte,

welche die alliirten Mächte selbst zur Wiederherstellung eines
allgemeinen Friedens für nothwendig hielten. Man machte
den Antrag, sogleich alle Festungen in den Ländern zu
übergeben, welche Frankreich abtreten würde, jedoch unter
der Bedingniß, daß die Kriegsoperationen sogleich einge-
stellt würden.

„Da sich aber die alliirten Mächte aus einer zwan-
zigjährigen Erfahrung überzeugt hatten, daß man in allen Unterhandlungen mit dem französischen Cabinet sorgfältig das, was blos scheint, von demjenigen unterscheiden
müsse, was man wirklich vor sich hat, so lehnten sie diesen Waffenstillstandsvorschlag ab, und erboten sich dagegen, die Friedenspräliminarien auf der Stelle zu unterzeichnen. Diese Unterzeichnung würde für Frankreich alle
Vortheile eines Waffenstillstandes gehabt haben, ohne die
alliirten Mächte mit dessen Nachtheilen zu behelligen.

„Es hatte sich indessen gefügt, daß eine in den Mauern
von Paris, aus der Jugend der jetzt lebenden Generation
gebildete Armee, einige theilweise Vortheile errang. Sie
war die letzte Hoffnung der Nation und bestand aus den
Trümmern einer Million von Braven, welche theils auf
dem Schlachtfelde geblieben sind, theils auf den Heerstra-
ßen von Lissabon bis Moskau ihrem Schicksale überlassen
und für Zwecke geopfert wurden, die Frankreichs Interesse fremd waren.

„Die Conferenzen zu Chatillon nahmen nun einen
andern Charakter an. Dem französischen Bevollmächtigten fehlte es immer an Instructionen, und es war ihm
jetzt nicht mehr möglich, auf die Vorschläge der alliirten
Höfe zu antworten. Diese Mächte sahen ganz klar, was
die französische Regierung nun für Absichten habe; sie
entschlossen sich daher zu einem entscheidenden Schritte,
dem einzigen, welcher ihrer selbst, ihrer Macht und der

Aufrichtigkeit ihrer Gesinnungen würdig gewesen ist. Sie
trugen ihren Bevollmächtigten auf, ein Präliminar=Frie=
dertractatsproject zu communiciren, welches alle die Grund=
lagen enthielte, die sie zur Wiederherstellung des politi=
schen Gleichgewichtes für unumgänglich nothwendig hiel=
ten und welche die französische Regierung einige Tage
vorher, da sie ihre Existenz für gefährdet hielt, selbst vor=
geschlagen hatte. In diesem Präliminar=Friedensprojecte
sind die Grundsätze einer wiederherzustellenden europäi=
schen Staatsverfassung enthalten.

„Frankreich sollte wohl, nachdem man ihm den Flä=
cheninhalt, den es in den Jahrhunderten des Ruhmes
und der Wohlfahrt unter dem Scepter seiner Könige be=
sessen, wieder zugesichert hatte, mit Europa die Wohl=
thaten der Freiheit, der Nationalunabhängigkeit und des
Friedens theilen. Es hing nur von der französischen Re=
gierung ab, die Leiden der Nation zu endigen, ihr mit
dem Frieden die französischen Colonieen zurückzugeben,
ihren Handel und die freie Ausübung ihrer Industrie in
einen neuen Schwung zu bringen, und zwar Alles dieses
durch ein einziges Wort. Was konnte diese Regierung
noch mehr verlangen? Die alliirten Mächte hatten das
Anerbieten gemacht, mit conciliatorischem Geiste, über ihre
Wünsche in Betreff von Besitzungsgegenständen zu einer
wechselseitigen Uebereinkunft Unterhandlungen zu pflegen,
wodurch Frankreichs Gränzen größer würden, als sie es
vor den Revolutionskriegen gewesen sind.

„Vierzehn Tage verflossen, ohne daß die französische
Regierung hierauf antwortete. Die Bevollmächtigten der
Alliirten bestanden nun auf einem peremtorischen Termin
zur Annehmung oder Zurückweisung ihrer Friedensbeding=
nisse. Man ließ sogar dem französischen Bevollmächtig=
ten noch Raum genug, um ein Gegenfriedensproject mit=

zutheilen, welches jedoch, dem Geiste und dem wesentlichen Inhalte nach, den von den alliirten Mächten gemachten Vorschlägen entsprechen müßte. Hierzu war der 10. März mit allgemeiner Uebereinstimmung festgesetzt. Nach Ablauf dieses Termines wußte der französische Bevollmächtigte nichts Anderes vorzubringen, als verschiedene Papiere, über deren Verhandlung man nur die Zeit verderben haben würde, und statt sich dem Ziele zu nähern, in unfruchtbare Negociationen sich hätte einlassen müssen.

„Auf des französischen Bevollmächtigten ausdrückliches Verlangen wurden ihm noch einige Tage als ein neuer Termin zugestanden. Am 15. März endlich übergab dieser Bevollmächtigte ein Gegenfriedensproject, aus welchem man sogleich deutlich ersah, daß Frankreichs Unglück in den Gesinnungen von Frankreichs Regierung noch nicht die geringste Veränderung hervorgebracht hatte. In diesem Gegenproject wiederholt die französische Regierung ihre gemachten Vorschläge und verlangt, daß Völker, denen der französische Geist völlig fremd ist, Völker, welche ihre seit Jahrhunderten bestehende Regierung nie den Franzosen einverleiben würden, fortfahren sollten, einen Bestandtheil des französischen Reiches auszumachen. Frankreich wollte fortfahren, einen Flächeninhalt zu behaupten, welcher mit dem Systeme des Gleichgewichtes und mit den Verhältnissen aller übrigen großen europäischen Staaten durchaus nicht vereinbarlich war. Es wollte alle die Positionen und Angriffspuncte beibehalten, vermittelst welcher die französische Regierung zu Europa's und Frankreichs Unglück in den letztvergangenen Jahren so viele Throne umgestürzt und so zahlreiche Verstörungen veranlaßt hatte. Glieder der jetzt in Frankreich regierenden Familie sollten wieder auf auswärtige Throne gesetzt werden; und die französische Regierung, welche so viele Jahre

lang nur dadurch, daß sie Zwietracht ausfäete und sich
der Gewalt der Waffen bediente, über Europa zu herr-
schen suchte, verlangte fortzufahren, den Schiedsrichter in
den innern Angelegenheiten Europa's und über das Schicksal der europäischen Mächte zu machen.

„Bei der Fortsetzung einer solchen Unterhandlung hätten die alliirten Mächte Alles dasjenige aus den Augen
verlieren müssen, was sie sich selbst schuldig sind, sie hätten dem glorreichen Ziele, welches sie sich vorgesteckt hatten, entsagen und zugeben müssen, daß ihre bisherigen
Anstrengungen von nun an nur ihren eigenen Völkern
zum Nachtheil geworden wären. Hätten die alliirten
Mächte nach den Grundsätzen des Gegenfriedenprojectes
einen Tractat unterzeichnet, dann hätten sie ihre Waffen
dem gemeinschaftlichen Feinde überliefert und die Hoffnungen ihrer Völker eben so sehr, als das Vertrauen ihrer
Alliirten getäuscht.

„Die alliirten Mächte erklären daher in diesem, für
das Wohl der Menschheit so entscheidenden Augenblicke,
daß sie ihr feierlich gegebenes Wort hiermit erneuern, die
Waffen nicht eher von sich zu legen, bis der große Zweck
ihrer Verbindung erreicht worden ist. Frankreich hat sich
die Uebel, die es dermalen leidet, selbst zuzuschreiben. Nur
der Friede kann die Wunden heilen, welche ihm der, die
ganze Welt beherrschen wollende Geist seiner Regierung,
von dem man in den Annalen der Geschichte nichts Aehn-
liches findet, geschlagen hat. Der nächste Friede wird ein
allgemeiner europäischer Friede seyn. Es ist einmal Zeit,
daß die regierenden Fürsten, ohne fremden Einfluß über
das Wohl ihrer Völker wachen können, daß die Nationen für ihre wechselseitige Unabhängigkeit Achtung haben,
daß die bestehenden bürgerlichen Verhältnisse nicht täglich
der Gefahr ausgesetzt sind, von einem Tage zu dem an-

dern, nebst ihrem Eigenthume und ihrem freien Handel, über den Haufen geworfen zu werden. Ganz Europa vereinigt sich in einem Wunsche, und dieser Wunsch enthält das erste Bündniß aller Völker, welche alle sich nur für eine und die nämliche Sache vereinigt haben, und diese gemeinschaftliche Sache wird allerdings über das einzige Hinderniß siegen, welches sie noch zu bekämpfen hat."

Daß unter diesem noch zu bekämpfenden einzigen Hindernisse des Friedens nur Napoleon zu verstehen sey, ergab sich nicht nur aus der thätlichen Schonung, deren die französische Nation sich allenthalben von Seiten der Verbündeten zu erfreuen hatte, sondern ward bald auch mit klaren Worten angedeutet. Noch einmal zeigte er der vorgedrungenen großen österreichisch-russischen Armee die Stirne und bewog dieselbe, von Troyes nach Bar sur Aube zurückzugehen. Aber am 22. und 23. März trieb Schwarzenberg in einem allgemeinen Angriffe die Franzosen mit Verlust aus Arcis sur Aube. Die fortwährenden rastlos schnellen Märsche, durch welche Napoleon, seiner gewohnten Weise gemäß, seine Gegner einzeln zu schlagen und nach einander aufzureiben hoffte, hatten, bei nur einzelnen Erfolgen, sein Heer auf das Aeußerste erschöpft. Seine alten bewährten Krieger starben nach und nach ab, oder lagen unthätig in den Festungen, und die unaufhörlichen Aushebungen der noch unreifsten Jugend, die man, bei dem steten dringenden Bedürfniß von Mannschaft, für den Kriegsdienst zweckmäßig heranzubilden sich gar nicht die Zeit nehmen konnte, ließen befürchten, daß Frankreich bald nur ein Heer von bloßen Figuranten werde stellen können. Napoleon's Plan, seine Kerntruppen aus den Rheinfestungen an sich zu ziehen und aus ihnen ein neues gewaltiges Heer im Rücken des Feindes zu erschaffen, ging übel vorwärts, da seine Bo-

ten, die er dieserhalb nach den Festungen entsendete, größtentheils aufgefangen wurden. Immer tiefer drangen die
vereinigten Engländer, Spanier und Portugiesen im südlichen Frankreich vor; zugleich erschien daselbst der Herzog
von Angouleme und das Volk erklärte sich bereits laut
für die Bourbons. Bordeaux und Lyon gingen an die
Verbündeten über, und in Italien wurden die Franzosen
aus einem Platze nach dem andern getrieben, der größte
Theil von Mittelitalien, so wie Rom und Florenz waren
ihnen entrissen.

Während Napoleon, die Aussicht des Kampfes plötzlich abbrechend, gegen Vitry und St. Dizier vordrang,
in der Absicht, dem Feinde in den Rücken zu fallen und
ihn in den durch den verhofften Aufstand der Städte
und Dörfer, und durch die ausfallenden Besatzungen gebildeten Hinterhalt zu stoßen, gelang es Schwarzenberg
und Blücher, sich zu vereinigen und ihn dadurch gänzlich
von Paris abzuschneiden. Die Verbündeten, seinen Plan
durchschauend, ließen ihn unangefochten weiter ziehen und
beschlossen, durch ein schnelles und vereinigtes Vordringen
gegen Paris dem Kampfe eine entscheidende Wendung zu
bringen. Schwarzenberg bereitete das Heer auf diese nahe
große Entscheidung vor: „Ihr Sieger von Culm, von Leipzig, von Hanau, von Brienne! Ihr habt in einem Feldzuge
das Joch der Herrschaft Frankreichs über das Ausland zertrümmert, ihr habt die Halbscheide Frankreichs selber erobert; dennoch will die französische Regierung Nichts hören
von Billigkeit und Mäßigung. Frankreich soll eine ero-
bernde Macht bleiben, jeden Augenblick unsere Freiheit und
unsere Ruhe bedrohend. Deshalb sind die Friedensunterhandlungen abgebrochen. — In eueren Händen, ihr Krieger, ruht das Schicksal der Welt. Auf euch sind die
Blicke des gesammten Europa geheftet. Wenige Augen-

blicke noch und seine gerechten Wünsche werden durch euch
in Erfüllung gehen." Marmont und Mortier, welche
mit einem Heere von ohngefähr 25,000 Mann Napoleon
folgten, um ihm die Verbindung mit Paris zu erhalten,
wurden durch Schwarzenberg und Blücher bei Fère Cham=
penoise gänzlich geschlagen, sie verloren dabei mehr als
10,000 Mann und 100 Kanonen und wurden mit Un=
gestüm nach Paris hineingeworfen. Am 30. März er=
schienen die Verbündeten vor Paris. Vergeblich suchte
die Pariser Polizei durch die Lüge: „daß nur etwa 25
bis 30,000 Mann unter Anführung eines verwegenen
Parteigängers die Stadt zu bedrohen wagten, von 500,000
Bürgern jedoch mit leichter Mühe zerschmettert werden
könnten" — den Muth der Bürger zu befeuern und die
Stadt zu retten. Die Höhen von Paris wurden nach
einander von den Verbündeten erstürmt, Blücher drang,
nachdem er das Mitteltreffen der Franzosen zum Weichen
gebracht hatte, gegen die Stadt, welche in der Nacht ca=
pitulirte. Marmont und Mortier verließen Paris und
empfahlen es der Gnade der Sieger. Am 31. März
hielten der Kaiser von Rußland und der König von Preu=
ßen — der Kaiser von Oesterreich hatte sich schon früher
nach Dijon begeben — ihren triumphirenden Einzug.
Napoleon, dem die wirkliche Nähe der verbündeten großen
Armee vor Paris durchaus nicht hatte einleuchten wollen,
konnte sich auch lange nicht von dem Falle seiner Haupt=
stadt überzeugen. Als ihm endlich Gewißheit darüber
wurde, wechselte er zwischen Kleinmuth und wildem Trotze.
Er hatte bereits Lust, das ihm ungetreue Paris von sei=
nen eigenen Soldaten plündern zu lassen. Dagegen hatte
gleich am Tage des Einzugs Kaiser Alexander im Namen
der Verbündeten erklärt: „daß sie nicht mehr mit Napo=
leon Bonaparte, noch mit einem seiner Familie unter=

handeln würden;" am 2. April sprach der Senat die
Absetzung Napoleon Bonaparte's aus, weil derselbe auf
mehrfache Weise die Verfassung verletzt, und am 6. wurde
die Wiedereinsetzung der Bourbons erklärt. Bonaparte
hatte lange geschwankt, tausend Entwürfe jagten sich in
seiner Seele. Als er aber endlich sah, daß selbst diese-
nigen, welche seinen Kriegsruhm am nächsten getheilt,
unter ihnen sogar Ney, ihm den schwersten Entschluß aufdrangen; da entsagte er endlich am 11. April der Krone,
wogegen ihm ein Jahresgehalt von zwei Millionen Franken, die Souverainität der Insel Elba und der Kaisertitel auf Lebenszeit, seiner Gemahlin, der Kaiserin Marie
Luise, und ihrem Sohne Parma, Piacenza und Guastalla,
so wie den übrigen Gliedern seiner Familie beträchtliche
Pensionen zugesichert wurden. Am 27. April schiffte er
sich zu Frejus nach Elba ein, und während er dort an's
Land stieg, zog Ludwig XVIII. in Paris ein.

Am 15. Juni 1814 wurde in Wien der Pariser Friede
öffentlich bekannt gemacht, und am 16. zog Kaiser Franz unter Feierlichkeiten und Jubel in seine Hauptstadt ein. Eine
ungeheuere Zeit war in der kurzen Frist vorübergegangen,
seit die Bewohner Wiens das geliebte Antliß ihres gemeinsamen Vaters nicht gesehen hatten. Am alten Kärnthner-
thore empfingen ihn unter einer schönen Triumphpforte der
gesammte Magistrat und 500 in die Farbe des österreichischen Wappens gekleidete Knaben und Mädchen, welche
ihm Palmen und Lorbeerzweige entgegenbrachten. Dem
Gruße des Magistrats erwiederte der Kaiser: „Meine
lieben Wiener haben Mir zu allen Zeiten, im Unglücke
wie im Glücke, Beweise ihrer Liebe und Treue gegeben.
Immer war Ich froh in derselben Schooß zurückgekommen; am meisten erfreut es Mich heute, nachdem Ich einen Frieden geschlossen habe, der Mir die gerechte Hoff-

nung gewährt, wie ich immer gewünscht habe, den Wohlstand Meiner getreuen Völker und Meiner lieben Hauptstadt dauerhaft zu befestigen."

Und so war es. Zwar sprengte noch einmal der Feind Europa's den Felsen von Elba, in welchen der Spruch der Welt ihn eingeschlossen, und noch einmal warf er den Feuerbrand der Empörung und Zwietracht unter die Völker. Ludwigs XVIII. Regierung hatte, wie sie selbst eingestand, das allmälige Einebben der brandenden Fluten Frankreichs nicht überall zweckmäßig unterstützt, sie war bald zu lau, bald zu starr aufgetreten, hatte die tobende Masse, statt in ordnungsmäßige Schranken, mehr in steife und veraltete Formen zu zwingen gestrebt, kurz die Regierung hatte, nach ihrem eignen Bekenntnisse, Fehler begangen, angeblich, „weil sie in Zeiten gefallen, wo gerade die reinsten Absichten ihren Zweck nicht erreichten." Um so leichter ward es dem aus seiner Verbannung wieder hervorbrechenden Weltstürmer, seinen alten Zauber auf die Soldaten und selbst auf einen großen Theil des Volkes zu erneuen, und, ein Gespenst versunkener glänzender Tage, Frankreich noch einmal mit dem Lügenbilde des Ruhmes und der Größe zu verführen. Umsonst hoffte er durch erkünstelte Friedseligkeit die Herrscher Europa's sorglos zu machen; als dem allgemeinen Feinde des Friedens wurde ihm auch einstimmig der Krieg erklärt. Wieder sammelten sich, mit der alten mordlustigen Kühnheit, seine Garden um ihn; da schmetterte ihn der Engländer und Preußen Sieg bei Waterloo aus seiner erträumten Höhe herab und scheuchte den entsetzten Riesen über das Meer hinüber auf das einsame Eiland von St. Helena, wo er, sein stolzes Selbst zum Gegenstande strategisch-philosophischen Nachdenkens wählend und brütend über der Bedeutung seines erloschenen Glanzgebildes, unter fro-

ftiger Entfagung und reizbarem Unmuthe den befreienden
Tod erharrte, den er an der Spitze feiner Bataillons in
dem Gemetzel von Waterloo vergebens gefucht hatte.

So endigte — feinem Zeitalter der große Geift der
Verneinung — Napoleon Bonaparte, der, ausgerü=
ftet mit aller Kraft, um der fiegende und verföhnende
Abfchluß der blutgefättigten Revolution zu werden, viel=
mehr deren Krämpfe künftlich fefthielt, und, wie fie frü=
her nur gegen fich felbft getobt hatten, fie jetzt gegen
Welt und Menfchheit wüthen ließ; der, nachdem er den
höchften Wendepunct menfchlicher Größe kühn erftiegen,
den Fuß lieber in die haltlofe Leere des Unerfchwinglichen
fetzte und fich felbft dem Sturze übergab, als daß er ru=
hig feine Höhe beherrfcht hätte; der endlich, jenem trotzi=
gen Ringer des Alterthums vergleichbar, mit fchon ge=
lähmter Kraft den Baum des Friedens noch einmal in
feiner Kluft erfaßte, um ihn auseinander zu reißen und,
fruchtlos abgemüht und erfchöpft, zuletzt die frevelnden
Hände nicht mehr zurückzuziehen vermochte und fo, durch
fich felbft gefangen, einen quälenden, ruhmlofen Tod
fand*). —

*) Aeußerft treffend und kraftvoll fetzte — als in den Ver=
handlungen des großbritannifchen Parlaments (eröffnet am 9. Febr.
1815) die Meinungen ein gewiffes Schwanken verriethen — Herr
Grattan das Wirken und die Regierungsgrundfätze Bonaparte's
in das rechte Licht: „Ein Staat, deffen Grundfätze unvereinbar
find mit der Sicherheit anderer, fteht diefer Sicherheit im Wege.
Wenn ein durch Raub beftehendes, auf Eroberung gerichtetes Heer
zu feiner Verfaffung gehört, fo ift diefes eine Verfchwörung gegen
feine Nachbarn, eine ftets zur Losfchleuderung gefchwungene Brand=
fackel. Allerdings wird diefe Macht Euch Friedensverficherungen
geben, während fie auf Euern Untergang bedacht ift. Sie wird
Euch herrliche und tieffinnige Maximen über die Segnungen der
Ruhe geben, die wohl weife find in fich felbft und unweife nur,
wenn Ihr fie in diefem Falle befolgt. Solche Friedens=Botfchaf=
ten find Werkzeuge des Krieges, und die Macht, welche fie Euch
fendet, verfchwört fich mit Eurer Thorheit gegen Euer Dafein!

Europa hatte den Frieden erkämpft, freilich mit blu=
tigen Opfern, die gewiß milder ausgefallen wären, wenn
man früher schon die Ueberzeugung gewonnen, daß es nur
in einem festen und unverbrüchlichen Zusammenfügen aller
Kräfte Widerstand und Rettung gegen einen mächtigen
und listigen Feind gibt, und daß, wie vielfach, von spe=
ciellen Rücksichten aus betrachtet, sich Deutschlands In=
teressen auch zersplittern, sie doch in dem Puncte der Un=
abhängigkeit und Nationalehre untheilbar zusammenhän=
gen und in einander beruhen. Die einzelnen Stöße,
welche Europa dem rastlos drängenden Feinde zurückge=
geben, hatten es selbst geschwächt, ohne diesen zu
verwunden. Erst als durch festes Zusammenhalten auch
ein nachdrückliches, nicht mehr wankendes Entgegenstem=
men möglich wurde, überstiegen die Resultate des Wider=
standes die eigenen Erwartungen und der betroffene Geg=
ner, den man nur allenfalls abhalten zu können gehofft
hatte, stürzte, dem siegenden Europa selbst unerwartet,
vor ihm zusammen. Der Grundsatz des Krieges hatte
Europa gerettet; im vertheidigenden Falle immer das
sicherste Mittel endlicher Rettung, so wie im angrei=

Bonaparte hat Symptome zur Besserung gegeben, sagt Ihr. Er
hat den Sklavenhandel abgeschafft. Gut. Lobt ihn, daß er die
Schwarzen befreit; helft ihm aber nicht die Weißen in Fesseln schla=
gen. Sollen wir ruhig dem zufallen, dessen ganzes Leben aus em=
pörenden Handlungen besteht? Soll das Laster blos in seiner Mä=
ßigung unseren Abscheu erregen, aber wenn es riesenhaft
wird, unseren Verstand fesseln, unser Erstaunen erregen
und zuletzt uns mit Bewunderung erfüllen? Der Genius
dieses Mannes wird durch sein Feuer zu großen Unternehmungen
hingerissen, während seine Ungeduld ihn verhindert, seine Macht zu
befestigen. Reiche zu gründen, ist er der geschickteste, sie
zu erhalten glücklicher Weise der ungeschickteste Mann. Er
besitzt Kraft und Talent genug, Frankreich zu züchtigen und Eu=
ropa heimzusuchen. Zu den Franzosen müssen wir sagen: wir drin=
gen euch keine Regierung auf, aber wir dulden nicht, daß ihr eine
Regierung wählet, die eure Kraft auf unser Verderben verwendet."

fenden der sicherste Bürge endlichen Sturzes. Daher muß in diesem Falle der Krieg als Gelegenheit genommen wer= den, in jenem als Grundsatz. — Oesterreich aber hatte, unter seinem erhabenen Kaiser, durch heldenmüthige Aus= dauer auch im Unglücke, dem meinungsverworrenen Deutsch= land als ein ruhmreiches Vorbild, als ein fester Sammel= punct nationalen Selbstgefühles und deutscher Empfin= dungen, glänzend vorgeleuchtet; mitten im Kampfe zucken= der Parteiungen hatte es mit fester Hand dem deutschen Sinne die sowohl ihm nothwendige, als einzig seiner würdige Bahn vorgezeichnet, und, nachdem es, verlassen und zum Theil verkannt von seinen eignen Schützlingen, sich im Kampfe für Deutschlands Unabhängigkeit rühm= liche, aber tiefe Wunden geholt hatte, erhob es, wenn auch sein Arm zu ruhen schien, doch noch mächtig seine Stimme für Frieden, Ehre und Freiheit, bis Deutsch= lands erwachender Genius ihm Mitkämpfer zuführte und es siegreich den Allgewaltigen bändigte, der so lange Eu= ropa in Furcht und zitternder Knechtschaft erhalten hatte. Schützend und abwehrend, und doch mißverstanden und bezweifelt, hatte Oesterreich — gleichsam Deutschlands treuer Eckard — demselben zur Seite gestanden; da leuch= tete von den blutigen Schneegefilden Rußlands, aus den Flammen Moskau's der Tag der Erkenntniß für Deutsch= land empor, und zürnend wurde Bonaparte's Riesenbau, den Deutschland — nicht ahnend, daß es seinen eignen Kerker baue — selbst hatte aufführen helfen, von Deutsch= land niedergeschmettert. —

Zweite Abtheilung.

Innere Anstalten und Einrichtungen des Kaisers
Franz I.

Nicht leicht dürfte eine Fürstengestalt, welche einer von außen so unendlich bewegten Zeit angehört, in sich selbst ein so vollkommenes Bild des reinsten Friedens dastehen, als Franz I., den man mit Recht den Licht= und Ruhepunct dieses grellen, unstät unter einem Gewirre von Erscheinungen sich umherwerfenden Jahrhunderts nennen darf, das, vergeblich ihn umbrandend, endlich, an seinem standhaften Willen brechend, sich lenksam zu seinen Füßen lagerte. Ohngeachtet langer und blutiger Kämpfe, die er freudig durch Opfer, aber nie durch Entehrung abzuwenden suchte, ist er der Gesetzgeber, Wiederhersteller und Verschönerer seiner Staaten geworden; mitten unter den Schrecken des Krieges hat er alle Pflichten und Segnungen des Friedens geübt und durch weise Maßregeln die Wunden jedes neu bevorstehenden Kampfes gleichsam vorgeheilt.

Wie er dem Geiste der Empörung, der von Frankreich her auch in Deutschland Wurzel zu fassen und einen ähnlichen Umsturz alles Gesetzlichen, wie dort, herbeizuführen drohte, am liebsten auf die zugleich mildeste und gründlichste Weise, nämlich auf dem Wege des Unterrichts und der Erziehung zu begegnen strebte; so blieben auch Kirche, Schule und Gesetz, deren Pflege und Unterstützung die dauernden Aufgaben seines Lebens und Wirkens als

Herrscher, und er brach ihnen siegreich Bahn mitten durch
die Verwilderung der Zeitideen und durch die Wegelage=
reien unbedachtsamer Neuerungssucht, an welcher das Zeit=
alter fieberte.

Joseph's II. Umgestaltungen, bei all' ihrem segenvol=
len Zwecke doch zu wenig der natürlichen Spannkraft
der Dinge angemessen, durften nicht sowohl unmittelbar
weitergebildet, als vielmehr als treffliche Andeutungen be=
trachtet und demgemäß mit zweckmäßiger Auswahl berück=
sichtigt werden. Leopold II. hatte diesen Standpunct,
von welchem aus das Wirken seines entschlafenen großen
Vorgängers und Bruders erfaßt seyn wollte, mit allem
ihm eigenen Scharfblicke schnell entdeckt, aber seine zu
kurze Regierung hinderte ihn an einer vollständigen An=
wendung. Franz I., der, wie schon oben bemerkt, von
Joseph II. außer der großen Lehre des Handelns, die noch
größere des Vermeidens entnahm, ging hierin ganz in
den weise sichtenden Geist seines edlen Vaters ein. Be=
sonders wollte dieser sichtende Blick auf die Gesetze ge=
richtet seyn, die unter Joseph II. theils mit zu rascher
Beiseitesetzung der Form nach zu subjectiven Grundsätzen,
theils mit einer dem milderen Geiste der Zeit widerspre=
chenden Härte geübt wurden. So bedurfte denn das Jo=
sephinische Gesetzbuch mancher nähern Bestimmung oder
auch Abänderung, und Franz I. konnte für Oesterreich
keine wichtigere und dankeswürdigere Maßregel treffen,
als daß er (1. Jan. 1804) sein „Gesetzbuch über Verbre=
chen und schwere Polizeiübertretungen" in's Leben treten
ließ, welches alle Vorzüge des Josephinischen eben so glück=
lich zusammenfaßte, als dessen Mängel vermied und sich
besonders durch Deutlichkeit und Uebereinstimmung mit
den geläuterten Ansichten der Gegenwart auszeichnete.
Gleich vorzüglich ward das neue allgemeine bürgerliche

Gesetzbuch befunden, welches am **1. Januar 1812** seine Rechtskraft erreichte. Die umständliche und gewissenhafte Erwägung eines Gesetzes in allen seinen Theilen, ehe der Kaiser dasselbe der Wirksamkeit würdig befindet, kommt nur der Gewissenhaftigkeit gleich, womit er das einmal in Rechtskraft getretene Gesetz der Form, wie der Wesenheit nach anwenden läßt und über dessen genaueste Befolgung wacht. Die richtige Erfahrung, daß, mehr als irgendwo, bei dem Gesetze die genaueste Verbindung zwischen Form und Wesen, gleichsam wie zwischen Körper und Seele, stattfindet und die Verletzung der erstern leicht auch eine Benachtheiligung des Letzteren nach sich zieht, hat dem Kaiser ein genaues Festhalten an der juridischen Form zum Grundsatze gemacht und, wie seinen Staatsdienern, erlaubt er sich selbst am allerwenigsten eine Abweichung davon. Bei diesem Grundsatze erhält die wiederholt von ihm gehörte Erklärung: „was ich, ohne Beeinträchtigung der Gesetze, in der Sache thun kann, soll gern geschehen" — eine äußerst ehrwürdige Bedeutung.

Wie sich die durch den Kaiser an's Licht getretenen neuen Gesetze durch Klarheit und Anwendbarkeit auszeichnen, so besteht auch in der Einrichtung und den wechselseitigen Verhältnissen der Gerichtsbehörden und Collegien der ungeheuern Monarchie eine bewundernswürdige Einheit und Uebereinstimmung. Obgleich, den vielseitigen Interessen eines aus so mannichfachen Elementen zusammengesetzten Länderverbandes angemessen, die Gerichtspflege in vielfachen Abstufungen und unter wechselnden Formen sich darstellen muß, so streben doch alle diese weithin sich zertheilenden einzelnen Gerichte einem gemeinsamen Mittelpuncte, einem verbindenden Inbegriffe zu, den, wie für den ganzen österreichischen Staatenverband, die geheiligte Person des Kaisers bildet. Des Kaisers vorzüglichstes Augenmerk ist auf möglichste Vereinfachung und Erleichterung des Gerichtsganges gerichtet gewesen, und so weit sich dieses nur erreichen ließ, ist mit unausgesetzter Mühe darauf hingearbeitet worden. Zu diesem Zwecke ist in verschiedenen thunlichen Fällen, eine Vereinigung bisher getrennter Behörden veranstaltet worden; andere Collegien haben durch schärfere Vorzeichnung ihrer Tendenz einen bestimmteren Wirkungskreis gewonnen; überall hat sich Kaiser Franz die bleibendsten Verdienste um Gesetzgebung und um eine möglichst zweckmäßige Anwendung der Gesetze erworben, und auch die Zukunft wird ihm unbedingt einen der höchsten Plätze unter den Herrschern des erhabenen Stammes der Habsburger zugestehen, deren Urbestimmung von jeher es war, Ruhe und Ordnung über das oft hart mit sich selbst zerfallene Deutschland wieder heraufzuführen.

Zu den unter Kaiser Franz I. neu entstandenen oder wesentlich umgeschaffenen Behörden und Aemtern gehören folgende:

Das **Directorium in Cameralibus et Publico - politicis** der ungarisch siebenbürgischen und deutschen Erblande entstand im Jahre 1792 durch Zusammenziehung der k. k. böhmisch = österreichischen Hofcanzlei, der k. k. Hofkammer, der Ministerial = Banco = Deputation und der Commerz = Hofstelle in eine Hofstelle.

Die **Italienische** Hofcanzlei entstand am 29. März 1793.

Die **Galizische** Hofcanzlei trat im Jahre 1797 in Wirksamkeit.

Die **Böhmisch = österreichische** Hofcanzlei in **politischen** und **Justiz = Angelegenheiten** ward im Jahre 1797 aus dem **Directorium in Cameralibus et**

Publico-politicis etc. gebildet, welchem nunmehr nur noch die Publica politica und die Steuersachen zuge= wiesen waren und das zugleich die oberste Leitung der Justiz=Geschäfte erhielt.

Das k. k. Staats= und Conferenz=Ministe= rium trat 1801 an die Stelle des ehemaligen Conferenz= und des ehemaligen Staatsrathes und umfaßt die wich= tigsten in= und ausländischen Angelegenheiten. Den Vor= sitz führt der Kaiser in eigner Person.

Das k. k. Finanz=Ministerium ward 1816 er= richtet.

Die k. k. oberste Polizei=Hofstelle, 1792.

Die k. k. allgemeine Hofkammer entstand 1816 durch die Vereinigung der geheimen Credits=Hofcommiss= fion, Ministerial=Banco=Hofdeputation und Commerz= Hofstelle, sowie durch die Vereinigung der Hofkammer in Münz= und Bergwesen mit der Hofkammer.

Die Hofcommission in Gesetzsachen wurde 1797 errichtet, und im nämlichen Jahre die Studien=Hof= commission.

Die Canal=Bau=Hofcommission, 1802.

Die Straßenbau=Hofcommission, 1804.

Die Studien=Hof=Commission in Wien, 1808.

Die Normalien=Hofcommission, 1809.

Die Grundsteuer=Regulirungs= und die Mili= tair=Verpflegungs=Systemisirungs=Hofcom= mission wurden 1813 vereinigt.

Die Central=Organisirungs=Hofcommission ward 1814 errichtet.

Die Commerz=Hofcommission zu Wien, 1816.

Die Studien=Hofcommission für Ungarn und Siebenbürgen, 1817.

Das Gubernium zu Innsbruck, 1815.

Die Stadthauptmannschaft zu Prag, 1794.

Das Kreisamt zu Trient, 1803.

Das Kreisamt zu Kolomea in Galizien wurde 1811 organisirt.

Die Kreisämter in Tyrol zu Roveredo, Trient Botzen, Bruneck, Schwatz, Imst und Bregenz traten 1815 in Wirksamkeit.

Das Tarnopoler und Czortkower Kreisamt in Galizien wurde 1816 errichtet.

Die Kreisämter zu Salzburg und Ried im Lande ob der Enns, 1816.

Das Kreisamt zu Pisino (Mitterburg), 1822.

Das Kreisamt zu Rzeszow in Galizien, 1824.

Das Appellationsgericht zu Innsbruck, 1815.

Das Appellationsgericht zu Fiume, 1817.

Das Appellationsgericht von Innerösterreich ward 1817 in zwei Theile abgesondert, nämlich in das innerösterreichische zu Klagenfurt, und das küsten= ländische zu Fiume, doch wurde 1822 das küstenländi= sche mit dem innerösterreichischen vereinigt.

Das vereinigte küstenländische und n. öster= reichische Apellationsgericht zu Klagenfurt trat 1822 in Wirksamkeit.

Das Landrecht zu Linz wurde 1793 mit der da= sigen Regierung in eine Behörde vereinigt.

Das Landrecht in Trient wurde 1803 errichtet.

Das Landrecht zu Czernowitz wurde 1804 orga= nisirt und mit dem Czernowitzer und Bukowitzer Crimi= nalgerichte vereinigt.

Das Landrecht zu Salzburg wurde 1807 er= richtet.

Das Stadt= und Landrecht zu Triest, Görz und Laibach wurde 1814 organisirt.

Das Stadt= und Landrecht zu Innsbruck und Trient entstand 1815.

Das Stadt= und Landrecht zu Triest, 1815.

Das Stadt= und Landrecht in Salzburg, 1817.

Das Stadt= und Landrecht zu Linz, 1820.

Das Landrecht zu Rovigno, 1821.

Die Criminal Justizverwaltung der Stadt Kaurzim wurde 1792 an den Magistrat von Prag übertragen.

Das Criminal=Gericht zu Görz wurde 1794 mit der Landeshauptmannschaft und dem damit verbundenen Stadt= und Landrechte vereinigt.

Das Criminal=Gericht zu Triest wurde 1794 mit dem dasigen Stadt= und Landrechte vereinigt.

Das Criminal=Gericht zu Beraun wurde 1804 nach Prag in die Neustadt übertragen.

Das Crim.=Gericht zu Salzburg entstand 1808.

Das Criminal=Gericht zu Triest, Görz und Laibach, 1814.

Das Criminal=Obergericht zu Innsbruck, 1815.

Das Civil= und Criminal=Gericht zu Rovigno im Küstenlande, 1816.

Das Civil= und Criminal=Gericht zu Botzen und Roveredo wurde 1817 errichtet.

Das Criminal=Obergericht zu Fiume, 1817.

Das Criminal=Gericht zu Rzeszow, 1818.

Das Criminal=Gericht zu Lemberg, 1818.

Die Civil= und Criminalgerichte in Dalmatien zu Zara, Spalato, Ragusa und Cattaro, und die Prälaturen in dieser Provinz traten 1820 in Wirksamkeit.

Das Criminal=Untersuchungsgericht zu Landeg wurde 1822 nach Nauders übersetzt.

19

Das Mercantil= und Wechselgericht zu Salz=
burg wurde 1807 errichtet.

Das Mercantil=, Wechsel= und See=Consu=
lats=Gericht erster Instanz zu Rovigno im Kü=
stenlande, 1816.

Die Polizei=Direction zu Triest, 1792.

Die oberste Polizei=Leitung für sämmtliche
Erblande wurde 1793 nach dem Reglement Kaiser Jo=
seph's II. wieder hergestellt.

Die Polizei=Directionen zu Klagenfurt und
Laibach wurden in ebend. Jahre organisirt.

Die Polizei=Direction zu Innsbruck, 1795.

Eine Polizei=Ordnung für die Municipal=
städte und Märkte in Tyrol wurde 1795 eingeführt.

Die Polizei=Direction zu Laibach wurde 1817
errichtet.

Die adelige Justiz=Administration zu Botzen
wurde 1794 aufgehoben, und die Justizverwaltung über
den Adel im Vintschgau im Etschlande und Eisack, dann
von Rons und Trient an die Botzener Landeshauptmann=
schafts=Verwaltung übertragen.

Die Local=Gerichtsbarkeits=Regulirung in
Galizien wurde 1794 vorgenommen.

Das Districts=Gericht zu Sereth wurde 1804
aufgehoben.

Die Patrimonial=Gerichte in Tyrol wurden
1815 wieder hergestellt.

Die Ausübung eigener Gerichtsbarkeit wurde
den Gutsbesitzern in Tyrol 1816 zugestanden.

Die Collegial=Gerichte für Vorarlberg zu
Feldkirch traten 1817 in Wirksamkeit.

Die landesfürstlichen und privatherrschaftli=
chen Gerichte in Tyrol und Vorarlberg, in ebend. J.

Die Pfleggerichte zu Salzburg und die Patrimonialgerichtsbarkeit wurden 1818 wieder hergestellt und errichtet.

Das Collegial=Gericht zu Rovigno wurde 1821 in ein Stadt= und Landrecht umgestaltet.

Das Landgericht zu Feldkirch in Tyrol wurde 1821 gegründet.

Das Landgericht zu Kastelreuth wurde 1824 als landesfürstliches Gericht dritter Classe aufgestellt.

Das Gericht Tiers wurde 1824 mit dem landesfürstlichen Gerichte Korneid vereinigt.

Die Gerichtsbarkeit über den Adel und Clerus zu Castua, Castel nuovo und Loverano wurde 1825 an das Triester Stadt= und Landrecht übertragen.

Die Berggerichts=Substitution zu Laibach wurde 1792 in ein eignes Berggericht umgestaltet.

Das Berggericht zu Mieß wurde 1804 errichtet.

Das Oberberggericht zu Leoben, 1810.

Die Berggerichts = Substitution zu Brünn, 1811.

Das Berggericht zu Klagenfurt, 1814.

Die Berggerichts = Substitution zu Pitten wurde 1815 an das hauptgewerkschaftliche Oberverwesamt zu Reichenau übertragen.

Das innerösterreichische Berggericht zu Leoben wurde in ebend. Jahre zu einem steyermärkischen Oberbergamte und Berggerichte erhoben.

Das tyrolisch=vorarlbergische Berggericht zu Hall wurde 1816 hergestellt.

Das dritte Districtual=Berggericht zu Wielitzka wurde 1818 bestallt.

19 °

Die Berggerichte in Galizien wurden 1818 der Regulirung unterworfen.

Die Berggerichts-Substitution zu Kaczyda in Galizien wurde 1820 wieder hergestellt.

Das Bücher-Revisionsamt zu Klagenfurt wurde 1795 errichtet.

Die Bücher-Censur in Wien wurde 1801 an die k. k. oberste Polizei-Hofstelle übertragen.

Das Bücher-Censur- und Revisionsamt zu Innsbruck wurde 1818 aufgestellt.

Eine magistratische Gerichts-Verwaltung wurde nach kaiserlicher Bestimmung vom Jahre 1793 in jedem Polizei-Bezirke der Wiener Vorstadtgründe errichtet, und zwar für die minder wichtigen Rechtsverhandlungen, und zur gütigen Beilegung wichtigerer Rechtsstreite.

Der Magistrat zu Neufelden im Mühlkreise ob der Enns wurde 1805 neu organisirt.

Der politisch-ökonomische Magistrat zu Salzburg wurde 1819 hergestellt.

Der Magistrat zu Linz wurde 1820 in einen politisch-ökonomischen Magistrat umgestaltet.

Die Magistrate zu Botzen, Innsbruck und Roveredo verloren die Justiz-Verwaltung und erhielten dafür einen Stadt- und Landrichter.

Der Magistrat in den Städten Skutsch und Hlinsko, Hrudimer-Kreis in Böhmen, wurden regulirt.

Die Bankal-Gefälle-Administration zu Linz wurde 1796 errichtet.

Die Weg-, Brücken- und Damm-Mauthen in den Militairgrenzen entstanden beinahe durchgängig erst in neueren Zeiten, vorzüglich 1810, und die Erträge fließen fast sämmtlich dem Grenzproventenfonde zu.

Die illyrische Staatsgüter = Administration wurde 1825 mit der steierisch=kärnthnerischen zu Grätz vereinigt.

Das Commerzial=Zollamt zu Duino ward 1827 aufgestellt.

Die k. k. Zollgefällen=Administrationen wur= den 1831 zu k. k. Cameral=Gefällen=Verwaltungen er= hoben.

Das k. Bergamt zu Mies in Böhmen wurde 1801 gegründet und 1804 mit dem Districtual=Bergge= richte für den pilsener und klattauer Kreis vereinigt.

Das Oberkammergrafenamt zu Eisenerz ent= stand 1810.

Die Bergämter zu Przibram und Joachims= thal in Böhmen traten 1814 in Wirksamkeit.

Das Oberbergamt zu Klagenfurt, im nämli= chen Jahre.

Die Berg = und Salinen=Direction zu Hall, 1816.

Die Salinen=Direction im Küstenlande für die Meersalzerzeugung, 1821.

Die Berg= und Salzwesens=Direction zu Salzburg, 1828.

Die Verwaltung des steiermärkischen und ob der Ennsischen Salzkammergutes wurde 1825 un= ter dem Salzoberamte zu Gmunden vereinigt.

Die Grundsteuer wurde 1817 regulirt.

Das Grundsteuer=Provisorium wurde 1819 eingeführt.

Die Steuerregulirung, in deren Rücksicht schon Joseph II. eine Ausmessung in der ganzen Monarchie angeordnet hatte, wurde 1820 vollendet.

Die Grundsteuer-Regulirungs-Provinzial-Commission für den stabilen Kataster von Oesterreich ob der Enns, 1824.

An die Stelle der 1829 aufgehobenen Classen- und Personalsteuer wurde 1829 die Verzehrungssteuer eingeführt, die besonders dadurch, daß sie auch Fremde trifft, eine ausgebreitetere Vertheilung zuläßt, mithin dem Einzelnen minder fühlbar wird.

Der k. k. Hofkriegsrath zu Wien wurde 1802 durch den Erzherzog Carl neu organisirt.

Das Militair-Appellationsgericht in Wien wurde 1803 errichtet.

Das Judicium delegatum militare mixtum für Tyrol und Vorarlberg zu Grätz, 1818.

Die Jurisdictions-Norm für die k. k. Marine, 1824.

Das Militair-Hauptverpflegsamt zu Wien, 1801.

Das militairisch-geographische Institut zu Mailand beschäftigt sich mit Aufnahme des Landes, des adriatischen Meeres ꝛc.

In den ungeheuern Kriegsstürmen, welche Napoleon's Epoche mit sich brachte, und welche vorzugsweise und mit der unbeugsamsten Ausdauer, Oesterreich, als bewältigende Gegenkraft, zu beschwören trachtete, mußten, je mehr es allenthalben den Vordergrund des langwierigen Kampfes einnahm, auch alle Drangsale desselben es am nächsten und tiefsten berühren. Unter so verhängnißvollen Umständen bedurfte es der vollen Weisheit und Ruhe eines Franz I., um die allgemeine Verworrenheit der äußeren Verhältnisse nicht in das innere Staatsleben seiner Länder eindringen zu lassen und mitten durch die wild über einander geworfenen Massen der Ereignisse ein ordnendes

Princip hinauszuführen. Am meisten richtete sich des Kaisers Blick auf jene materiellste, mithin auch verwundbarste Stelle, gleichsam die Achillesferse jedes großen Staates: das Finanzwesen, und nicht ohne empfindliche Opfer, wie jene harte Zeit sie allenthalben auferlegte, aber doch mit bewundernswürdig sicherer und treffender Berechnung des Umfanges, aber auch der Grenzen der, einem physisch und moralisch starken Lande, wie Oesterreich, eigenen Reproductionsfähigkeit, wurde, gegen ungestümen Andrang von außen, das Gleichgewicht der inneren Kräfte siegreich aufrecht erhalten. Aufopfernde Liebe von Seiten des Herrschers wie des Volkes, und edel-kräftiges Empfinden nationaler Würde halfen die unvermeidlichen Opfer ertragen. Franz I. begnügte sich nicht, die Wunden, welche der lange, erbitterte Kampf dem Lande geschlagen, nach bloßer Breite und Tiefe auszumessen; er heilte diese Wunden, die er, bei seiner tiefbegründeten Popularität, mit dem Lande theilte, nicht allein mit der Wissenschaft eines Arztes, sondern eben so sehr auch mit dem Herzen eines Vaters, und erst als ihm die Heilung des Landes gelang, achtete er sich selbst für genesen. Am tröstendsten aber war dabei für Oesterreich das Gefühl, daß mit den bestandenen Schmerzen wenigstens eine schönere und hoffnungsreichere Zeit erkauft worden war, daß die Gegenwart alle Opfer des großen Kampfes muthig auf ihre eigenen Schultern genommen, daß Oesterreich sonach lieber einen augenblicklichen größern Verlust, als eine unabsehbare Reihe kleinerer, langsam abzuzahlender und in fortwährenden Zinsen sich erneuender Verluste gewählt, mithin einen jähen, zwar heftigen, aber vorübergehenden Stoß einem langsam abzehrenden Zustande vorgezogen hatte, und daß durch diese Opfer der Gegenwart wenigstens die Aus-

sicht gelichtet, der Schaden nicht erblich gemacht, son=
dern abgeschlossen und mithin der Zukunft jeder
Grund zur Klage entzogen worden war. Das Bestreben,
das wieder auszugleichen, was der Krieg im innern
Staatshaushalte Oesterreichs aus seinen Fugen gerissen,
bildet, schon während, besonders aber nach der Napoleon=
schen Epoche, einen Hauptzug in der Regierung Franz I.
Am 8. Januar 1798 und am 22. Januar 1817 wurde
die Creirung eines Staatsschulden=Tilgungsfonds durch
Veräußerung der Staatsgüter beschlossen; im Jahre 1810
die vereinigte Bancozettel=Einlösungs= und Tilgungs=De=
putation, sowie im folgenden Jahre die Börsen=Com=
mission in Wien errichtet. Am 1. Juli 1816 kam auch
die privilegirte österreichische Nationalbank in Wien, zur
Wirksamkeit. Ihre Verrichtungen sind: die Einlösung
des Papiergeldes, die Ausgabe der Banknoten zum Be=
hufe der Einlösung, die Verwechslung der Banknoten in
Metallmünze, und die Vertilgung des eingelös'ten Papier=
geldes; sie hat demnach die Erzeugung und Ausstellung
von Banknoten zu besorgen, die zur Einlösung des Pa=
piergeldes bestimmten Metallmünzvorräthe zu übernehmen
und dieselben zur Dotirung der Auswechslungscasse zu
verwenden. Diese österreichische Nationalbank hat im
März 1820 die Einlösung des im Umlaufe befindlichen
Papiergeldes für Rechnung des Staates übernommen.

Für die Industrie und ihre Zweige regt sich unter
Franz I. in den österreichischen Staaten ein neues Leben.
Der lange Kampf hatte allen Gemüthern eine Spannung
gegeben, die, als er ausgefochten war, noch lange anhielt,
um sich nunmehr mit all' ihrer innern Kraft den Ver=
richtungen des Friedens, dem sanfteren Wettstreite natio=
nalen Fleißes hinzugeben. Der Kaiser, welcher den Frie=
den mit schaffender Sorgfalt an seinem Herzen pflegt,

ermuntert und unterstützt die Bestrebungen des Gewerb=
fleißes auf die mannigfachste Weise, und mehr noch, als
die ausgesetzten ansehnlichen Belohnungen, fühlt sich die
österreichische Nation durch den Gedanken angefeuert, daß
sie durch thätige Industrie die Zufriedenheit des geliebten
Herrschers zu begründen und sich dem Sinne seines Wir=
kens anzuschließen vermag. Eines großen Impulses von
oben her erfreut sich die Landwirthschaft, diese Basis
jedes wahrhaft gesunden Staates, diese Ernährungsquelle,
die eben so unerschöpflich ist, wie die Natur, auf deren
ewiger Erzeugungskraft sie ruht. Für alle Zweige der Land=
wirthschaft bestehen Prämien und Ehrenpreise, namentlich
für Beförderung der Obst= und Gartencultur, der Bienen=,
Hornvieh= und Pferdezucht. Die Preisvertheilung bei der
Ausstellung des veredelten Rind= und Schafviehes besteht seit
1822 und wird jährlich in Wien im Mai unternommen.
Der Kaiser selbst wohnt dieser Preisevertheilung bei und
widmet diesem ersprießlichen Zweige der vaterländischen
Industrie seine Theilnahme. Zur Beförderung der unga=
rischen Seidencultur trat 1811 in Ofen eine eigene Lan=
descommission in's Leben, in welcher der Erzherzog=Pa=
latinus den Vorsitz führt. Zum Gedeihen und zur Scho=
nung der Waldungen wurden mehrfache zweckdienliche
Maßregeln getroffen, wie z. B. die Kreiswaldämter in
Steiermark, und das Waldaufsichts=Personal in Oester=
reich unter der Enns, nebst der daselbst bekannt gemach=
ten Waldordnung. Selbst für Erzeugung eines vorzüg=
lichen Traubensyrups wurde 1811 eine Belohnung an=
gekündigt.

Mit gleicher Thätigkeit und Umsicht wirkt der Kaiser
seit seiner Thronbesteigung für das Heraufblühen der in=
ländischen Manufacturen und Fabriken, und um
über ihre Anzahl und Gattung fortwährend einen richti=

gen Ueberblick zu behalten und gleichsam sie stets an der
Hand zu haben, wurde schon 1792 sämmtlichen Länder=
stellen die Ausarbeitung eines sogenannten Commercial=
und Manufacturschema's anbefohlen, das seitdem in ste=
ter Evidenz erhalten werden mußte, um der k. k. Hof=
kammer mit jedem Jahresschlusse die wesentlichen Verän=
derungen vorlegen zu können. Auf diese Weise ward
der Regierung es möglich, den großen, vielverzweigten
Körper der österreichischen Industrie unausgesetzt im Auge
zu behalten und in allen seinen Theilen zu verfolgen, so
daß die zweckmäßige Unterstützung am rechten Orte nie
fehlte und der österreichische Gewerbfleiß dadurch einen
überraschend schnellen und kraftvollen Aufschwung genom=
men hat. Einen außerordentlichen Nachdruck erhielt der=
selbe durch die, preiswürdigen Entdeckungen, Erfindungen
und Verbesserungen zugestandenen Patente und Privile=
gien, zufolge deren die Betreffenden den ausschließlichen
Genuß einer gemachten oder verbesserten Erfindung für
eine bestimmte Zeitfrist erhalten, nach deren Ablauf diese
Erfindung Allgemeingut wird und so, nachdem der Staat
durch die Vortheile eines solchen Patentes sie gleichsam
von dem Eigenthümer abgelös't hat, zuletzt der allgemei=
nen Nutzung anheimfällt. Daß es an sonstigen Beloh=
nungen und Ermunterungen nicht fehlt, zeigen zahlreiche
und fortwährende Beispiele, und dadurch ist in die öster=
reichischen Fabriken ein Lebensgeist, ein Trieb gekommen,
der sie in kurzer Zeit auf eine Höhe brachte, daß sie den
Wettstreit mit den besten Fabriken der gewerbfleißigsten
Länder nicht ablehnen dürfen. Die Früchte dieser indu=
striellen Vollkommenheit sind durch den Vortheil, daß
Oesterreich innerhalb seines Länderverbandes zugleich auch
beinahe alle die Materialien zu den von ihm gelieferten
Gewerbsartikeln erbaut, in's Unendliche gesteigert, und in

diesem steten, innigen Begegnen der erzeugenden und ver-
arbeitenden Kräfte, wodurch endlich, obschon Geld das
vermittelnde Element bildet, gleichsam ein fortgehendes
Austauschen stattfindet, bei welchem Jeder gewinnt, beruht Oesterreichs tiefbegründeter Wohlstand. Dem in dieser Hinsicht mit der Landesindustrie auf das Engste zu-
sammenhängenden Handel sind die besten Freiheiten und
Vortheile gewährt, und er regt sich nicht nur innerhalb
des österreichischen Länderverbandes außerordentlich lebhaft, sondern hat sich auch mit dem Auslande in ein
gewinnbringendes Verhältniß gesetzt. Viele Landeserzeug-
nisse, namentlich Schaafwolle, Safran, Eisen, Chrom-
eisen, Kupfer, Blei, Messing, Quecksilber, Salz, Knop-
pern, Wein, Tabak, Hopfen, Granaten, Glas, Leder,
Leinwand, seidene und wollene Zeuche, Tücher, Schawls,
Seide, Pianoforte's, Uhren, Hüte, Porzellan, Kutschen,
Galanterie-Waaren u. a. m. werden bis nach Brasilien und
China ausgeführt. Der Geschmack Wiens steht dem der französischen Hauptstadt als eine selbstständige Norm gegenüber,
daher beherrscht, neben Paris, Wien durch seine eleganten
Erfindungen, seine unerschöpflichen anmuthigen Neuheiten
im Fache der Kunst und Mode, den deutschen Continent,
ja in gewisser Hinsicht sogar Frankreich und England, und
dieses Uebergewicht technischer und artistischer Erfindungs-
gabe und Ausführung ist für den Absatz der Wiener Waaren
und Erzeugnisse vom wichtigsten Vortheile. Die Zollbe-
freiung mehrerer Natur- und Kunstproducte im Innern
des Staates hat dem innern Verkehre großen Vorschub
geleistet, so wie der Handel nach außen durch die unter
der Regierung Franz I. mit vielen Staaten errichteten
Freizügigkeitsverträge unterstützt wurde. Gleiche Begünstigungen erfuhr die Schifffahrt und der Seehandel, und zu ihrer Unterstützung wurden vielfache, zweck-

dienliche Maßregeln getroffen. So wurde 1800 eine Schifffahrtsordnung für Oesterreich ob der Enns bekannt gemacht; 1814 vertragsweise die Beschützung aller öster= reichischen Schiffe gegen Anfälle der Barbaresken festge= stellt, wie auch durch einen 1818 mit der Pforte abge= schlossenen Handelstractat den österreichischen Unterthanen die Schifffahrt auf der Donau und der Handel in die Türkei gegen einen Zoll von nur 3 p. Ct. gewährt. Be= sonders reich an vortheilhaften Einrichtungen für die Schifffahrt war das Jahr 1822, indem die Küstenschiff= fahrt in ihrem Wirkungskreise erweitert und ein lebhafter Verkehr mit den Küsten des Nachbarlandes begründet, ferner im nämlichen Jahre zu Prag eine Landes=Com= mission in Elbe=Schifffahrts=Angelegenheiten errichtet, die Elbe=Schifffahrtsacte, welche freie Schifffahrt auf diesem Strome versichert, in's Leben gerufen, die Cottimo=Ge= bühr in den levantinischen Häfen von zwei auf ein Procent herabgesetzt, in dem Hafen von Constantinopel sogar gänz= lich aufgehoben wurde. Von erheblichem Vortheile war auch die Verlängerung der Gültigkeitsdauer der Secur= kunden von drei auf sechs Jahre, und große Aussichten in die Zukunft gewährte die Abschließung eines Com= merz= und Schifffahrtstractates (1827) mit Brasilien. Ein unschätzbares Geschenk aber erhielt Venedig durch die Gnade des Kaisers, indem er 1829 das bisher blos auf die Insel San Georgio beschränkte Recht eines Freiha= fens sofort auf die ganze Stadt auszudehnen geruhte und dadurch den Keim zu einer neuen Handelsblüthe für Ve= nedig legte. Diese Begünstigungen des Seehandels in den österreichischen Staaten gehen noch immer fort und werden durch die angelegten Canäle und Häfen bestens unterstützt. Mit der Erweiterung des Seehandels ist auch die Seemacht Hand in Hand gegangen, und dadurch die

österreichische Flagge in ihrem Ansehen und ihrem Nach=
drucke um so mehr befestigt worden. Der Staat ist im
Besitz von 528 Kauffahrteischiffen ohne Küstenschiffe und
Fischerfahrzeuge; 6,863 Matrosen, 2,369 Kanonen als
Ausrüstung.

Oesterreich ist unter Franz I. der sprechendste Beweis
geworden, wie schnell ein, von natürlichen Fähigkeiten
bevorzugter Staat in industrieller Hinsicht der höchsten
Stufe der Vollkommenheit zueilen kann, wenn die Re=
gierung ihm ihren Geist auf richtige Weise mitzutheilen
versteht. Wunderbar schnell waren alle Spuren eines
langen, harten Kampfes verwischt, die Trümmer der Ver=
heerung von einem neuen gewerbthätigen Leben übergrünt,
der schon entrissene Wohlstand kräftig zurückerobert, Al=
les, weil die Regierung, der Herrscher selbst mit rastloser
Umsicht die Hände dazu boten, weil Letzterer sich unab=
lässig als der anregende Geist des Volkskörpers zeigte.
Die mannigfachsten Kräfte mußten, mit beispiellosem Ein=
klange, in einander greifen, um den ewig erneuten Zer=
störungsversuchen einer wahnsinnig erregten Zeit diese
herrlichen Schöpfungen abzukämpfen; es mußte niederge=
rissen und aufgebaut zu gleicher Zeit werden, und dieselbe
Hand, welche die junge Saat streute und pflegte, mußte sie
auch fechtend vertheidigen. Es bedurfte mehr, als der
bloßen Kriegserfahrung, um gegen einen von dem Zau=
ber des Glückes geschützten, von dem Taumel einer Re=
volution getragenen Gegner aufzukommen, der nicht nur
durch die Massen seiner Legionen, der mehr noch durch
die Wucht des Weltwahnes — seiner gefährlichsten
Waffe — erdrückte. Aber mehr noch bedurfte es, nachdem
der Völkerbezwinger zuletzt im Kampfe gegen die Mensch=
heit unterlag, die Spuren seiner Verwüstungen zu vertil=
gen, die sich allenthalben dem bangen Blicke aufdrangen.

Furchtbarer noch, als an der Spitze Europa's, wirkte
das Gespenst des niedergeschmetterten Titanen in dem
Elende fort, das er der Erde hinterlassen, und die Arme
der siegenden Weltbefreier konnten den unkörperlichen
Würgengel, der nach wiedergesichertem Frieden gleichwohl
noch lange aus dem Schutte der Städte und Dörfer,
aus den blutgetränkten Steppen der Schlachtfelder auf-
zusteigen drohte, nicht fassen. Das unmöglich Scheinende
gelang der praktischen Weisheit eines Kaisers Franz, der
muthigen Liebe und Ausdauer seiner Völker.

Dem glänzenden Beispiele, welches, unter den Augen
des Kaisers, Oesterreichs Industrie gewährte, strebten die
übrigen Länder des Staatenverbandes mit Eifer nach.
Am angelegensten folgte Böhmen, ein Land, das durch
den eingeborenen Gewerbssinn seiner Bewohner, wie durch
seine hochbegünstigte, in den mannigfaltigsten Erzeugnissen sich erschöpfende Natur, zu einem Wettkampfe dieser
Art besonders geeignet ist. Ihn fortwährend zu befeuern,
trat, durch die Bemühungen und unter Generaldirection
des Grafen Dietrichstein, am 1. März 1833 in Prag
ein Verein in's Leben, dessen edler Zweck *) Ermunterung

---

*) Als Mittel zu Erreichung dieses Zweckes hat der erfahrene
Gründer dieses ächt patriotischen Vereines, Graf Dietrichstein, vor-
erst folgende aufgestellt: 1) Oeffentliche Gewerbsausstellungen;
2) gerechte Beurtheilung der ausgestellten Erzeugnisse durch unbefangene Sachverständige und öffentliche Bekanntmachung derselben
durch den Druck; 3) Zuerkennung und feierliche Vertheilung von,
zum Theil werthvollen, Preismedaillen und Auszeichnungen für besonders gelungene Leistungen; 4) Bestimmung von Preisaufgaben
zur Aufmunterung, solche Erzeugnisse, welche früher nur vom Auslande zu erhalten waren, hervorzubringen, oder sonstige Leistungen
von besonderem Nutzen zu unternehmen; 5) Beischaffung von Mu-
sterstücken ausländischer Erzeugnisse, Erfindungen und Verbesserungen, für Gewerbeleute, welche selbe benutzen und sich aneignen wollen; 6) Herausgabe einer wohlfeilen, leichtfaßlichen, zur praktischen
Belehrung geeigneten technischen Zeitschrift, welche Alles enthalten
soll, was zum Vortheile des Gewerbs-, Fabriks- und Handelsstan-

des Gewerbgeiſtes und die Belebung des Gewerbfleißes in Böhmen iſt, und der ſowohl von Seiten des Kaiſers, wie des Vaterlandes die ehrendſte Anerkennung und thätigſte Unterſtützung fand.

Wie in Oeſterreichs induſtriellem und mercantiliſchem Zuſtande ſich überall die Reſultate eines feſten und ſicheren Strebens nach Einheit kund thun, ſo durchgeht dieſer Grundzug auch ſeine übrigen Verhältniſſe und Inſtitute. Namentlich gilt dieſe Bemerkung auch für die Schulen und Univerſitäten, die vermöge ihrer entſprechenden Form, auf Fortentwickelung einer Nationalität im höhern Sinne hinſtreben, ·und durch ihre, den Bedürfniſſen der verſchiedenen Stände entſprechende Einrichtung ſich den Forderungen des praktiſchen Lebens nach Möglichkeit anſchließen. Zu Unterſtützung armer Zöglinge und Studirender ſind in Oeſterreich die zweckmäßigſten und wohlthätigſten Anſtalten getroffen, die, theils unmittelbar von der Regierung ausgehend, theils von ihr gehalten

---

des gereichen mag. Mit dieſer Zeitſchrift 7) ſteht in Verbindung ein mit einer techniſchen Bibliothek vereinigtes Leſecabinet, wodurch die nähere Bekanntſchaft der Gewerbtreibenden mit den Artikeln der techniſchen Zeitſchrift, und erſprießliche Mittheilung unter einander über ihre Beſchäftigung bewirkt werden ſoll; 8) Gründung einer Vorſchußanſtalt zur Unterſtützung vermögensloſer, aber anerkannt redlicher und geſchickter Handwerker.‟

Das Nähere über dieſes trefflich organiſirte Inſtitut ſ. in der Schrift: Der Verein zur Ermunterung des Gewerbgeiſtes in Böhmen, ſeine Begründung und Wirkſamkeit. Actenmäßig dargeſtellt von K. J. Kreutzberg. Prag, 1833. Sehr richtig urtheilt darin der Verfaſſer über Böhmen: „In ſeiner Beziehung zum Auslande iſt unter den Binnenländern keines, deſſen Lage für den Handel ſo wichtig werden könnte. Es hat zwar nicht den Vortheil, an einer Küſte, wohl aber den, mitten im Continente, gleichſam auf dem Brennpuncte aller Meere und Länder Europa's zu liegen. Es iſt geſchaffen, einſt bei beſſeren Zeiten, weniger geſchiedenen Zollgeſetzen der Nachbarſtaaten, und mehr vorgeſchrittener Cultur des Oſten, der Stapel= und Marktplatz des europäiſchen Feſtlandes zu werden.‟

und begünstigt, in unmittelbarem Verhältnisse zu ihr ste=
hen. Der öffentliche Unterricht findet höheren Orts durch=
gängig die angemessenste Unterstützung und wird zugleich
durch gute Aufsicht vor jeder Verwahrlosung geschützt.
An Sammlungen für Kunst und Wissenschaft dürfte
Oesterreich, hinsichtlich deren Anzahl und Reichhaltigkeit,
unter den deutschen Staaten wohl unerreicht dastehen,
mindest möchten sie nirgend Umfassenheit und Popularität
auf gleiche Weise vereinen. Eine große Anzahl derselben
ist unter der Regierung Franz I. in's Leben getreten und
liefert einen neuen Beweis, wie sehr der Geist einer Re=
gierung auf ein Volk zu wirken und dasselbe in die Rich=
tung ihres eigenen Strebens zu bringen vermag. Zu
diesen Anstalten gehören das vom Grafen Franz von
Széchényi 1802 gegründete „Nationalmuseum zu Pesth;“
das vom Erzherzoge Johann 1811 gegründete „Johan=
neum zu Grätz,“ welches Sammlungen aus dem Gebiete
der Mineralogie, Zoologie, Astronomie, Numismatik, Ar=
chäologie, Technologie, überdies auch ein chemisches Labo=
ratorium, ein Archiv, eine Bibliothek und Lehranstalt
u. s. w. besitzt; das 1812 angelegte „anatomisch=patho=
logische Museum“ im k. k. allgemeinen Krankenhause zu
Wien; das 1814 eröffnete „Museum zu Troppau“ mit
einer ansehnlichen Sammlung von Alterthums=, Kunst=
und Naturschätzen; das 1817 durch die Theilnahme des
Kaisers und des Grafen Michael von Thurn, eines kennt=
nißvollen Alterthumsforschers, errichtete „Museum der Al=
terthümer zu Cividale;“ das vom Probst und Gymnasial=
präfect Scherschnik 1817 begründete „Museum zu Te=
schen;“ das 1818 durch den thätigen Eifer des Grafen
Ant. Fr. von Mittrowsky, nach dem Muster des Grätzer
Johanneums entstandene „mährisch=schlesische Landesmu=
seum“ (Franzensmuseum) zu Brünn, welches alle, in

Bezug auf das Vaterland stehende zerstreute Materialien der Natur und des Kunstfleißes sammeln und gemeinnützig machen soll; das durch den Grafen Franz von Kollowrat-Liebsteinsky 1818 gegründete „Vaterländische Museum zu Prag," welches sich mit der Sammlung und Aufstellung der Kunstschätze und Denkmäler Böhmens beschäftigt; das durch den Grafen Carl von Chotek begründete und unter dem Protectorate des jüngeren Königs von Ungarn stehende tyrolische National-Museum (Ferdinandeum) zu Innsbruck, mit Sammlungen aus dem Naturreiche, wie auch aus verschiedenen Fächern der Kunst, Literatur und Geschichte; das Museum zu Zuglio in der Provinz Udine, aus den in jener Gegend häufig gefundenen römischen Alterthümern, die man für Ueberbleibsel der Stadt Forum Julii hält u. a. m. An Natur- und Kunst-Cabineten traten in's Leben: das „k. k. Münz- und Antiken-Cabinet" in der Hofburg zu Wien, welches Franz I. durch Vereinigung der zerstreuten Sammlungen von geschnittenen Steinen, Cameen, Münzen, Medaillen u. s. f. errichten ließ, daher der Eingang zu diesem Cabinete die Aufschrift führt: „Franciscus Austriae Imperat. Museum vet. monumentis instruxit locum ampliavit;" ferner das außerordentlich reichhaltige „k. k. Mineralien- oder Steincabinet" in der Hofburg zu Wien, wovon das letzte Zimmer eine vorzügliche Sammlung von Mosaik-Arbeiten, Tischen und Bildern faßt, die der Kaiser mit bedeutenden Kosten in Florenz verfertigen ließ; das von Franz I. gestiftete „k. k. zoologisch-botanische, oder sogenannte Thier-Cabinet" auf dem Josephs-Platze in Wien; das durch den Probst und Director von Eberle eingerichtete „physikalisch-astronomische Natur- und Kunstcabinet" in Wien; das von Franz I. schon 1807 gegründete „National-Fabriksproducten-Cabinet des k. k. polytechnischen Instituts"

zu Wien, zu welchem jeder Fabrikant und Gewerbtreibende
vorzügliche Erzeugnisse einliefern darf. Die „Sammlung
österreichischer Alpenpflanzen" im Garten zu Schönbrunn
wurde in den J. 1802—1805 vom Erzherzog Johann per=
sönlich in den österreichischen Gebirgen zusammengesucht;
und 1806 die herrliche „k. k. Ambraser=Sammlung" *), wel=
che kostbare Rüstungen, Kunst= und historische Antiquitä=
ten enthält, von dem landesfürstlichen Lustschlosse Ambras
bei Innsbruck nach Wien gebracht und im dasigen Belve=
dere aufgestellt. In demselben Jahre ließ der Kaiser die
„Sammlungen von James Coot" bei einer Versteigerung
in London ankaufen und diesen für die Länder= und Völ=
terkunde so wichtigen Schatz im Belvedere zu Wien auf=
stellen. Hierher gehören noch: die von der k. k. ökono=
mischen Gesellschaft 1817 gegründete „Mineralien=Samm=
lung" zu Prag, die vom Professor Gieseke dem Kaiser
überlassene Sammlung im Belvedere zu Wien, welche
merkwürdige Gegenstände aus Grönland enthält; das
schöne „Brasilianische Cabinet," bestehend aus brasiliani=
schen Waffen und Geräthschaften, sowie aus Gegenstän=
den aller Naturreiche, welche die von Franz I. bei der
Vermählung der Erzherzogin Leopoldine mit dem dama=
ligen Kaiser von Brasilien, in dieses Land gesendeten
Naturforscher daselbst sammelten.

Für die bildenden Künste wurde mit richtigem Geiste
gewirkt, und damit um so erfreulichere Ergebnisse erzielt,
je größere Unterstützung diese Einrichtungen in dem ein=
gebornen Kunstgefühle der Oesterreicher fanden. Die
„k. k. Akademie der bildenden Künste" in Wien erhielt
1810, durch Aufstellung neuer, vom Kaiser sanctionirter
Statuten, eine festere und zweckmäßigere Gestaltung, nach

---

*) Beschrieben hat sie der verdienstvolle Alois Primisser:
„Uebersicht der k. k. Ambraser=Sammlung." Wien.

welcher dieses Institut als eine Kunstschule und als eine Kunstgesellschaft dasteht, welche alle Zweige der Zeichen= kunst, Malerei, Bildhauerei, Kupferstecher=, Gravier= und Baukunst umfaßt. Die Akademie steht unmittelbar unter allerhöchstem Schutze, daher sie in ihrem Siegel den kai= serlichen Adler mit der Umschrift: „Caesarea Regia Academia artium" führen darf. Zur Aufmunterung und Belohnung fleißiger und talentvoller Schüler werden jährlich silberne Münzen an die Vorzüglicheren, und aller zwei Jahre goldene für größere Arbeiten vertheilt. Aller drei Jahre aber wird eine öffentliche Kunstausstellung veranstaltet, wo die Künstler Gelegenheit erhalten, ihre Erzeugnisse vor der Welt bekannt zu machen und Lieb= haber oder Käufer dafür zu gewinnen. Unmittelbarer Protector dieser Anstalt ist der um alle Zweige der Kunst und Wissenschaft so hochverdiente Fürst Metternich. Auch wurde 1800 durch die Gesellschaft der Kunstfreunde eine „Zeichenschule" zu Prag gegründet, sowie 1817 die „Aka= demie der schönen Künste" zu Venedig eröffnet. Die „Schule der Mosaik" zu Mailand bestimmte der Kaiser für Kunstzöglinge, welche, um jene Kunst sich anzueignen, von den Akademieen von Wien, Mailand und Venedig dahin gesendet werden. Zum Nutzen der studirenden Künstler erhielten dieselben, durch kaiserliche Entschließung von 1798, die Erlaubniß, nach den in der „k. k. Bilder= gallerie" im Belvedere zu Wien aufgestellten Gemälden an Ort und Stelle arbeiten zu dürfen; zugleich ward seit= dem diese schöne Sammlung auch für Kunstliebhaber drei= mal in der Woche geöffnet. Diese Gallerie zeichnet sich sowohl durch treffliche Kunstgegenstände, als hauptsächlich durch eine musterhafte Anordnung aus. Die Gemälde behaupten demzufolge, trotz ihrer reichen Anzahl, doch jedes eine gewisse Selbstständigkeit für sich, welche die

Wirkung jedes Einzelnen vollkommen frei erhält, so daß man nicht, wie in so mancher anderen Gemäldegallerie, durchgängig nur Bilder, sondern überall ein Bild sieht. Durch den Landeshauptmann Grafen Ignaz von Attems, wurde 1818 die Gemäldegallerie zu Grätz gegründet. Diese Kunstanstalten, die theils durch Franz I. selbst entstanden, theils durch den von ihm allenthalben angeregten Sinn in's Leben gerufen wurden, sind für Ausbildung des technischen und artistischen Sinnes in den österreichischen Ländern vom entschiedensten Einflusse gewesen und haben der österreichischen Industrie jene tiefere Bedeutung erworben, welche selbst das in mancherlei Hinsicht nicht immer gerechte Ausland ihm zugesteht.

Die Wissenschaft ist, neben ihrer lachenderen Schwester, der Kunst, nicht zurückgesetzt worden, wie der außerordentliche Reichthum der Bibliotheken darthut. Die k. k. Hofbibliothek in Wien hat unter Franz I. eine seltene Umfassenheit gewonnen, und sie bezieht zum Ankaufe neuer Werke jährlich die bedeutende Summe von 15,000 Gulden C. M. Die Handbibliothek des Kaisers in der Hofburg ist ohngefähr 40,000 Bände stark. Der Erzherzog Carl gründete 1801 die Bibliothek des k. k. Hofkriegs=Archivs im Kriegsgebäude zu Wien. Außer mehreren ähnlichen verdienstvollen Instituten wurde 1816 die Anlegung von Büchersammlungen an sämmtlichen Gymnasien, und 1825 die Errichtung von Pfarr= und Decanats=Bibliotheken anbefohlen.

Auch um die Horticultur und Pflanzenkunde hat sich der Kaiser durch Anlegung oder Erweiterung botanischer Gärten große Verdienste erworben. Dahin gehören: der botanische Garten zu Schönbrunn, der Garten für die österreichische Flora des Belvedere, für alle in den österreichischen Provinzen im Freien ausdauernde Pflanzen, der k. k. botanische Universitäts-Garten in Wien, der kaiserliche Hofgarten vor dem Paradeplatze der k. k. Burg und der kaiserliche Garten auf der Landstraße.

Ein außerordentliches Augenmerk hat der Kaiser seit dem Antritte seiner Regierung auf das Sanitäts-Wesen gehabt, und es sind in Bezug darauf die trefflichsten Einrichtungen und Institute von ihm begründet worden, so daß Oesterreich in dieser Hinsicht fast unerreicht dasteht. Das Heilwesen steht nicht nur im Allgemeinen unter der zweckmäßigsten Aufsicht, sondern es ist dabei ganz besonders auf die unbemitteltere Classe Rücksicht genommen und für diese auf die vorzüglichste Weise gesorgt. Als im Jahre 1831, trotz der umfassendsten Sicherungsmaß= regeln, die asiatische Cholera alle aufgestellten Cordons übersprang und in die Hauptstadt Oesterreichs selbst ein= brach, flößte vor Allem das Benehmen des Kaisers, der, ohne sich dem gefürchteten Uebel zu entziehen, sich fort= während, Hülfe und Trost bringend, in der Hauptstadt zeigte, Muth und Zuversicht ein. Sorgsam wurden die Heilanstalten geleitet und durch glückliche Resultate dem geheimnißvollen Uebel immer glücklicher der dunkle Schleier gelüftet, bis es in die allgemeine Classe der ernstlichern, aber mit Sicherheit zu hebenden Erkrankungen zurücktrat und man aufhörte, dasselbe zu fürchten, womit bereits der größere Theil seiner tödtlichen Wirksamkeit wegfiel. Ver= gebens machte man dem Kaiser den Vorschlag, die Haupt= stadt während der Zeit der Gefahr zu verlassen und nach Salzburg zu ziehen; er erklärte sich mit Bestimmtheit, keinen neuen Aufenthalt zu wählen, „wohin er nicht alle seine Kinder, nämlich seine Unterthanen, mitnehmen könne." Treffend äußerte sich, in Bezug darauf, der Patriarch=Erzbischof von Erlau, in seiner am 5. März 1832 gehaltenen Denkrede: „daß der Kaiser, durch seinen

bewiesenen unerschütterlichen Muth, womit er in der Mitte
der Seinigen verweilet, die Gemüther Aller aufgerichtet,
ja dem Tode selbst den furchtbaren Stachel entrissen zu
haben schiene, und daß der Himmel über dem Haupte des
Kaisers gewacht habe, der, um Hülfe und Rettung zu
schaffen, den Eintritt in die Spitäler nicht scheute, den
Arbeitslosen Erwerb gab und durch öfteres Erscheinen in
der Mitte des Volkes den Muth in Aller Herzen erweckte."

Große Anregung gewährte der Charakter des Kaisers
und der Geist seiner Regierung dem allgemeinen Wohl-
thätigkeitssinne, und das Beispiel des allgeliebten Fürsten,
der im Wohlthun nie stille steht*), rief eine reiche Anzahl edler und segensreicher Anstalten für Arme und Hülfs-
bedürftige in's Leben. Zu den vorzüglichsten Civil- und
Militair-Pensions- und Versorgungs-Instituten, die durch
und unter Franz I. entstanden, gehören hauptsächlich folgende:

---

*) Ein ausländisches öffentliches Blatt enthielt vor Kurzem
einen neuen schönen Zug der milden und zarten Wohlthätigkeit des
Kaisers. — Ein in Rußland versetzter Militair, der, Vater einer
zahlreichen Familie, mit seiner Pension nur schwer auszukommen
vermochte, bat den Kaiser um ein Gnadengeschenk. Der Monarch
schrieb unter das Supplik die Bemerkung: daß dem Manne 5000
Gulden aus der kaiserlichen Chatoulle ausgezahlt werden sollten.
Der Cassenbeamte wagte nicht, ohne nochmalige Anfrage, diese
Summe auszuzahlen, indem er vermuthete, daß dabei ein Schreib-
versehen walte und es statt 5000 nur 500 heißen solle. Man legte
dem Kaiser das Schreiben sammt Seiner Entschließung noch einmal vor. Lächelnd und mit der Gemüthlichkeit seiner National-
sprache sagte Kaiser Franz: „ja, ja, es ist mir da ein Nullerl zu
viel aus der Feder gegangen; aber da es einmal so geschrieben steht,
so mag es auch bei der Summe verbleiben. Man zahle dem Manne
500 Gulden aus und lege die übrigen 4,500 Fl. nutzbringend für
seine Kinder an."
Der Erzähler ließ diesem Zuge, als die beredteste, gewiß im
Herzen jedes Lesers wiederklingende Anwendung, die Anfangsworte
des tiefgefühlten österreichischen Volksliedes folgen: „Gott erhalte
Franz den Kaiser!"

Die Leopoldinische Stiftung, welche im Jahre 1793 in Wirksamkeit trat, und zwar auf den Grund derjenigen 145,000 Gulden, welche die Stände Böhmens dem Kaiser Leopold II. als Krönungsgeschenk dargebracht hatten. Franz I. bestimmte von dieser Summe 12,000 Fl. zur Unterstützung der durch Feuer verunglückten Bewohner von Klattau, und 133,000 Fl. zur Gründung einer Stiftung für arme Mädchen, sowohl adelicher wie bürgerlicher Herkunft.

Das allgemeine Wittwen= und Waisen=Institut zu Prag bildete sich im J. 1793, so wie im nämlichen Jahre das Mährische Wittwen= und Waisen=Versorgungs=Institut zu Olmütz für alle k. k. Provinzen, welches schon im Jahre 1817, bei 2028 Mitgliedern, ein Vermögen von 769,032 Fl. besaß und 244 Wittwen, wie auch 55 Waisen mit namhaften Pensionen unterstützte.

Das Beamten=Pensions=Institut zu Grätz bildete sich 1794 durch einen Verein mehrerer Beamten.

Das Institut für Wittwen= und Waisen der Trivialschullehrer in Wien entstand 1796 und erhielt vom Kaiser Eintausend Gulden, als ein Stammvermögen aus dem Schulfond, nebst jährlichen zweihundert Gulden aus dem Armen= und Waisenfond bewilligt.

Die Versorgungs=Anstalt für die Wittwen und Waisen der sämmtlichen Beamten im Königreiche Ungarn, zu Ofen, trat 1796 in's Leben.

Pensionen für die Staatsdiener des ehemaligen Königreichs Italien wurden mit kaiserlicher Bewilligung vom Jahre 1821 aufgezahlt, und zwar in demselben Maße, wie zu erwarten gewesen, wenn jenes Königreich nicht aufgelös't worden wäre.

Das allgemeine Wittwen= und Waisen=Pensions= Institut zu Wien, vom Kaiser bewilligt und mit Begün=

stigungen bedacht, wurde am **12.** Februar **1823,** als am Geburtstage des allverehrten Monarchen, unter Feierlich= lichkeiten eröffnet.

Das Privat=Pensions=Institut für Wittwen und Wai= sen in Galizien erhielt **1823** die kaiserliche Genehmigung, nebst der Begünstigung: daß die Instituts=Pensionen kei= nen Wegfall und keine Verminderung der etwa vom Staate zu genießenden Pensionen nach sich ziehen sollten.

Die Versorgung armer Soldatenmädchen im Wiener Waisenhause, um sich daselbst zu Dienstmädchen zu bil= den, begründete im Jahre **1811** der Kaiser durch ein eignes Stiftungs=Capital.

Die Unterstützung zurückgebliebener Familien der für das Vaterland streitenden Krieger wurde **1813** durch eine an die Städte, Obrigkeiten und Gemeinden erlassene Auf= forderung anbefohlen.

Die Stiftung des Vereines zur Unterstützung österr. kaiserl. Invaliden ist für diejenigen Offiziere vom Haupt= manne abwärts und für Soldaten vom Unteroffiziere ab= wärts, die in einem der Feldzüge von **1813, 1314** oder **1815** invalid geworden sind. Das Ernennungsrecht übt der Kaiser; die Verwaltung hat der k. k. Hofkriegsrath. Die Vertheilung findet jährlich am **16.** Juni statt, zur Erinnerung an die Rückkehr des Kaisers nach Wien (**1814**), nach dem ruhmvoll beendigten Kriege.

Die Provinzial=Invaliden=Versorgungs=Anstalt bil= dete sich **1815** durch Sammlungen, um denjenigen Inva= liden, welche nicht in die Privat=Versorgung sich aufneh= men lassen wollen, eine aushelfende Zulage zu gewähren.

Ueberhaupt ist auf die Unterstützung der Invaliden, durch kaiserliche Gnade besondere Rücksicht genommen; wie denn **1817** unter Anderem verordnet wurde, die In=

valiben nach Möglichkeit für Civil= und Privatdienste zu
verwenden.

Die Stiftung des Erzherzogs Carl beruht auf einem
Capitale von 30,000 Fl. C. M., welche Derselbe, zum
Andenken an das, in der Mitte des ausgezeichneten Re=
gimentes Nr. 3, am 16. Sept. 1830 zu Krems gefeierte
funfzigjährige Dienstjubelfest, zu dem Zwecke niedergelegt,
um von den Interessen zehn Offizierstöchter der k. k. Ar=
mee von ihrem siebenten bis zum vollendeten zwanzigsten
Jahre zu unterstützen, wenn sie ihre Erziehung — deren
Tendenz auf Häuslichkeit und moralische Ausbildung ge=
richtet seyn muß — unmittelbar von ihren Eltern er=
halten.

Diesen vortrefflichen Stiftungen, von denen hier nur
die namhaftesten aufgeführt sind, schließen sich auch zahl=
reiche Unterstützungsfonds und Stipendien für dürftige
Schüler und Studirende an, welche einzeln aufzuführen
hier nicht der Raum bleibt. Gleiche Aufmerksamkeit wurde
den Sicherheitsanstalten in jeder Hinsicht gewidmet; na=
mentlich auch in den meisten österreichischen Provinzen
und in mehreren Städten neue Feuerlöschordnungen ein=
geführt. Durch Unterstützung der Armuth wird eben so
sehr der Demoralisation vorgebeugt, als durch wachsame
Aufsicht der Polizeibehörde Unordnungen verhindert, be=
gangene Frevel leicht und schnell entdeckt werden. Auf
jede Weise wird auf Sittlichkeit hingewirkt, ein Bemü=
hen, das durch das natürliche Tugendgefühl der Bewoh=
ner Oesterreichs glücklich unterstützt wird. Die hohe Sit=
tenreinheit des kaiserlichen Hofes geht hier mit einem herr=
lichen Beispiele voran und wirft von seinem nächsten
Kreise aus einen Glanz des Sittenadels und heiterer
Tugend auf die ganzen Länder und Völker Oesterreichs,
woselbst man schäumenden Lebensfrohsinn am innigsten

mit harmloser Kindlichkeit, Weltton mit herzlicher Wärme vermählt findet.

Zu den vielfachen Verbesserungen, welche des Kaisers umsichtige Aufmerksamkeit und Weisheit in's Leben rief, gehören auch die der Straßen. In dieser Beziehung ist unter seiner Regierung in Oesterreich beispiellos viel gethan worden, und Er selbst hat theils durch thätige Unterstützungen, theils durch Belohnungen und ehrende Anerkennungen dieses Streben gefördert. Selbst die schweren Kriegsjahre konnten diese Straßenanlagen nicht hindern, und nach wiederhergestelltem Frieden schritten sie mit doppelter Lebhaftigkeit vorwärts, so daß Oesterreich von dieser Seite beinahe eine ganz neue äußere Gestaltung erhielt. Ziemlich jedes Jahr wurde durch die Vollendung irgend eines zweckmäßigen Straßenbaues bezeichnet. Von wichtigen Folgen für den ganzen innern commerciellen Zusammenhalt der österreichischen Länder und Provinzen unter einander sind die zwischen denselben bewerkstelligten Verbindungsstraßen; wie z. B. die 1819 angelegten zwischen Tyrol, dem lombardisch-venezianischen Königreiche und dem illyrischen Küstenlande. Die dazu gehörige, 1821 vollendete Straße von Bormio im Veltlin über den Braglio und das Stilfer-Joch wird als die höchste in Europa genannt. Desgleichen die Straße über die Gebirgshöhen des Wellebit, welche 1832 zur Vollendung kam. Jenes Gebirge trennte bisher Dalmatien und Croatien auf eine Weise, daß der Gipfel nur mit Lebensgefahr zu passiren war. Die Straße war nur durch unermeßlichen Kraft- und Kostenaufwand auszuführen, und allein während des Jahres 1832 mußten über dreißig tausend Minen gesprengt werden. Des Kaisers großmüthige Freigebigkeit führte das ungeheure Werk zum Ziele, und an Seinem Namenstage (4. October 1832)

wurde die Straße feierlich eröffnet. Durch die **1833** voll=
endete Verbindungsstraße zwischen Krems und Znaim
wurde sowohl eine bequemere Verbindung zwischen den
nördlichen Provinzen der Monarchie und den südlichen
erzielt, als auch die folgenreiche Verbindung mit der nach
Deutschland führenden Straße bedeutend erleichtert. Zu
den kühnsten und schönsten, von Wagen zu befahrenden
Straßen gehört auch die in Tyrol über das Wormser
Joch und den Umbrail. Die Vortheile, welche diese Stra=
ßen gewähren, sind unschätzbar, und in Folge des durch
sie herbeigeführten größeren und allgemeineren Verkehrs,
sind sie selbst von Einfluß auf die geistige Bildung und
die sittliche Annäherung der verschiedenen Nationen zu
einander. Um sich einen nur kleinen Begriff von den
außerordentlichen Fortschritten des Straßenbaues unter
Franz I. zu machen, genügt die Bemerkung, daß, wäh=
rend zu Anfange unsers Jahrhunderts die Kunststraßen
in Böhmen nur 61 Meilen betrugen, sie im Jahre **1829**
auf **1,474,816** Currentklaftern oder 368½ Meile ange=
wachsen waren, und daß dieses Land nunmehr, unter
dem Namen von Haupt=, Post= und Commercialstraßen,
22 Straßenzüge zählt. In ähnlichen Verhältnissen ist
in den letzteren Jahren der Straßenbau in Ungarn vor=
geschritten, wobei sich hauptsächlich das Preßburger, Neu=
traer, Arváer, Gömörer, Tormáer, Beregher, Stuhl=
weißenburger, Baranyer und Bosegaer Comitat ausge=
zeichnet haben. Zu zweckmäßiger Aufmunterung wurden
1814 Belohnungen für solche Personen und Gemeinden
ausgesetzt, welche bei dem freiwilligen Straßenbau vor=
züglich wirksam sind, und **1816** eine 50jährige Wegmauth
für Privaten oder Privatgesellschaften bewilligt, welche
chausseemäßige Straßen herstellen und erhalten. Viele
der ausgeführten Straßenbaue, namentlich die in Tyrol,

Dalmatien u. a. m., werden mit Recht den Römerwer=
ken an die Seite gestellt. Der damit erwachte und ge=
förderte Unternehmungsgeist hat auch die Anlegung meh=
rerer Eisenbahnen durch thätige und geschäftskundige
Männer mit sich gebracht.

Den Verbindungsstraßen auf dem festen Lande schlie=
ßen sich die, durch Fürsorge des Kaisers, in allen öster=
reichischen Provinzen angelegten Wasserverbindungen und
schiffbaren Canäle an, durch welche an Wegkürze außer=
ordentlich viel gewonnen worden ist; wie denn z. B. durch
den 1793 begonnenen und 1801 vollendeten Bácser=Ca=
nal in Ungarn der weite und mühevolle Weg aus der
Donau nach der Theiß von 2—3 Wochen auf 2—3
Tage abgekürzt wird. Unter den zu diesem großartigen
Unternehmen zusammengetretenen Hauptactionären befan=
den sich die Fürsten Dietrichstein, Lichtenstein, Esterhazy,
Kinsky, die Grafen Apponyi, Aspermont, Bathyani,
Harrach, Kollenics u. A. m. Den Albrechts=Karasicza=
Canal ließen der Herzog Albrecht und seine Gemahlin,
die Erzherzogin Maria Christina, auf eigne Kosten her=
stellen, wodurch, neben andern Vortheilen, ein drei Mei=
len langer Morast ausgetrocknet und 5702 Joche Wie=
senland gewonnen wurden. Eben so wurden durch den
Jaresina=Canal in Syrmien, welchen 1808 der Erzher=
zog Ludwig wieder herstellen ließ, 80,000 Joche Landes
fruchtbar gemacht. Der mit dem Tessin, der sich in den
Po ergießt, in Verbindung gesetzte Canal von Mailand
bis Pavia bringt Mailand in Communication mit dem
Meere. Dieses ausgezeichnete Werk, welches der kaiserli=
chen Fürsorge verdankt wird, erforderte 7,694,707 Livre
34 Cent. Baukosten. Auch zur Verhinderung von Ueber=
schwemmungen und Wasserergießungen wurden mehrfache

Canäle hergestellt und dadurch ungeheuere Terrains frucht=
baren Landes gewonnen. Zu gleichem Zwecke, nament=
lich aber zum größten Vortheile für die Schifffahrt, wurde
die Räumung und Regulirung mehrerer Flüsse vorge=
nommen, wie z. B. 1799 die des Saustroms in Ungarn
von Sissek bis zu der Agramer Brücke, wozu der Kai=
ser die erforderlichen Auslagen bewilligte. Ferner wur=
den 1812 in der slavonischen Grenze die Waldungen am
Sawe=Ufer in einer Breite von 15 Klafter gelichtet und
dadurch die Schifffahrt auf der Sawe stromaufwärts
gefördert; 1818 wurde dem Dniester in Galizien ein re=
gelmäßiger Lauf gegeben und dadurch nicht nur für die
Schifffahrt gewirkt, sondern auch 45 Quadratmeilen ent=
wässert und culturfähig gemacht. Eben so bekam der
Theya in Mähren, um den häufigen nachtheiligen Aus=
tretungen desselben zu begegnen, eine Regulirung seines
Flußbettes. Die Donau in Ungarn, der Murrfluß, die
Brenta und der Bachiglione, der Po und andere Flüsse
Italiens wurden in ihrem Laufe geordnet oder einge=
schränkt und dadurch die Schifffahrt auf die wirksamste
Weise unterstützt. Von namhaftem Verdienste in dieser
Hinsicht war auch die böhmisch=hydrotechnische Privatge=
sellschaft, welche sich 1807 aus mehreren angesehenen
Männern der Monarchie bildete, um die Vorschläge zur
Schiffbarmachung der böhmischen Flüsse und der Verei=
nigung der Moldau mit der Donau bearbeiten zu lassen.
Der Kaiser wies die Länderstellen ausdrücklich an, diese
Gesellschaft in ihrer Wirksamkeit möglichst zu unterstützen.
Durch des Kaisers Fürsorge trat auch die Baudirection
zu besserer Bestellung und Räumung der Flüsse, wie
auch zu Begünstigung der Schifffahrt und Verhütung von
Ueberschwemmungen, auf eine äußerst zweckentsprechende
Weise in's Leben.

Mit diesen Regulirungen der Flüsse stand die Grün=
dung nützlicher Dämme in ersprießlicher Verbindung, die
zum Theile mit eben so großen Anstrengungen, als Vor=
theilen in's Werk gesetzt wurden. Nächst ihrem allge=
meinen Nutzen waren der Bau eines Erddammes statt
der Brücke am Stubenthore zu Wien; der Bau eines
Dammes zu Nußdorf zum Schutze gegen Ueberschwem=
mungen; der Bau der Unraths=Canäle am rechten Ufer
der Wien, und die Anstellung der Arbeiten auf dem Gla=
cis, noch von besonders segensreicher Wirkung. Der Kai=
ser beschäftigte nämlich durch diese im Jahre 1831 be=
gonnenen und vollendeten Arbeiten alle diejenigen Bewoh=
ner Wiens, welche durch das Eindringen der Cholera
und die damit verbundene Schließung vieler Fabriken
brod= und arbeitslos geworden waren, und gewährte die=
sen Bedauernswerthen, die ohne diese väterliche Sorgfalt
des Monarchen rettungslos dem Hunger und Elende ver=
fallen seyn würden, hinreichenden Lebenserwerb *). Eben=
falls um den in der Cholera=Epoche arbeitslos Geworde=

***

*) Daß diese rettende Güte des Kaisers in der Zeit der höch=
sten Noth herzerhebende Scenen veranlaßte, konnte nicht ausbleiben.
Ueber 12 000 Menschen wurden durch jene Arbeiten beschäftigt.
Der Kaiser selbst ging in seiner gewohnten Einfachheit, ohne Gar=
den oder sonstige Begleitung, oft zu diesen Arbeiten hinaus und
nahm dieselben in Augenschein. Als Er eines Tages sich mit der
Kaiserin zeigte, um das Vorrücken des Canalbaues zu besichti=
gen, rief ein Weib aus einem Schacht: „Da kommt unser Vater
und unsre Mutter!" — „Von sehr braven Kindern," entgegnete
die Kaiserin sogleich mit der ihr eigenen Milde und Leutseligkeit.
Diese aus der Tiefe eines wahrhaft mütterlichen Herzens gespro=
chenen Worte wirkten begeisternd auf die Menge der Arbeiter. Ju=
belnd riefen sie: „Unser Vater, unsere Mutter leben hoch!" und
unwillkührlich stimmten sie das Volkslied an: „Gott erhalte Franz,
den Kaiser!" das in allen Schachten Wiederhall fand.
Das war 1831, wo Deutschland und Belgien noch der Nach=
lärm der Juliustage von 1830 durchdröhnte; der beste Beweis, daß
durch eine weise und väterlich sorgsame Regierung fast jede ver=
hängnißvolle Zeit von selbst ihren Stachel verliert.

nen Beschäftigung und Nahrung zu geben, wurde im
Jahre 1832 die Befestigung eines Theiles der Moldau=
ufer mit ordentlichen Quai's in Prag (von der kleinen
Kreuzherrengasse bis zum ehemaligen Spinnhause) vor=
genommen.

Durch Austrocknung sumpfiger und morastiger Gegen=
den ward wiederum viel fruchtbares Land gewonnen; so
brachte die im Jahre 1819 auf Anordnung des Kaisers
unternommene Austrocknung der Moräste bei Laibach eine
Erdfläche von ziemlich drei Quadratmeilen zur Cultur,
und den Nutzen der dadurch urbar gemachten Aecker durfte
man jährlich allein auf mehr als vier Millionen Gulden
C. M. anschlagen. Ferner wurden, nach einer 1814
darüber entstandenen zweiten Erörterung, die Ableitungs=
versuche der Gacskamoräste in der Militairgränze in's
Werk gesetzt, auch den slavonischen Grenzbewohnern,
welche sich mit Austrocknung und Urbarmachung von
Morastgründen beschäftigen wollten, eigenthümlicher Be=
sitz und zwölfjährige Steuerfreiheit zugesichert. Mit glei=
chem Eifer wurde die Entsumpfung des Etschlandes im
südlichen Tyrol und die Austrocknung des Pinzgauer und
Gasteiner=Moores, die Austrocknung großer Sümpfe in
Galizien, namentlich am Saan und Dniester, wie auch
in Ungarn vorgenommen und allein durch die Austrock=
nung der Sümpfe in der Gegend von Mohacs in Un=
garn bis Eszeck, über 100,000 Joch des edelsten Erdreichs
gewonnen, desgleichen mehrere 1000 Joche Landes vor
den Ueberschwemmungen der Donau geschützt. Auch die
unübersehbaren Lanskopolyer Sümpfe in Croatien längs
dem Sawe=Strome wurden ausgetrocknet und urbar ge=
macht; eben so die versumpften Gegenden in Dalmatien
u. a. m. Für den Ackerbau und die Cultur wurde da=
durch eben so viel gewonnen, als für die Gesundheit der

Gegend. Auf gleiche Weise wurde auch durch Urbarmachung der Haiden bedeutend viel fruchtbarer Boden
erlangt, wie z. B. durch Vertilgung der Welserhaide im
Lande ob der Enns, der großen Haidenstrecken in Ungarn u. s. f.

Die Baukunst hat unter Franz I. in Oesterreich ihr
goldenes Zeitalter gefeiert, indem Derselbe durch sein Beispiel in allen Provinzen und Städten seiner Reiche den
eifrigsten Sinn für Verschönerungen zu erwecken wußte.
Es ist in dieser Hinsicht im Verlaufe seiner Regierung
bewundernswürdig viel geschehen, und manche Städte
haben eine fast neue, veredelte Gestalt erhalten. Vergebens wird man irgendwo nach Spuren der Zerstörung
des Krieges suchen, überall haben Kunst und Gemeinsinn
diese dunklen Erinnerungen durch freundliche Bilder der
Gegenwart verdrängt und der Verheerung ihre wüsten
Trophäen siegend abgewonnen. Dieser lebendige Geist
der Schönheit hat sich, unter Franz I., über den ganzen
Länderverband der Monarchie verbreitet, und selbst diejenigen Gegenden, welche noch vor einem Menschenalter in
der Wage der Intelligenz ein geringeres Gewicht behaupteten, haben sich seitdem mit Glück und Erfolg dem allgemeinen Streben nach höherer Gesittung angeschlossen
und in freundlichen, erhebenden Werken der Kunst ihre
Fortschritte, die Resultate einer weisen, väterlich-erzie-
henden Regierung ausgesprochen und bekundet. Die Verschönerung des St. Stephansplatzes in Wien war eines
der ersten Werke des neugekrönten Kaisers°). Zum herrlichsten Schmucke gereicht der Kaiserstadt der Wiederauf-
bau und die Verschönerung der in dem Kriegsjahre 1809
zerstörten Festungswerke. In diesen Bauten ist der Cha-

°) S. die Anmerkung S. 29.

rakter des Glanzes und der Erhabenheit höchst glücklich
mit volksthümlicher Anmuth und Frische vereinigt. Zu
dem in großartigem Style erbauten Thore vor der kai=
serlichen Burg legte der Monarch am 22. Sept. 1821
selbst den Grundstein. Die Eröffnung des Riesenthores
fand am 18. October 1824, dem Jahrestage der Schlacht
bei Leipzig, statt, und das Mittelgebäude trägt den Wahl=
spruch des Kaisers zur Inschrift: „Justitia fundamen=
tum Regnorum." Die Anlegung und Verzierung des
die Vorstädte von der Stadt trennenden breiten Zwischen=
raumes, das Glacis genannt, ingleichen der Basiei, welche
im Umkreise mit der Stadt läuft und die volle Aussicht
nach allen Vorstädten und der Umgegend gewährt, und
vielfache Verschönerungen oder zweckmäßige Bauten im
Innern der Stadt — wie z. B. der Bau der die Vor=
städte Leopoldstadt und Weißgärber verbindenden Fran=
zensbrücke über den Donau=Canal, und der ebendarüber
führenden Ferdinandsbrücke, ferner die Regulirung und
Verschönerung des hohen Marktes und seines Brunnens
u. s. w. — haben in den letzten Jahren Wien zu einem
entzückenden Bilde von Hoheit und gastlicher Lieblichkeit
erhoben. Aber auch andere Städte blieben in diesem
Streben nach Vervollkommnung nicht zurück und erfreu=
ten sich vom Kaiser ähnlicher Ermunterung und Unter=
stützung. Namentlich wirkte die 1808 vom Kaiser ge=
nehmigte, unter der unmittelbaren Leitung des Erzherzogs
Palatinus stehende Verschönerungs=Commission zu Pesth
außerordentlich zweckmäßig für innere Abrundung dieser
herrlichen Stadt; auch Prag gewann in neuerer Zeit
durch entsprechende Verschönerungen — namentlich durch
die Verwandlung der Stadtwälle in heitere Promenaden
u. s. w. — an freundlichem Ausdrucke, ohne sich ganz
seines imponirenden Ernstes zu entäußern. Nächst der

thätigen Huld des Kaisers, dankt Böhmens Hauptstadt seine neuen Vorzüge dem regen Schönheitssinne des Oberstburggrafen v. Chotek. Nicht minder benutzten Grätz und Brünn ihre gesprengten Festungswerke zu Gründung angenehmer Anlagen und Erholungsplätze. Die Regierung hat, außer den unmittelbar von ihr selbst ausgegangenen Bauten, auf alle Weise den Sinn für Verschönerung in seiner Ausführung bestärkt und unterstützt; so z. B. durch die 1811 erschienenen Begünstigungen der neuen Bauführungen in Wien, welche unter andern Vortheilen auch eine zwanzigjährige Steuerfreiheit zugestand, ingleichen durch die 1817 gegebene Verordnung wegen feuersicherer Bauart der Häuser u. s. w. Einen höchst erfreulichen Ueberblick und zugleich einen wichtigen Beleg für die, unter dem besondern Einflusse der Regierung rastlos fortschreitende sittliche und weltliche Bildung in Oesterreich, gewährt die außerordentliche Anzahl neu gegründeter und errichteter Schulgebäude, deren allein in den Jahren von 1809 bis 1831 nicht weniger als 791 in der Monarchie erbaut wurden; eine schlagende Widerlegung für diejenigen einseitigen Urtheile des Auslandes, welche, gewöhnlich auf blöden Beobachtungen aus der Ferne durch journalistische Papierbrillen, wenn nicht auf wissentlichem Parteigeist beruhend, noch immer von einer Halbheit, oder gar von einem Stillstande in Oesterreichs Schul- und Erziehungswesen träumen.

Mit der weiter oben geschilderten Vervollkommnung der Straßen hing die Verbesserung des Postwesens zusammen. Namentlich wurde durch die äußerst zweckmäßige Bestellung der Eilposten der geschäftliche, wissenschaftliche und weltbürgerliche Verkehr nach innen und außen kräftig gefördert. Für den minder bemittelten Theil des Publicums aber war die, von der Regierung mit

bereitwilliger Aufopferung gestattete und begünstigte Ein=
führung der sogenannten Gesellschafts = oder Stellwägen
von großem Vortheile, da dieselben zwar nicht in der
genauen Ordnung und Bequemlichkeit, wohl aber in der
Schnelligkeit beinahe den Eilposten gleichkommen. Diese
durchkreuzen täglich die Verbindungsstraßen nach den mei=
sten Theilen der Monarchie, wie auch nach den besuchte=
sten Erholungsorten und den sehenswürdigsten Umgebun=
gen, und geben Gelegenheit, bedeutende Reisen schnell
und mit unbedeutendem Kostenaufwande zu unternehmen.

Der Riesenkampf gegen die französische Revolution
rief, wie so viele gewaltige Krisen der Zeit, eine neue
Kriegsschule in's Leben, wie sie meist jede Reibung ver=
schiedenartig wirkender Streitkräfte für beide Theile her=
vorgebracht hat, indem jeder derselben etwas von dem
andern annahm und etwas auf den andern übertrug.
Um die dahin schlagenden Verbesserungen hat der Erz=
herzog Carl die entschiedensten Verdienste, die nicht nur
in strategischer Hinsicht den höchsten Ruhm verdienen,
sondern auch von moralischer Seite diesen Helden ehren,
indem sie eine möglichst milde und ehrenvolle Behand=
lung der Soldaten mit sich brachten. In ersterer Bezie=
hung ist in das Militair = und Operationswesen eine grö=
ßere Beweglichkeit, ein schnelleres Ergreifen der Umstände
und Gelegenheiten gekommen, als dies der früheren Kriegs=
verfassung durchaus möglich war, und der einzelne Krie=
ger hat, obschon er, als Glied der Kette, von den Be=
wegungen des Ganzen unbedingt abhängig seyn muß,
doch eine gewisse selbstständige Wirksamkeit zugestanden
erhalten, die ihm um so mehr Gelegenheit gibt, seine
Mannskraft zu bewähren und sich auf eine merkliche
Weise durch Tapferkeit und Geschicklichkeit hervorzuthun.
Durch die unparteiische Würdigung seines Verdienstes von

Seiten seiner Vorgesetzten und die damit sich ihm eröff=
nende zuverlässige Aussicht auf die höchste Beförderung
wird sein Eifer und sein Muth um so lebhafter ange=
feuert. Auf andere Weise ermuthigend war die Capitu=
lation, welche 1802 an die Stelle des ewigen Kriegsdien=
stes trat, und die dem Soldaten die Hoffnung gewährt,
in den Friedensstand zurücktreten zu dürfen. Je mehr
die neuere Kriegswissenschaft von dem Glauben an die
Wirksamkeit bloßer physischer Massen zurückgekommen ist
und je mehr sie ihr Uebergewicht in möglichst treffenden
und zusammenwirkenden Operationen sucht, bei denen die
Leichtigkeit und rasche Anwendbarkeit der Soldaten be=
deutend in Anschlag kommt, desto zweckmäßiger war die
möglichste Entfernung aller bloßen Wucht. Daher ward
die schwere Reiterei vermindert, das leichte Fußvolk da=
gegen vermehrt, das zwecklose Kasquet, der schwere Helm,
der Säbel des Fußsoldaten, als ihm unbrauchbar, abge=
schafft. Die Anwendung der Waffengattungen ward im=
mer mit der National=Eigenthümlichkeit der Krieger in
einen gewissen Einklang gebracht, indem der Magyar,
durch seine Gewandtheit und sein schnelles Roß, sich am
besten zu stürmischen, jähen Reiterangriffen, so wie der
Deutsche durch seine Kraft und Unerschrockenheit sich zu
dem allgemeinen Angriffe eignet, wo Massen gegen Mas=
sen kämpfen, während der Czeche, vermöge seiner Aus=
dauer und seines geschickt gebrauchten Schwergeschützes
eine Schlacht zweckmäßig decken wird. Die vortheilhafte
Anwendung und Vertheilung dieser Kräfte hat sich in
dem gewaltigen Widerstande gegen einen mächtigen und
listigen Feind und in zahlreichen . glänzenden Siegen auf
eine überzeugende Weise bewährt, und der Gegner hat,
selbst wo er siegreich war, nicht einen Augenblick die öster=
reichischen Kräfte weniger beachtet und gefürchtet. —

So begegnen wir, auf welchen Zweig der Staatsverwaltung wir auch hinblicken mögen, in Franz's I.
Regierung allenthalben der verbreitetsten Umsicht, dem
allseitigsten Wirken. Hingestellt in eine Epoche voll
Verwirrung und Umsturz, gleichsam in das ungeheuere
Interregnum der Zeit, half er, durch unerschüttert mu-
thiges Hinstreben nach einem festen Ziele, auch unter den
feindseligsten Verhältnissen, Frieden und Recht zurücker-
obern, führte er die schon entthronte Ordnung im Triumphe in die Welt zurück und bog, um mit dem Dichter
zu sprechen, das siegbewährte Schwert zum Pfluge, indem er der wiedereroberten vaterländischen Erde auch nährende Früchte abgewann und durch Gesetze selbst das ver-
ewigte, was bisweilen nur die Gunst des Augenblicks
gespendet hatte. In seiner eignen Liebe vereinigte er die
Herzen heterogener Nationen und war selbst das vermittelnde Heiligthum dieser Einheit, die nur durch ihn und
in ihm bestand. Ungeirrt durch das gegentosende Geschrei
einer meinungserregten Zeit, verfolgte er mit Kraft und
Würde ein System, das die Ruhe und das Glück seiner
Völker gegründet hatte. Deutschland hat vergebens daran
gekrittelt; weil Deutschland, ohne für sich selbst jemals
befriedigt zu seyn, doch auch an keine fremde Zufriedenheit glauben lernt, weil es, ohne eigene Ueberzeugnug,
gleichwohl Anderen eine Ueberzeugung aufzudringen oder
hinwegzustreiten liebt. Gern würde es, bei der allmälig
eintretenden Entzauberung vieler politischer Träume und
Grillen, manche theuer erkaufte Neuerung wieder hinge-
ben, müßte es nicht dann das Gefühl der Beschämung
dafür eintauschen. Auch Deutschland wird im Laufe der
Zeit seine altklugen Hofmeistereien über Oesterreich verler-
nen und wohl noch dereinst seine eigene Natur ändern,
nach welcher es bisher immer glaubte, was es redete,

aber selten redete, was es glaubte. Oesterreich hat unter Franz I. sein System mit Ernst, aber nie mit Härte, stets mit unbedingter Ausdauer, aber auch mit edler Rücksicht auf humane Grundsätze°) durchgeführt, und so der Ueberzeugung gedient, ohne dem Gefühle zu nahe zu treten.

Mit klarerem Blicke, als die niemals unbefangene Gegenwart, wird die Zukunft die Regierung eines Franz I. würdigen; wenn anders die jetzige, jede frühere Zeit überragende Größe Oesterreichs und mehr noch die moralische Kraft, der innere Wohlstand und die Zufriedenheit seiner Völker noch nicht laut genug für das segensreiche Wirken eines Fürsten sprechen, an welchem — wenn man die Kämpfe, welche die erste Periode seines Herrscherlebens umlagern, nur in ihrem siegreichen Abschlusse überblickt — der Segensgruß in Erfüllung gebracht scheint: „Sey glücklicher, als August, und besser, als Trajan!"

°) Bei dem letzten Aufstande der Griechen gegen die türkische Oberherrschaft, konnte zwar Oesterreich, seinem Systeme getreu, den Philhellenen keine Durchzüge und auch sonst dieser Revolution keinen Vorschub zugestehen; dennoch aber trennte es das Gefühl der Menschlichkeit und des Mitleids würdevoll von den Forderungen der Politik, und gestattete daher z. B., daß der, auch als Schriftsteller ausgezeichnete k. k. Major Prokesch arabische Gefangene vom griechischen Präsidenten, Capo d'Istria, übernehmen durfte, um sie gegen missolunghiotische Gefangene auszuwechseln. — Eben so rühmten die, im polnischen Aufstande nach Oesterreich verschlagenen polnischen Offiziere mit Recht die daselbst genossene großmüthige Behandlung.

Inhaltsverzeichniß.

Erste Abtheilung.
Uebersichtliche Darstellung des Zeitalters Franz I.

Zweite Abtheilung.
Innere Anstalten und Einrichtungen des Kaiser Franz I.

Errata.

S. 9, Zeile 6 v. u. l. monarchischen st. moralischen.
S. 80, Zeile 7 v. o. l. Linth st. Linch.

Nur wenige Monate nach dem Erscheinen dieses Werkes enthielt die in seinem Verlags=Orte erschei= nende Landes=Zeitung die folgenden betrübenden Aufsätze:

Dresden, den 4. März (Privatmitth.). Schon vorgestern kam die Nachricht hier an, daß Sr. Maj. der Kaiser von Oesterreich erkrankt wäre. Nur zu bald erhielt auch die hiesige kaiserl. österreich. Gesandtschaft die betrübende Bestätigung dieser Nachricht durch ein aus der k. geheimen Kanzlei ergangenes Circular. Die Krankheit des Kaisers hat schnell überhand genommen und es haben hintereinander sechs Aderlässe verordnet werden müssen. Das Burgtheater wurde geschlossen und in allen Kirchen fanden Gebete mit Aussetzung des heiligen Sacraments statt. Ganz Wien war in den Kirchen und betete für den geliebten Vater Franz. Doch war keineswegs alle Hoffnung verschwunden. Der Kaiser hatte die Communion verlangt. Da bis jetzt kein Courier von Wien gekommen ist, so ist man berechtigt, diesem die günstigste Auslegung zu geben. Die letzten Briefe von Wien gingen den 27. Februar Abends in der sechsten Stunde ab, und da sah man mit Zuversicht der Genesung entgegen. Man traut auf die gute Natur des Monarchen, der in seinem vor Kurzem erst angetretenen 68sten Jahre an Mun= terkeit und Lebenskraft manchen früh alternden Jüng= ling beschämte. — Unter den vorwaltenden Umständen hat der k. österreich. Gesandte, Graf von Colloredo, das auf diesen Abend bei ihm veranstaltete Ballfest sogleich absagen lassen.

Leipzig, den 5. März. Nach brieflichen Mittheilungen aus Wien vom 28. Februar, hat sich der Zustand Sr. Maj. des Kaisers bis jetzt noch nicht gebessert, und wir schweben in den größten Besorgnissen. Heute früh hat der fünfte Tag dieser Entzündungskrankheit begonnen. Dieser sowohl, als der 7te und 9te ist kritisch bei diesen Uebeln, daher ist es um so niederschlagender, daß die Lage des hohen Patienten sich seit gestern Abend von 9 Uhr an verschlimmert hat.

Nachschrift. Nach einer in der vergangenen Nacht durch Estaffette in Dresden eingegangenen Nachricht, ist Sr. Maj. der Kaiser von Oesterreich in der Nacht vom Sonntage zum Montage mit Tode abgegangen.

Eine außerordentliche Beilage zu der Wiener Zeitung Nr. 49, Montag, den 2. März, enthält folgende Bekanntmachung:

„Es hat Gott dem Allmächtigen gefallen, Se. k. k. Maj. den Kaiser und König Franz den Ersten, unsern innigst geliebten Landesvater von dieser Welt abzurufen. — Allerhöchstdieselben sind heute um drei Viertel auf Ein Uhr Morgens verschieden."

Wien, den 2. März (Privatmitth.). Das traurige Ereigniß, das mein vorgestriger Brief ahnen ließ, ist eingetreten, und der hochverehrte Monarch ist heute früh drei Viertel nach Mitternacht verschieden; die Seelengröße und christliche Fassung, mit welcher der Kaiser die letzte Stunde hat herannahen sehen, ist seiner Regierung würdig; es war kein Stumpfsinn, denn die Krankheit hatte ihm sein ganzes Fassungsvermögen gelassen, eben so wenig Gleichgültigkeit für längern Lebensgenuß, sondern heldenmüthige Ergebung in die Fügungen des Höchsten. Zwischen 9 und 10 Uhr Abends empfing der Kaiser die heiligen Sterbe-Sacramente in Gegenwart der ganzen kaiserl. Familie und aller hohen Staats- und Hofbeamten; der Athem wurde immer schwerer und um Zehn ein Halb Uhr stellte sich das Röcheln ein; ob der Kaiser von da bis zum Augenblick des Verscheidens sein vollständiges Bewußtsein behalten hat, weiß ich noch nicht. Am Freitag haben Se Höchstsel. Maj. mehrere Stunden, man sagt vier Stunden dictirt und eine halbe Stunde selbst geschrieben, und sich auf diese Weise mit Verfügungen für die Zukunft beschäftigt. Die ersten Aerzte waren der erste Leibarzt Baron Stift, Hofarzt Günther; am Sonnabend wurden drei neue Aerzte, unter denen Doctor Wießner, gerufen zu einer Consultation; sie erklärten sich ganz einverstanden mit der Behandlung des hohen Patienten, fanden ihn in großer Gefahr, glaubten jedoch noch an die Möglichkeit einer Schweiß-Krisis als den einzigen Weg der Herstellung. Gestern um Mittag trat das redoublement mit vermehrter Stärke ein, von da ging es schnell bergab; die Athemberaubungen traten öfter und stärker ein und noch zweimaliges Aderlassen gewährte keine Erleichterung; um 8 Uhr wurden noch zwei Aerzte, Baron Türkheim und Doctor Birkner, zum hohen Patienten geholt, die den Zustand als hoffnungslos erkannten und sich dem frühern Gutachten vereinigten. Als der Kaiser zum letzten Male die Aerzte entließ, reichte er jedem die Hand, dankte ihnen für ihre Bemühungen, versicherte sie seiner Huld und Liebe und fügte hinzu, er wisse, wie sehr auch sie ihn liebten und wie sie alles gethan hätten und thun würden, was ihm das Leben fristen könne, übrigens sei er in den Willen Gottes ergeben. Alle, die ihn sahen und hörten, waren in der höchsten Bewunderung; die Geistlichen äußerten, er käme ihnen wie ein Heiliger vor. Als der Geistliche, der ihm die letzte Oelung ertheilen sollte, sich ihm näherte, fragte der Kaiser: „Wollen Sie mit dem Haupte oder den Füßen anfangen?" —

———————

Ich füge (in Abwesenheit des Herrn Verfassers) dem Buche diese Berichte über die letzten irdischen Stunden des hohen Hingeschiedenen bei und empfehle das hierdurch abgeschlossene Charakterbild den gesammten Völkern seiner Staaten als ein Andenken an ihren väterlichen Herrscher, so wie den Freunden der deutschen Geschichte in allen Reichen als eine gediegene Skizze des Lebens Franz des Ersten und seines Zeitalters.

Leipzig, den 7. März 1835.

Robert Friese.